KB177536

임동석중국사상100

열녀전

列女傳

劉向 撰 / 林東錫 譯註

象犀珠玉珍怪之物，有悅於人之耳目，而不適於用。金石草木絲麻五穀六材，有適於用，而用之則弊，取之則竭。悅於人之耳目而適於用，用之而不弊，取之而不竭，賢不肖之所得，各因其才，仁智之所見，各隨其分，而才分不同，而求無不獲者，惟書乎。

丁亥菊秋錄東坡李氏山房藏書記　丘堂呂元九

　"상아, 물소 뿔, 진주, 옥. 진괴한 이런 물건들은 사람의 이목은 즐겁게 하지만 쓰임에는 적절하지 않다. 그런가 하면 금석이나 초목, 실, 삼베, 오곡, 육재는 쓰임에는 적절하나 이를 사용하면 닳아지고 취하면 고갈된다. 그렇다면 사람의 이목을 즐겁게 하면서 이를 사용하기에도 적절하며, 써도 닳지 아니하고 취하여도 고갈되지 않고, 똑똑한 자나 불초한 자라도 그를 통해 얻는 바가 각기 그 자신의 재능에 따라주고, 어진 사람이나 지혜로운 사람이나 그를 통해 보는 바가 각기 그 자신의 분수에 따라주되 무엇이든지 구하여 얻지 못할 것이 없는 것은 오직 책뿐이로다!"

《소동파전집》(34) 〈이씨산방장서기〉에서 구당(丘堂) 여원구(呂元九) 선생의 글씨

책머리에

중국인이면 누구나 "하늘 반은 여자가 이고 있다婦女能頂半邊天"라는 말을 알고 있다. 아무리 고대 남존여비의 사상이 세상을 지배했다 해도 결국 여성의 역할과 존재에 대한 긍정적인 가치는 무시할 수 없었다. 여자는 어머니이며 누이이며 할머니이며, 고모, 이모이고 딸이며 아내이다. 그 어디에 함께 하지 않는 곳이 있겠는가? 그리고 어머니로부터 영향을 받지 않은 위인은 세상이 있을 수 없으며 아내의 정신적 도움 없이 성공한 지도자는 없었다. 지금 나로서도 이만큼 세상을 바로 보고 살 수 있게 된 것이 바로 어머니로부터의 훈도와 영향이 아닌 것이 없음을 깨닫게 된다. 이에 누구나 그렇듯이 어머니를 생각하면 훌륭한 전을 하나 써서 세상에 알릴 수 있었으면 하고 소박한 바람을 가슴에 품고 산다.

더구나 역사의 흐름 속에 여인이 작용하지 않은 변화는 있을 수 없었으며 여인의 존재 없이 이루어진 공이나 업적이란 세상 어디에도 없었다. 남녀란 역할과 위치가 다를 뿐 능력이나 생각, 가치나 존재가 다르거나 경중의 차이란 있을 수 없다.

여기에 실린 124전傳의 여인들은 학술적인 연구에 중요한 자료의 가치를 넘어 나아가 지금의 우리에게도 많은 것을 생각하게 한다. 물론 현대적 입장에서 보면 문제점이 한두 가지가 아닐 것이다. 시대의 변화에 따른 여성관과 가치, 그리고 여성의 존재에 대한 모든 서술은 다를 수 있다. 그럼에도 고대 여성에 대한 기록으로 최초의 독립적 한 단위로 성립되는 과정에 과연 어떤 관점이 작용하였는가에 대한 문제와 그 뒤로 어떤 영향을 미쳤는가에 대한 문제는 지금도 중요한 잣대로 판단하기에 좋은 자료를 제공하고 있기 때문이다.

이 책은 여인의 역할과 임무를 예찬하기 위해 쓰인 것은 아니지만, 7가지 유형에 따른 여인들의 전기로서는 역대 여인전의 전범을 이루고 있다.

어머니로서의 의표를 세운 여인들, 똑똑하고 명석한 여인들, 어질고 지혜로운 여인들, 정숙하고 순종하는 여인들, 절개와 의리를 지킨 여인들, 말솜씨에 뛰어나며 어떤 일도 소통시킬 수 있는 능력을 가졌던 여인들 등 긍정적이고 아름다운 여인들을 6권으로 묶고, 다시 재앙을 불러오고 세상을 망친 여인들도 함께 실음으로 해서 당시 봉건사회 때의 여인에 대한 얽매인 관념을 벗어나지는 못했지만 그래도 이러한 전기를 기록으로 남기고자 한 것이 이미 하나의 출발이었던 것이다. 그 뒤로 과연 정사正史에도 정식으로 여인들에 대한 전기를 하나의 표제로 삼아 기록하게 되었으니 이를테면 정사 속의 〈열녀전〉은 《후한서後漢書》, 《진서晉書》, 《위서魏書》, 《북사北史》, 《수서隋書》, 《구당서舊唐書》, 《신당서新唐書》, 《송사宋史》, 《요사遼史》, 《금사金史》, 《명사明史》 등에 두루 올라 있다.

물론 동등한 생명과 존재 자체로서의 가치를 지닌 여인들을 어떤 유형으로 나눈다는 자체가 모순일 수 있겠지만 먼 한나라 때 유향(劉向: B.C.77~B.C.6)이라는 학자가 당시 궁중과 사회 현상에 새로운 가치를 부여하고 사회 기풍을 바로잡고자 풍간諷諫의 목적으로 쓴 것임에도 지금 우리에게 시사하는 바는 역시 크다고 하겠다.

이미 우리나라에도 2001년 5월 12일에는 "동아시아 여성의 유형"이라는 대회 명칭아래 '《열녀전列女傳》에 대한 여성학적 탐구'라는 부제로 학술회의까지 열렸던 적이 있었다.(중어중문학회, 한국여성연구원, 여성신학연구소 공동주최 -이화여대)

그리고 《열녀전》 책 역시 이미 두세 종이 출간되었다. 그러나 대체로 제8권 《속열녀전續列女傳》은 번역이나 주석을 하지 않고 있다. 물론 이는 유향 자신이 편찬한 것이 아니라 뒷사람이 보충하여 속전續傳으로 실은 것이기에 본전

위주로 출간하였기 때문이리라 본다. 그러나 역자는 이번 역주에는 이들까지 모두 역주하여 연구자의 도움이 될 수 있도록 하였다. 중국 판본에도 항상 이들을 함께 묶어 소개하며 다루고 있어, 모두 빠짐없이 정리하는 것이 합리적이라 여겼다. 그리고 '참고 및 관련자료' 난을 설정하여 관련된 기록들을 한 곳에 모아 둠으로써 같은 기록의 상이점을 변별하거나, 역주의 정확한 근거를 제공할 수 있도록 최선을 다하였다.

이를 통해 역사 속의 여인들을 다시 한 번 되짚어 볼 수 있는 기회가 될 것으로 믿으며, 아울러 오늘날 우리에게 던져주는 여러 가지 문제를 해결할 수 있는 자료로 제공한다는 의미에서, 천둔淺鈍하나마 역주를 마쳐 이에 문세하게 되었다. 많은 이들의 질정과 편달을 바란다.

줄포 임동석 부곽재에서 적음.

일러두기

1. 이 책은 사부비요본四部備要本 《열녀전교주列女傳校注》(淸, 梁端 校注, 中華 書局 印本, 1978, 臺灣)과 사고전서본四庫全書本 《고열녀전古列女傳·속고열녀전 續古列女傳》(文淵閣本 史部七, 傳記類三 總錄之屬), 그리고 사부총간본四部叢刊本 《고열녀전古列女傳》(상해서점 인본, 1989)을 저본으로 하여 완역상주完譯詳注한 것이다.

2. 현대 주역본注譯本은 《신역열녀전新譯列女傳》(黃淸泉 注譯, 三民書局, 1996, 臺北), 《열녀전금주금역列女傳今註今譯》(張敬 註譯, 臺灣商務印書館, 1994, 臺北)이 있으 며 아주 훌륭한 자료로 참고하였다.

3. 분장分章은 본문 총 8권 124장은 원본대로 한 것이며, 특히 《속열녀전》도 함께 이어 제목에 따라 순서대로 일련번호를 부여하고, 다시 괄호 안에 권장의 번호를 넣어 찾기 쉽도록 하였다.

4. 주는 인명·지명·사건명·연대 등과 역문의 부가 설명, 추가 내용 등을 위주로 하였으며 장이 바뀌는 곳에 반복하여 실은 것도 있다.

5. 매 편 말미에 '참고 및 관련 자료' 난을 만들어 본문의 내용이 전재된 모든 다른 책에서의 기록을 모아 대조와 연구에 편리하도록 하였다.

6. 책 뒤에 《열녀전》 관련 서발 등의 관련 기록을 원문으로 실어 본서의 연구에 도움이 되도록 하였다.

7. 《열녀전列女傳》 도화圖畫는 〈사부총간본四部叢刊本〉의 그림을 활용한 것이다.

8. 원의原義의 충실을 기하기 위해 직역으로 하였다. 문장이 순통하지 못하거나 오류가 발견되면 질정叱正과 편달鞭撻을 내려주기 바란다.

9. 본 《열녀전列女傳》 완역完譯 상주詳注의 작업에 참고한 문헌은 대략 다음과 같다.

● 참고문헌

1. 《列女傳》 陸費逵(總勘) 高時顯·吳汝霖(輯校) 〈四部備要〉本 史部. 上海中華書局이 汪氏振綺堂補刊本校刊本을 영인한 것. 1978. 臺灣中華書局 臺北.

2. 《古列女傳·續列女傳》 漢, 劉向(撰) 〈四庫全書〉本 史部 傳記類 總錄之屬

3. 《古列女傳》 漢, 劉向(撰) 〈四部叢刊〉本 涵芬樓本을 영인한 것. 上海書店, 1989. 上海.

4. 《新譯列女傳》 黃淸泉(注譯), 三民書局, 1996. 臺灣 臺北.

5. 《列女傳今註今譯》 張敬(註譯), 臺灣商務印書館, 1994. 臺灣 臺北.

6. 《列女傳》 張迅齊(編譯), 常春樹書坊, 1977. 臺灣 臺北.

7. 《列女傳》 이숙인(옮김), 예문서원, 1996. 서울.

8. 《列女傳》 朴良淑(編譯), 자유문고, 1994. 서울.

9. 《太平御覽》《藝文類聚》《文選》《史記》《漢書》《後漢書》《說苑》《新序》《韓詩外傳》《西京雜記》《晏子春秋》《國語》《淮南子》《孔子家語》《左傳》《周易》《詩經》《四書》《二十五史》《十三經》

기타 공구서 기재 생략.

해 제

1. 《열녀전列女傳》

'열녀列女'는 '많은 여인들'이라는 뜻이며 이에 따라 역대 여인들의 이야기를 전으로 쓴 전기체라는 표제를 책 제목으로 삼은 것이다. 이 책은 한나라 유향劉向이 편찬한 것으로 일명 《고열녀전古列女傳》이라고도 한다.

《한서漢書》 예문지藝文志 유가류儒家類에 유향의 〈서序〉 67편이 저록되어 있으며 그 주에 "《신서》, 《설원》, 《열녀전송도》 등이다"(新序, 說苑, 列女傳頌圖也) 라 하였다.

그리고 《직재서록해제直齋書錄解題》에는 《열녀전》 9권이라 하였고, 《문헌통고文獻通考》에는 《고열녀전》 8권, 《속열녀전》 1권이라 하였다. 그리고 《수서隋書》 경적지經籍志에는 14권이라 하였고, 《숭문총목崇文總目》에는 15편이라 하였다.

그러나 원래 7편이었으며 따로 송의頌義와 그림圖이 1편이 있었으며 동한 반소班昭가 14편으로 정리하면서 진영陳嬰 이하 16전傳을 증보하였다.

증공曾鞏의 〈고열녀전서古列女傳序〉에 "이 책은 모의편 등으로 이루어져 있으며 각기 그 의를 찬송하였으며 그 상황을 그림으로 그려 그 전의 마무리를 짓고 있다. 전은 사마천의 사기와 같으며 송은 시경이 사언과 같고, 그림은 병풍으로 그렸다"(此書有母儀等篇, 而各頌其義, 圖其狀, 總其卒篇. 傳如太史公記, 頌如詩之四言, 而圖爲屛風云)라고 하였다.

그러면서 증공은 《고열녀전》은 반소의 작이라 여겼으나 증거가 없어 인정을 받지 못하고 있다.

7편은 모의母儀, 현명賢明, 인지仁智, 정순貞順, 절의節義, 변통辯通, 얼폐孼嬖이며 이 유형에 따라 각 1권씩으로 하고, 각 권마다 15명(1권만은 14인)으로 총 104전이다. 그리고 각 전의 끝에 4언8구 정도의 송을 넣어 마무리하고 있다.

유향 원전 이후 다시 20전을 넣어 송문이 없는 것을 따로 《속열녀전續列女傳》이라 하며 이는 누가 증보하여 속집으로 한 것인지는 밝혀지지 않았다. 그리하여 이 두 전을 합하면 모두 124전이 되는 셈이다.

유향은 바로 성제(成帝: 서한 8대 황제) 유오(劉驁. B.C.32~B.C.7년 재위)의 후궁과 외척의 일을 보고 통치자들, 그리고 주위의 여인들과 일반 여인들에게 계감誡鑑을 삼고자 이 책을 지었다고 하였다. 즉 성제 때 "조씨가 안에서 음란한 짓을 하고 외척이 조정을 휘두를 때"(趙氏亂內, 外戚擅朝) 이를 경계하고자 고금 여인들의 각종 언행과 행태를 유형별로 나누어 전으로 찬집한 것이다. 여기서 조씨란 성양후成陽侯의 딸 조비연趙飛燕과 합덕合德 자매가 성제의 총애를 믿고 온갖 음란한 행위를 다하며, 성제 태후 왕씨 형제(王鳳 등)들이 정권을 휘어잡아 조정을 좌지우지하는 시기였다. 이리하여 나라의 기강이나 도덕은 땅에 떨어졌으며, 민심이 극도로 혼란에 빠지게 되어 서한은 기울어 가는 형세를 맞이하게 된 것이다.

특히 조비연은 미천한 신분에 첩여婕妤로 들어가 황후의 지위에까지 올랐지만 자식을 낳지 못하자, 자식을 낳은 궁인은 모조리 죽이는 등 잔인하고 포악한 짓을 일삼았으며, 아울러 궁중에서 온갖 음란한 짓을 공공연하게 저지르고 있었다. 이로 인해 성제는 후사가 없이 제위를 마치게 된 것이다. 이 때문에 역대 이래 여인들의 행적을 모아 7가지 유형별로 이를 정리하여 풍간諷諫의 소임을 다하고자 한 것이다.

이 책은 원래 반소班昭, 기무수綦毋邃, 우정절虞貞節 등의 주가 있었으나 지금은 사라지고 뒤에 청대 왕조원王照圓, 양단소梁端蕭, 도관道管 등의 주가 있었으며 지금은 주로 진한장陳漢章의 《열녀전교보列女傳校補》가 널리 통행되고 있다.

증공의 〈열녀전서록列女傳序錄〉에는 "조대고(曹大家, '조대고'로 읽음)가 주를 달았으며 그 7편을 정리하여 14편으로 하였다. 송의와 더불어 15편이 된 것이며 거기에 진영 어머니의 고사 및 동한 이래 일을 더하여 16개 고사를 넣었다. 이는 유향 본래의 책이 아니다"(曹大家所註, 離(釐)其七篇爲十四與頌義, 凡十五篇, 而益以陳嬰母及東漢以來凡十六事, 非向本書然也)라 하였다.

그리고 전증錢曾의 《독서민구기讀書敏求記》에는 "이 책은 유우이비有虞二妃로 시작하여 조도후趙悼后까지를 《고열녀전》이라 하며 주교부인周郊婦人으로부터 동한 양예梁嬡까지 시기별로 차례를 삼은 것으로 《속열녀전》이라 한다. 송의頌義와 대서大序는 목록 앞에 실려 있으며 소서 7편은 목록 중간에 실려 있고 송의 각 사람의 전 다음에 실려 있다"(此本始於有虞二妃至趙悼后, 號古列女傳. 周郊婦人至東漢梁嬡等, 以時次之, 別爲一篇, 號續列女傳. 頌義·大序列於目錄前. 頌見目錄中間, 頌見各人傳後)라 하여 그 체제와 형식을 설명하고 있다.

전문은 대략 《사기》의 기사와 같은 형식을 취하고 있으며, 결말은 《좌씨전左氏傳》의 형태를 띠어 매번 "군자위君子謂"라는 말을 넣어 평어를 곁들였으며 《시경》의 2구절을 인용하여 마무리 겸 찬양이나 풍자의 뜻으로 사용하고 있다. 그러나 《시경》 구절의 인용은 대체로 단장취의斷章取義한 면이 없지 않으며 이 때문에 원의와 맞지 않은 것도 있다. 체례는 이처럼 혹 《한시외전韓詩外傳》이나 《설원說苑》, 《신서新序》 등과 유사하여 유향 특유의 체제 형식을 창조한 것으로 보고 있다.

이에 《열녀전》(《고열녀전》 포함) 전체를 수록된 인물을 살펴보면 다음과 같다.

1권 모의편母儀篇: 어머니로서 의표儀表를 보인 여인들의 전기
① 순의 두 비 아황과 여영
② 후직의 어머니 강원
③ 설의 어머니 간적

④ 하우의 아내 도산씨
⑤ 탕의 아내 유신
⑥ 주실삼모 태강, 태임, 태사
⑦ 위 정공 아내 정강
⑧ 위 장공의 부인 장강
⑨ 공보목백의 아내 경강
⑩ 초나라 자발의 어머니
⑪ 맹자의 어머니
⑫ 노나라 아홉 아들의 어머니
⑬ 망묘의 후처
⑭ 제나라 전직자의 어머니

2권 현명편賢明篇: 똑똑하고 명석한 여인들의 전기
① 주 선왕의 아내 선강
② 제환공의 부인 위희
③ 진문공의 부인 제강
④ 진목공의 부인 목희
⑤ 초장왕의 부인 번희
⑥ 주남 대부의 아내
⑦ 송나라 포소의 처 여종
⑧ 진 조최의 처
⑨ 도 대부 답자의 처
⑩ 유하혜의 처
⑪ 검루의 처

⑫ 안자 마부의 처

⑬ 초광접여의 처

⑭ 노래자의 처

⑮ 초나라 오릉의 처

3권 인지편仁智篇: 어질고 지혜로운 여인들의 전기

① 밀나라 강공의 어머니

② 초나라 무왕의 부인 등만

③ 허목공의 부인

④ 희부기의 처

⑤ 손숙오의 어머니

⑥ 진나라 대부 백종의 처

⑦ 위나라 영공의 부인

⑧ 제 영공의 부인 제령중자

⑨ 노나라 장문중의 어머니 장손모

⑩ 진나라 양설자의 처 숙희

⑪ 진나라 범헌자의 어머니

⑫ 노나라 공승자피의 누이

⑬ 노나라 칠실읍의 여인

⑭ 위나라 대부 여이의 어머니

⑮ 조나라 장수 조사의 아내

4권 정순편貞順篇: 정숙하며 순종하는 여인들의 전기

① 소남 신씨의 딸

② 노나라 선공의 딸 백희

③ 위나라로 시집간 제후의 딸

④ 채나라 사람의 아내

⑤ 여 장공의 부인

⑥ 제 효공의 부인

⑦ 식나라 임금의 부인

⑧ 제나라 기량의 처

⑨ 초나라 평왕의 부인

⑩ 초나라 소왕의 부인

⑪ 초나라 백공 승의 처

⑫ 위나라 종실 영왕의 부인

⑬ 노나라 도문의 딸

⑭ 양나라 과부

⑮ 진나라 젊은 과부

5권 절의편節義篇: 절개와 의리를 다한 여인들의 전기

① 노나라의 의로운 여인

② 초 성왕의 부인

③ 진 목공의 딸

④ 월왕 구천의 딸

⑤ 합 땅 장수의 아내

⑥ 노나라 의로운 여인들

⑦ 대나라의 조부인

⑧ 제나라의 의로운 계모

⑨ 노나라 추호의 아내

⑩ 주나라의 의로운 첩

⑪ 위나라 공자의 유모

⑫ 양나라 의로운 부인

⑬ 주애 땅의 계모와 딸

⑭ 합양의 의로운 자매

⑮ 장안 대창리의 의로운 여인

6권 변통편辯通篇: 말솜씨에 뛰어나고 막힘이 없는 여인들의 전기

① 제나라 관중의 첩

② 초나라 강을의 어머니

③ 진나라 활만드는 공인의 처

④ 제나라 홰나무를 벤 이의 딸

⑤ 초나라 소씨의 딸

⑥ 아곡의 처녀

⑦ 조나라 뱃사공의 딸

⑧ 조나라 필힐의 어머니

⑨ 제 위왕의 희姫

⑩ 제나라 종리춘

⑪ 제나라 뽕따는 여인

⑫ 제나라 고축녀

⑬ 초나라 경양왕의 부인

⑭ 제나라의 가난한 부인

⑮ 태창령 순우공의 딸

7권 얼폐편孼嬖篇: 못된 재앙을 불러온 여인들의 전기

① 걸왕의 비 말희

② 주왕의 비 달기

③ 주나라를 망친 포사

④ 위 선공의 아내 선강

⑤ 노나라 환공의 부인 문강

⑥ 노나라 장공의 부인 애강

⑦ 진나라 헌공의 부인 여희

⑧ 노나라 선공의 부인 무강

⑨ 하징서의 어머니 하희

⑩ 제나라 영공의 부인 성희

⑪ 제나라 당공의 처 동곽강

⑫ 위나라의 음란한 두 여인

⑬ 조나라 무령왕의 후비

⑭ 초나라 고열왕의 후비 이후

⑮ 조나라 도양왕의 부인 창후

8권: 《속열녀전續列女傳》

① 주나라 교외의 부인

② 진나라 말 잘하는 여인

③ 섭정의 누이

④ 제나라 왕손가의 어머니

⑤ 한나라 진영의 어머니

⑥ 한나라 승상 왕릉의 어머니

⑦ 한나라 어사대부 장탕의 어머니

⑧ 한나라 준불의의 어머니

⑨ 한나라 승상 양창의 처

⑩ 한나라 곽광의 아내 곽현

⑪ 한나라 엄연년의 어머니

⑫ 한나라 풍소의

⑬ 한나라 왕장의 처

⑭ 한나라 반첩여

⑮ 한나라 조비연

⑯ 왕망의 딸 효평왕후

⑰ 갱시제의 아내 갱시부인

⑱ 양홍의 아내

⑲ 명제의 부인 명덕마후

⑳ 양소의 딸 양예

　이상에서 보듯이 《속열녀전》에는 모두 20인이 들어 있으며 그 유형에 대해
서는 각 전마다 앞에 이를 명기하되 그 소속을 보면 다음과 같다.

　(1) 〈모의편〉 2인(준불의모, 명덕마후)

　(2) 〈현명편〉에 3인(진영지모, 한양부인, 양홍지처)

　(3) 〈인지편〉에 4인(주교부인, 장탕지모, 엄연년모, 왕장처녀)

　(4) 〈정순편〉에 1인(효평왕후)

　(5) 〈절의편〉에 4인(섭정지자, 왕손씨모, 왕릉지모, 한풍소의)

　(6) 〈변통편〉 3인(진국변녀, 반녀첩여, 양부인예)

　(7) 〈얼폐편〉에 3인(곽부인현, 한조비연, 경시부인)

그 중 성제成帝와 동시대 인물로는 왕장처녀와 반첩여, 조비연 등 3전이 있으며, 성제 이후로는 효평왕후, 갱시부인, 양홍처, 명덕마후, 양부인에 등 5명이다. 그 외 12명은 모두 성제 이전 여인들이다.

다음으로 《열녀전》의 판본과 교주校注 문제이다.

수서 경적지에 열녀전은 "여러 차례 전사傳寫를 거듭한 것으로 송대 이미 옛 면모는 사라지고 말았다"라고 하였다. 그리고 전증錢曾의 《독서민구기》에는 열녀전 각 편은 모두 그림이 있으며, 각 권 앞의 표제는 진晉나라 때 고개지顧愷之가 그린 것이라 하였다.

이에 지금은 고증할 수 있는 판본은 다음과 같다.

(개) 그림이 있는 판본

1) 남송南宋 건안여씨建安余氏 각본刻本: 하의문何義門이 말한 만권당본萬卷堂本이다.

2) 장사長沙 엽씨葉氏 관고당觀古堂 소장의 명각본明刻本: 그림은 명대明代 그린 것이며, 상해上海 함분루涵芬樓에서 축인縮印하였고 지금 상무인서관의 사부총간본四部叢刊本이다.

3) 청대 완복阮福이 송본宋本을 모각한 것으로 고개지顧愷之의 그림을 축소하여 실었다. 지금의 상무인서관 〈총서집성본叢書集成本〉이다.

4) 명대 신안新安 왕씨王氏의 《증집열녀전曾輯列女傳》 16권으로 구영仇英이 그림을 그렸으며 〈지부족재知不足齋〉 장본이다.

(내) 주석이 있는 판본

1) 고대 조대고曹大家, 기무수綦毋邃, 우정절虞貞節 등의 주가 있었다 하나

지금은 모두 실전되었으며 청대淸代 이르러 활발한 주석 작업이 이루어졌다.

2) 양단梁端, 無非의 《열녀전교주列女傳校注》: 고지규顧之逵가 송본宋本을 근거로 한 〈중간본重刊本〉에 주석 작업을 가한 것으로 《사기史記》, 《전한서前漢書》, 《후한서後漢書》, 《좌전左傳》, 《국어國語》, 《상서尙書》, 《삼가시三家詩》, 《초사楚辭》, 《예기禮記》, 《대대례기大戴禮記》, 《태평어람太平御覽》, 《예문유취藝文類聚》, 《문선文選》 등과 각종 제자서諸子書, 그리고 청대 교감학校勘學을 동원하여 비교적 상세히 주석을 달았다.

3) 왕조원王照圓의 《열녀전보주列女傳補注》: 왕조원은 학의행郝懿行의 처실로 남편의 《이아의소爾雅義疏》에 영향을 받아 세밀하게 주석하였고 과거의 오류를 바로잡았다. 단 이상 두 판본은 주석만 있고 그림은 싣지 않고 있다.

4) 그 외에도 손이양孫詒讓의 〈찰기고정류사札記考訂六事〉에 실린 서안瑞安 손씨孫氏 간본이 있으며, 고광기顧廣圻의 《열녀전고증列女傳考證》(顧氏小牘書堆本) 등이 있다.

2. 유향劉向

유향은 서한 때의 경학가·문학가·목록학자로 널리 알려져 있으며 생몰 연대는 대체로 B.C.77년부터 B.C.6년, 즉 서한 소제(昭帝, 劉弗陵, B.C.86~74 재위) 원봉元鳳 4년에 태어나, 선제(宣帝; 劉詢, B.C.73~49 재위), 원제(元帝; 劉奭, B.C.48~33 재위), 성제(成帝; 劉驁, B.C.32~7 재위)를 거쳐 애제(哀帝; 劉欣, B.C.6~1 재위) 원년에 72세로 생을 마친 인물이다.

정치적으로 그의 말년에는 외척 왕씨가 집권하여 왕권의 쇠락과 혼란을 거듭한 끝에, 그의 사후 13년만에는 결국 서한 왕조가 무너지고 왕망의 찬탈로 '신'이 들어서는 시기이기도 하다.

유향의 본명은 경생更生이며 자는 자정子政이었으나, 성제 즉위 초년에 이름을 향向으로 바꾸었으며 이 이름이 지금도 널리 알려져 있다.

그는 한 왕조의 시조인 고조 유방劉邦의 이복동생 초원왕楚元王, 劉交의 4세손인 황족으로서 유덕劉德의 아들이다. 특히 유향의 아들들도 모두 학문에 뜻을 두어 맏이인 유급劉伋은 《역易》으로써 교수가 되어 군수郡守에까지 올랐고, 둘째 유사劉賜는 구경승九卿丞을 지냈으며, 막내아들 유흠劉歆은 아버지의 학문을 그대로 이어받아 중국 학술사에 빛나는 《칠략》을 지어 목록학의 한 장을 성취한 것으로도 유명하다.

유향은 선제 때부터 성제에 이르기까지 연랑輦郎·간대부諫大夫·낭중郎中·급사황문給事黃門·산기간의대부散騎諫議大夫·산기중정급사중散騎中正給事中·중랑中郎·광록대부光祿大夫·중루교위中壘校尉 등을 지냈으며 한때 임금의 노여움을 사서 여러 차례 하옥되기도 하였다.

그는 《춘추곡량전春秋穀梁傳》·《춘추좌씨전春秋左氏傳》 등에 밝아 선제 때에는 '명유준재名儒俊材'로 선발되어 〈부송賦頌〉 수십 편을 바치기도 하였으며,

석거각회의石渠閣會議에 참여하여 오경이동五經同異에 대한 강론을 펼치기도 하였다.

원제 때에는 음양재이陰陽災異에 대한 문제와, 외척 환관의 탄핵 문제에 연루되어 하옥되었다. 성제 때 다시 비부秘府의 책을 교정하여 유명한 《별록別錄》을 지어 목록학의 개조開祖가 되었으며, 고래의 길흉화복에 대한 징험徵驗을 모아 《홍범오행전론洪範五行傳論》을 썼다. 그리고 《시》·《서》 속의 현비賢妃·정부貞婦와 흥국현가興國顯家의 부녀들 이야기를 모아 《열녀전》을 완성하기도 하였다. 그리고 유별로 교훈적인 이야기와 문장을 모아 찬집한 《신서》와 《설원》은 오늘날까지 유가의 전범과 방증 자료로 널리 이용되고 있다. 특히 《홍범오행전론》은 당시의 정치 혼란을 재이와 부서符瑞·점험占驗에 맞추어 이론화한 것으로, 뒷날 점법占法에 지대한 영향을 미친 저술이기도 하다.

그의 대표 저술 중 《설원》은 군도君道·신술臣術로 시작하여 수문修文·반질反質에 이르기까지 오늘날 20권으로 되어 있으며, 당시까지의 교훈적 일화와 명문을 모아 유가의 정치이론과 가치관을 그대로 반영한 대작이다. 그에 비하여 《신서》는 《춘추》의 근본사상을 바탕으로 상고부터 한대에 이르기까지 가언선행嘉言善行을 포양襃揚하여 태평지기太平之基, 만세지리萬世之利의 사회정의에 대한 관념을 정론화한 것으로 평가받고 있다.

한편 《한서》 예문지에 그의 〈사부〉 33편의 목록이 있으나 지금은 몇몇 잔편단장殘篇斷章 외에는 모두 소실되었고, 다만 〈구탄九嘆〉이 《초사楚辭》 속에 들어 있을 뿐이다. 이는 유향이 경서를 전교典校할 때, 굴원屈原을 추념하기 위해 굴원에 의탁하여 쓴 것으로, 그 자신이 교집校輯하면서 《초사》 16편 속에 함께 실은 것이다. 이 《초사》는 동한東漢에 이르러 왕일王逸이 주를 달아 《초사장구》라는 책으로 정리되어, 현존 최고最古의 《초사》 전본으로 귀중한 자료가 되고 있다.

유향은 주소奏疏문장의 보존과 고서古書에 대한 교수校讐에도 심혈을 기울여 그에 대한 회록을 남겼는데 특히 〈간영창릉소諫營昌陵疏〉와 《전국책회록戰國策 廻錄》이 유명하다.

한편 그의 산문은 간약창달簡約暢達하고 종용서완從容舒緩하여 당송唐宋 고문 가에게 큰 영향을 끼치기도 하였다. 그 외에도 학술적으로는 고적을 전교하여 이룩한 《별록》은 그의 아들 유흠이 이를 바탕으로 《칠략》으로 완성, 중국 목록학의 선하先河를 개도開導한 것으로 오늘날까지 학술사의 중요한 일문을 차지하고 있다. 이의 대략은 반고班固의 《한서》 예문지로써 알 수 있으며, 원서는 이미 사라졌다. 청대에 이르러 홍이훤洪頤煊, 마국한馬國翰, 요진종姚振宗 이 집일한 것이 있어 그 대강을 엿볼 수 있다. 그 외에 《열선전》(이는 송대 陳振孫의 偽作으로 보기도 한다)과 《전국책》 33권 등도 널리 알려져 있다.

그의 문집은 《수서》 경적지에 《유향집》 6권의 목록이 보이나 지금은 없어 졌고, 명대 장부(張溥; 1602~1641)가 집일한 《유저정집劉子政集》이 《한위육조백 삼가집漢魏六朝百三家集》에 수록되어 있다.

유향의 전기는 《한서》 권36 초원왕전楚元王傳에 유교劉交·유향劉向·유흠 劉歆이 함께 실려 있다. 그중 〈유향전〉을 전재하여 참고로 삼는다.

向字子政, 本名更生. 年十二, 以父德任爲輦郞. 旣冠, 以行修飭擢爲諫大夫. 是時, 宣帝循武帝故事, 招選名儒俊材置左右. 更生以通達能屬文辭, 與王褒· 張子僑等並進對, 獻賦頌凡數十篇. 上復興神僊方術之事, 而淮南有枕中鴻寶 苑祕書. 書言神僊使鬼物爲金之術, 及鄒衍重道延命方, 世人莫見, 而更生父 德武帝時治淮南獄得其書. 更生幼而讀誦, 以爲奇, 獻之, 言黃金可成. 上令典 尙方鑄作事, 費甚多, 方不驗. 上乃下更生吏, 吏劾更生鑄僞黃金, 繫當死. 更生 兄陽城侯安民上書, 入國戶半, 贖更生罪. 上亦奇其材, 得踰冬減死論. 會初立穀梁春秋, 徵更生受穀梁, 講論五經於石渠. 復拜爲郎中給事黃門, 遷散騎諫大夫給事中.

元帝初卽位, 太傅蕭望之爲前將軍, 少傅周堪爲諸吏光祿大夫, 皆領尙書事, 甚見尊任. 更生年少於望之・堪, 然二人重之, 薦更生宗室忠直, 明經有行, 擢爲散騎宗正給事中, 與侍中金敞拾遺於左右. 四人同心輔政, 患苦外戚許・史在位放縱, 而中書宦官弘恭・石顯弄權. 望之・堪・更生議, 欲白罷退之. 未白而語泄, 遂爲許・史及恭・顯所譖愬, 堪・更生下獄, 及望之皆免官. 語在望之傳. 其春地震, 夏, 客星見昴・卷舌間. 上感悟, 下詔賜望之爵關內侯, 奉朝請. 秋, 徵堪・向, 欲以爲諫大夫, 恭・顯白皆爲中郎. 冬, 地復震. 時恭・顯・許・史子弟侍中諸曹, 皆側目於望之等, 更生懼焉, 乃使其外親上變事, 言:

竊聞故前將軍蕭望之等, 皆忠正無私, 欲致大治, 忤於貴戚尙書. 今道路人聞望之等復進, 以爲且復見毀讒, 必曰嘗有過之臣不宜復用, 是大不然. 臣聞春秋地震, 爲在位執政太盛也, 不爲三獨夫動, 亦已明矣. 且往者高皇帝時, 季布有罪, 至於夷滅, 後赦以爲將軍, 高后・孝文之間卒爲名臣. 孝武帝時, 兒寬有重罪繫. 按道侯韓說諫曰:「前吾丘壽王死, 陛下至今恨之; 今殺寬, 後將復大恨矣!」上感其言, 遂貰寬, 復用之, 位至御史大夫, 御史大夫未有及寬者也. 又董仲舒坐私爲災異書, 主父偃取奏之, 下吏, 罪至不道, 幸蒙不誅, 復爲太中大夫, 膠西相, 以老病免歸. 漢有所欲興, 常有詔問. 仲舒爲世儒宗, 定議有益天下. 孝宣皇帝時, 夏侯勝坐誹謗繫獄, 三年免爲庶人. 宣帝復用勝, 至長信少府, 太子太傅, 名敢直言, 天下美之. 若乃羣臣, 多此比類, 難一二記. 有過之臣, 無負國家, 有益天下, 此四臣者, 足以觀矣.

前弘恭奏望之等獄決, 三月, 地大震. 恭移病出, 後復視事, 天陰雨雪. 由是言之, 地動殆爲恭等.

臣愚以爲宜退恭・顯以章蔽善之罰, 進望之等以通賢者之路. 如此, 太平之門開, 災異之原塞矣.

書奏, 恭·顯疑其更生所爲, 白請考姦詐. 辭果服, 遂逮更生繫獄, 下太傅韋玄成·諫大夫貢禹, 與廷尉雜考. 劾更生前爲九卿, 坐與望之·堪謀排車騎將軍高·許·史氏侍中者, 毀離親戚, 欲退去之, 而獨專權. 爲臣不忠, 幸不伏誅, 復蒙恩徵用, 不悔前過, 而教令人言變事, 誣罔不道. 更生坐免爲庶人. 而望之亦坐使子上書自冤前事, 恭·顯白令詣獄置對. 望之自殺. 天子甚悼恨之, 乃擢周堪爲光祿勳, 堪弟子張猛光祿大夫給事中, 大見信任. 恭·顯憚之, 數譖毀焉. 更生見堪·猛在位, 幾己得復進, 懼其傾危, 乃上封事諫曰:

「臣前幸得以骨肉備九卿, 奉法不謹, 乃復蒙恩. 竊見災異並起, 天地失常, 徵表爲國. 欲終不言, 念忠臣雖在畎畝, 猶不忘君, 惓惓之義也. 況重以骨肉之親, 又加以舊恩未報乎! 欲竭愚誠, 又恐越職, 然惟二恩未報, 忠臣之義, 一杼愚意, 退就農畝, 死無所恨.

臣聞舜命九官, 濟濟相讓, 和之至也. 衆賢和於朝, 則萬物和於野. 故簫韶九成, 而鳳皇來儀; 擊石拊石, 百獸率舞. 四海之內, 靡不和寧. 及至周文, 開基西郊, 雜遝衆賢, 罔不肅和, 崇推讓之風, 以銷分爭之訟. 文王旣沒, 周公思慕, 歌詠文王之德, 其詩曰:『於穆清廟, 肅雍顯相; 濟濟多士, 秉文之德.』當此之時, 武王·周公繼政, 朝臣和於內, 萬國驩於外, 故盡得其驩心, 以事其先祖. 其詩曰:『有來雍雍, 至止肅肅, 相維辟公, 天子穆穆.』言四方皆以和來也. 諸侯和於下, 天應報於上, 故周頌曰『降福穰穰』, 又曰『飴我釐麰』. 釐麰, 麥也, 始自天降. 此皆以和致和, 獲天助也.

下至幽·厲之際, 朝廷不和, 轉相非怨, 詩人疾而憂之曰:『民之無良, 相怨一方.』衆小在位而從邪議, 歙歙相是而背君子, 故其詩曰:『歙歙訿訿, 亦孔之哀! 謀之其臧, 則具是違; 謀之不臧, 則具是依!』君子獨處守正, 不橈衆枉, 勉彊以從王事則反見憎毒讒愬, 故其詩曰:『密勿從事, 不敢告勞, 無罪無辜,

讒口嗸嗸!』當是之時, 日月薄蝕而無光, 其詩曰:『朔日辛卯, 日有蝕之, 亦孔
之醜!』又曰:『彼月而微, 此日而微, 今此下民, 亦孔之哀!』又曰:『日月鞠凶,
不用其行; 四國無政, 不用其良!』天變見於上, 地變動於下, 水泉沸騰, 山谷
易處. 其詩曰:『百川沸騰, 山冢卒崩, 高岸爲谷, 深谷爲陵. 哀今之人, 胡憯莫懲!』
霜降失節, 不以其時, 其詩曰:『正月繁霜, 我心憂傷; 民之訛言, 亦孔之將!』
言民以是爲非, 甚衆大也. 此皆不和, 賢不肖易位之所致也.

　自此之後, 天下大亂, 篡殺殃禍並作, 厲王奔彘, 幽王見殺. 至乎平王末年,
魯隱之始卽位也, 周大夫祭伯乖離不和, 出奔於魯, 而春秋爲諱, 不言來奔, 傷其禍
殃自此始也. 是後尹氏世卿而惠恣, 諸侯背畔而不朝, 周室卑微. 二百四十二年
之間, 日食三十六, 地震五, 山陵崩阤二, 彗星三見, 夜常星不見, 夜中星隕如
雨一, 火災十四. 長狄入三國, 五石隕墜, 六鶂退飛, 多麋, 有蜮, 蜚, 鸜鵒來巢者,
皆一見. 晝冥晦. 雨木冰. 李梅冬實. 七月霜降, 草木不死. 八月殺菽. 大雨雹.
雨雪雷霆失序相乘. 水·旱·饑·蝝·螽·螟蜂午並起. 當是時, 禍亂輒應. 弒君
三十六, 亡國五十二, 諸侯奔走, 不得保其社稷者, 不可勝數也. 周室多禍: 晉敗
其師於貿戎; 伐其郊; 鄭傷桓王; 戎執其使; 衛侯朔召不往, 齊逆命而助朔; 五大
夫爭權, 三君更立, 莫能正理. 遂至陵夷不能復興.

　由此觀之, 和氣致祥, 乖氣致異; 祥多者其國安, 異衆者其國危, 天地之常經,
古今之通義也. 今陛下開三代之業, 招文學之士, 優游寬容, 使得並進. 今賢不肖
渾殽, 白黑不分, 邪正雜糅, 忠讒並進. 章交公車, 人滿北軍. 朝臣舛午, 膠戾乖刺,
更相讒愬, 轉相是非. 傳授增加, 文書紛糾, 前後錯繆, 毀譽渾亂. 所以營或耳目,
感移心意, 不可勝載. 分曹爲黨, 往往羣朋, 將同心以陷正臣. 正臣進者, 治之
表也; 正臣陷者, 亂之機也. 乘治亂之機, 未知孰任, 而災異數見, 此臣所以寒心
者也. 夫乘權藉勢之人, 子弟鱗集於朝, 羽翼陰附者衆, 輻湊於前, 毀譽將必用,
以終乖離之咎. 是以日月無光, 雪霜夏隕, 海水沸出, 陵谷易處, 列星失行, 皆怨

氣之所致也. 夫遵衰周之軌迹, 循人之所刺, 而欲以成太平, 致雅頌, 猶卻行而求及前人也. 初元以來六年矣. 案春秋六年之中, 災異未有稠如今者也. 夫有春秋之異, 無孔子之救, 猶不能解紛, 況甚於春秋乎?

原其所以然者, 讒邪並進也. 讒邪之所以並進者, 由上多疑心, 旣已用賢人而行善政, 如或譖之, 則賢人退而善政還. 夫執狐疑之心者, 來讒賊之口; 持不斷之意者, 開羣枉之門. 讒邪進則衆賢退, 羣枉盛則正士消. 故易有否泰. 小人道長, 君子道消, 君子道消, 則政日亂, 故爲否. 否者, 閉而亂也. 君子道長, 小人道消, 小人道消, 則政日治, 故爲泰. 泰者, 通而治也. 詩又云『雨雪麃麃, 見晛聿消』, 與易同義. 昔者鯀・共工・驩兜與舜・禹雜處堯朝, 周公與管・蔡並居周位, 當是時, 迭進相毀, 流言相謗, 豈可勝道哉! 帝堯・成王能賢舜・禹・周公而消共工・管・蔡, 故以大治, 榮華至今. 孔子與季・孟偕仕於魯, 李斯與叔孫俱宦於秦, 定公・始皇賢季・孟・李斯而消孔子・叔孫, 故以大亂, 汚辱至今. 故治亂榮辱之端, 在所信任; 信任旣賢, 在於堅固而不移. 詩云『我心匪石, 不可轉也』. 言守善篤也. 易曰『渙汗其大號』, 言號令如汗, 汗出而不反者也. 今出善令, 未能踰時而反, 是反汗也; 用賢未能三旬而退, 是轉石也. 論語曰: 『見不善如探湯.』今二府奏佞謅不當在位, 歷年而不去. 故出令則如反汗, 用賢則如轉石, 去佞則如拔山, 如此望陰陽之調, 不亦難乎!

是以羣小窺見間隙, 緣飾文字, 巧言醜詆, 流言飛文, 譁於民間. 故詩云: 『憂心悄悄, 慍于羣小.』小人成羣, 誠足慍也. 昔孔子與顏淵・子貢更相稱譽, 不爲朋黨; 禹・稷與皋陶傳相汲引, 不爲比周. 何則? 忠於爲國, 無邪心也. 故賢人在上位, 則引其類而聚之於朝, 易曰『飛龍在天, 大人聚也』; 在下位, 則思與其類俱進, 易曰『拔茅茹以其彙, 征吉』. 在上則引其類, 在下則推其類, 故湯用伊尹, 不仁者遠, 而衆賢至, 類相致也. 今佞邪與賢臣並在交戟之內, 合黨共謀, 違善依惡, 歙歙訿訿, 數設危險之言, 欲以傾移主上. 如忽然用之, 此天地之所以先戒,災異之所以重至者也.

　自古明聖, 未有無誅而治者也, 故舜有四放之罰, 而孔子有兩觀之誅, 然後聖化可得而行也. 今以陛下明知, 誠深思天地之心, 迹察兩觀之誅, 覽否泰之卦, 觀雨雪之詩, 歷周·唐之所進以爲法, 原秦·魯之所消以爲戒, 考祥應之福, 省災異之禍, 以揆當世之變, 放遠佞邪之黨, 壞散險詖之聚, 杜閉羣枉之門, 廣開衆正之路, 決斷狐疑, 分別猶豫, 使是非炳然可知, 則百異消滅, 而衆祥並至, 太平之基, 萬世之利也.

　臣幸得託肺附, 誠見陰陽不調, 不敢不通所聞. 竊推春秋災異, 以(効)[救]今事一二, 條其所以, 不宜宣泄. 臣謹重封昧死上.」

　恭·顯見其書, 愈與許·史比而怨更生等. 堪性公方, 自見孤立, 遂直道而不曲. 是歲夏寒, 日青無光, 恭·顯及許·史皆言堪·猛用事之咎. 上內重堪, 又患衆口之寖潤, 無所取信. 時長安令楊興以材能幸, 常稱譽堪. 上欲以爲助, 乃見問興「朝臣齗齗不可光祿勳, 何(也)[邪]?」興者傾巧士, 謂上疑堪, 因順指曰:「堪非獨不可於朝廷, 自州里亦不可也. 臣見衆人聞堪前與劉更生等謀毀骨肉, 以爲當誅, 故臣前言堪不可誅傷, 爲國養恩也.」上曰:「然此何罪而誅? 今宜奈何?」興曰:「臣愚以爲可賜爵關內侯, 食邑三百戶, 勿令典事. 明主不失師傅之恩, 此最策之得者也.」上於是疑. 會城門校尉諸葛豐亦言堪·猛短, 上因發怒免豐. 語在其傳. 又曰:「豐言堪·猛貞信不立, 朕閔而不治, 又惜其材能未有所效, 其左遷堪爲河東太守, 猛槐里令.

　顯等專權日甚. 後三歲餘, 孝宣廟闕災, 其晦, 日有蝕之. 於是上召諸前言日變在堪·猛者責問, 皆稽首謝. 乃因下詔曰:「河東太守堪, 先帝賢之, 命而傅朕. 資質淑茂, 道術通明, 論議正直, 秉心有常, 發憤悃愊, 信有憂國之心. 以不能阿尊事貴, 孤特寡助, 抑厭遂退, 卒不克明. 往者衆臣見異, 不務自修, 深惟其故, 而反晻昧說天, 託咎此人. 朕不得已, 出而試之, 以彰其材. 堪出之後, 大變仍臻,眾亦嘿然. 堪治未期年, 而三老官屬有識之士詠頌其美, 使者過郡, 靡人不稱. 此固足以彰先帝之知人, 而朕有以自明也. 俗人乃造端作基, 非議詆欺, 或引幽隱, 非所宜明, 意疑以類, 欲以陷之, 朕亦不取也. 朕迫于俗, 不得專心, 乃者天著大異, 朕甚懼焉. 今堪年衰歲暮, 恐不得自信, 排於異人, 將安究之哉? 其徵堪詣行在所.」拜為光祿大夫, 秩中二千石, 領尚書事. 猛復為太中大夫給事中. 顯幹尚書事, 尚書五人, 皆其黨也. 堪希得見, 常因顯白事, 事決顯口. 會堪疾瘖, 不能言而卒. 顯誣譖猛, 令自殺於公車. 更生傷之, 乃著疾讒・摘要・救危及世頌, 凡八篇, 依興古事, 悼己及同類也. 遂廢十餘年.

成帝即位, 顯等伏辜, 更生乃復進用, 更名向. 向以故九卿召拜為中郎, 使領護三輔都水. 數奏封事, 遷光祿大夫. 是時帝元舅陽平侯王鳳為大將軍秉政, 倚太后, 專國權, 兄弟七人皆封為列侯. 時數有大異, 向以為外戚貴盛, 鳳兄弟用事之咎. 而上方精於詩書, 觀古文, 詔向領校中五經祕書. 向見尚書洪範, 箕子為武王陳五行陰陽休咎之應. 向乃集合上古以來歷春秋六國至秦漢符瑞災異之記, 推迹行事, 連傳禍福, 著其占驗, 比類相從, 各有條目, 凡十一篇, 號曰洪範五行傳論, 奏之. 天子心知向忠精, 故為鳳兄弟起此論也, 然終不能奪王氏權.

久之, 營起昌陵, 數年不成, 復還歸延陵, 制度泰奢. 向上疏諫曰:

「臣聞易曰:『安不忘危, 存不忘亡, 是以身安而國家可保也.』故賢聖之君, 博觀終始, 窮極事情, 而是非分明. 王者必通三統, 明天命所授者博, 非獨一姓也. 孔子論詩, 至於『殷士膚敏, 祼將于京』, 喟然歎曰:『大哉天命! 善不可不傳于子孫, 是以富貴無常; 不如是, 則王公其何以戒慎, 民萌何以勸勉?』蓋傷微子之事周, 而痛殷之亡也. 雖有堯舜之聖, 不能化丹朱之子; 雖有禹湯之德, 不能訓末孫之桀紂. 自古及今, 未有不亡之國也. 昔高皇帝既滅秦, 將都雒陽, 感寤劉敬之言, 自以德不及周, 而賢於秦, 遂徙都關中, 依周之德, 因秦之阻. 世之長短, 以德為効, 故常戰栗, 不敢諱亡. 孔子所謂『富貴無常』, 蓋謂此也.

孝文皇帝居霸陵, 北臨廁, 意悽愴悲懷, 顧謂羣臣曰:『嗟乎! 以北山石爲槨, 用紵絮斮陳漆其間, 豈可動哉!』張釋之進曰:『使其中有可欲, 雖錮南山猶有隙; 使其中無可欲, 雖無石槨, 又何感焉?』夫死者無終極, 而國家有廢興, 故釋之之言, 爲無窮計也. 孝文寤焉, 遂薄葬, 不起山墳.

易曰:『古之葬者, 厚衣之以薪, 臧之中野, 不封不樹. 後世聖人易之以棺槨.』棺槨之作, 自黃帝始. 黃帝葬於橋山, 堯葬濟陰, 丘壟皆小, 葬具甚微. 舜葬蒼梧, 二妃不從. 禹葬會稽, 不改其列. 殷湯無葬處. 文·武·周公葬於畢, 秦穆公葬於雍橐泉宮祈年館下, 樗里子葬於武庫, 皆無丘壠之處. 此聖帝明王賢君智士遠覽獨慮無窮之計也. 其賢臣孝子亦承命順意而薄葬之, 此誠奉安君父, 忠孝之至也.

夫周公, 武王弟也, 葬兄甚微. 孔子葬母於防, 稱古墓而不墳, 曰:『丘, 東西南北之人也, 不可不識也.』爲四尺墳, 遇雨而崩. 弟子修之, 以告孔子, 孔子流涕曰:『吾聞之, 古者不修墓.』蓋非之也. 延陵季子適齊而反, 其子死, 葬於嬴·博之間, 穿不及泉, 斂以時服, 封墳掩坎, 其高可隱, 而號曰:『骨肉歸復於土, 命也, 魂氣則無不之也..』夫嬴·博去吳千有餘里, 季子不歸葬. 孔子往觀曰: 『延陵季子於禮合矣.』故仲尼孝子, 而延陵慈父, 舜禹忠臣, 周公弟弟, 其葬君親骨肉, 皆微薄矣; 非苟爲儉, 誠便於體也. 宋桓司馬爲石槨, 仲尼曰『不如速朽.』秦相呂不韋集知略之士而造春秋, 亦言薄葬之義, 皆明於事情者也.

逮至吳王闔閭, 違禮厚葬, 十有餘年, 越人發之. 及秦惠文·武·昭·嚴襄五王, 皆大作丘壠, 多其瘞臧, 咸盡發掘暴露, 甚足悲也. 秦始皇帝葬於驪山之阿, 下錮三泉, 上崇山墳, 其高五十餘丈, 周回五里有餘; 石槨爲游館, 人膏爲燈燭, 水銀爲江海, 黃金爲鳧雁. 珍寶之臧, 機械之變, 棺槨之麗, 宮館之盛, 不可勝原. 又多殺宮人, 生薶工匠, 計以萬數. 天下苦其役而反之, 驪山之作未成, 而周章百萬之師至其下矣. 項籍燔其宮室營宇, 往者咸見發掘. 其後牧兒亡羊, 羊入其鑿, 牧者持火照求羊, 失火燒其臧槨. 自古至今, 葬未有盛如始皇者也, 數年之間, 外被項籍之災, 內離牧豎之禍, 豈不哀哉!

是故德彌厚者葬彌薄, 知愈深者葬愈微. 無德寡知, 其葬愈厚, 丘隴彌高, 宮廟甚麗, 發掘必速. 由是觀之, 明暗之效, 葬之吉凶, 昭然可見矣. 周德既衰而奢侈, 宣王賢而中興, 更爲儉宮室, 小寢廟. 詩人美之, 斯干之詩是也, 上章道宮室之如制, 下章言子孫之衆多也. 及魯嚴公刻飾宗廟, 多築臺囿, 後嗣再絕, 春秋刺焉. 周宣如彼而昌, 魯・秦如此而絕, 是則奢儉之得失也.

陛下卽位, 躬親節儉, 始營初陵, 其制約小, 天下莫不稱賢明. 及徙昌陵, 增埤爲高, 積土爲山, 發民墳墓, 積以萬數, 營起邑居, 期日迫卒, 功費大萬百餘. 死者恨於下, 生者愁於上, 怨氣感動陰陽, 因之以饑饉, 物故流離以十萬數, 臣甚憯焉. 以死者爲有知, 發人之墓, 其害多矣; 若其無知, 又安用大? 謀之賢知則不說, 以示衆庶則苦之; 若苟以說愚夫淫侈之人, 又何爲哉! 陛下慈仁篤美甚厚, 聰明疏達

蓋世, 宜弘漢家之德, 崇劉氏之美, 光昭五帝・三王, 而顧與暴〈秦〉亂君競爲奢侈, 比方丘隴, 說愚夫之目, 隆一時之觀, 違賢知之心, 亡萬世之安, 臣竊爲陛下羞之. 唯陛下上覽明聖黃帝・堯・舜・禹・湯・文・武・周公・仲尼之制, 下觀賢知穆公・延陵・樗里・張釋之之意. 孝文皇帝去墳薄葬, 以儉安神, 可以爲則; 秦昭・始皇增山厚臧, 以侈生害, 足以爲戒. 初陵之模, 宜從公卿大臣之議, 以息衆庶.」

書奏, 上甚感向言, 而不能從其計.

向睹俗彌奢淫, 而趙・衛之屬起微賤, 踰禮制. 向以爲王教由內及外, 自近者始. 故採取詩書所載賢妃貞婦, 興國顯家可法則, 及孽嬖亂亡者, 序次爲列女傳, 凡八篇. 以戒天子. 及采傳記行事, 著新序, 說苑凡五十篇奏之. 數上疏言得失, 陳法戒. 書數十上, 以助觀覽, 補遺闕. 上雖不能盡用, 然內嘉其言, 常嗟歎之.

時上無繼嗣, 政由王氏出, 災異浸甚. 向雅奇陳湯智謀, 與相親友, 獨謂湯曰:

「災異如此, 而外家日(甚)[盛], 其漸必危劉氏. 吾幸得同姓末屬, 絫世蒙漢厚恩, 身爲宗室遺老, 歷事三主. 上以我先帝舊臣, 每進見常加優禮, 吾而不言, 孰當言者?」向遂上封事極諫曰:

「臣聞人君莫不欲安, 然而常危, 莫不欲存, 然而常亡, 失御臣之術也. 夫大臣操權柄, 持國政, 未有不爲害者也, 昔晉有六卿, 齊有田・崔, 衛有孫・甯, 魯有季・孟, 常掌國事, 世執朝柄. 終後田氏取齊; 六卿分晉; 崔杼弑其君光; 孫林父・甯殖出其君衎, 弑其君剽; 季氏八佾舞於庭, 三家者以雍徹, 並專國政, 卒逐昭公. 周大夫尹氏筦朝事, 濁亂王室, 子朝・子猛更立, 連年乃定. 故經曰『王室亂』, 又曰『尹氏殺王子克』, 甚之也. 春秋舉成敗, 錄禍福, 如此類甚衆, 皆陰盛而陽微, 下失臣道之所致也. 故書曰: 『臣之有作威作福, 害于而家, 凶于而國.』孔子曰『祿去公室, 政逮大夫』, 危亡之兆. 秦昭王舅穰侯及涇陽・葉陽君專國擅勢, 上假太后之威, 三人者權重於昭王, 家富於秦國, 國甚危殆, 賴寤范雎之言, 而秦復存. 二世委任趙高, 專權自恣, 壅蔽大臣, 終有閻樂望夷之禍, 秦遂以亡. 近事不遠, 卽漢所代也.

漢興, 諸呂無道, 擅相尊王. 呂産・呂祿席太后之寵, 據將相之位, 兼南北軍之衆, 擁梁・趙王之尊, 驕盈無厭, 欲危劉氏. 賴忠正大臣絳侯・朱虛侯等竭誠盡節以誅滅之, 然後劉氏復安. 今王氏一姓乘朱輪華轂者二十三人, 青紫貂蟬充盈幄內, 魚鱗左右. 大將軍秉事用權, 五侯驕奢僭盛, 並作威福, 擊斷自恣, 行汙而寄治, 身私而託公, 依東宮之尊, 假甥舅之親, 以爲威重. 尚書九卿州牧郡守皆出其門, 筦執樞機, 朋黨比周. 稱譽者登進, 忤恨者誅傷; 游談者助之說, 執政者爲之言. 排擯宗室, 孤弱公族, 其有智能者, 尤非毀而不進. 遠絕宗室之任, 不令得給事朝省, 恐其與己分權; 數稱燕王・蓋主以疑上心, 避諱呂・霍而弗肯稱. 內有管・蔡之萌, 外假周公之論, 兄弟據重, 宗族磐互. 歷上古至秦漢, 外戚僭貴未有如王氏者也. 雖周皇甫・秦穰侯・漢武安・呂・霍・上官之屬, 皆不及也.

物盛必有非常之變先見, 爲其人微象. 孝昭帝時, 冠石立於泰山, 仆柳起於上林. 而孝宣帝卽位, 今王氏先祖墳墓在濟南者, 其梓柱生枝葉, 扶疏上出屋, 根垂地中; 雖立石起柳, 無以過此之明也. 事勢不兩大, 王氏與劉氏亦且不並立, 如下有泰山之安, 則上有累卵之危. 陛下爲人子孫, 守持宗廟, 而令國祚移於外親, 降爲皁隷, 縱不爲身, 奈宗廟何! 婦人內夫家, 外父母家, 此亦非皇太后之福也. 孝宣皇帝不與舅平昌・樂昌侯權, 所以安全之也.

夫明者起福於無形, 銷患於未然. 宜發明詔, 吐德音, 援近宗室, 親而納信, 黜遠外戚, 毋授以政, 皆罷令就弟, 以則效先帝之所行, 厚安外戚, 全其宗族, 誠東宮之意, 外家之福也. 王氏永存, 保其爵祿, 劉氏長安, 不失社稷, 所以襃睦外內之姓, 子子孫孫無疆之計也. 如不行此策, 田氏復見於今, 六卿必起於漢, 爲後嗣憂, 昭昭甚明, 不可不深圖, 不可不蚤慮. 易曰:『君不密, 則失臣; 臣不密, 則失身; 幾事不密, 則害成.』唯陛下深留聖思, 審固幾密, 覽往事之戒, 以折中取信, 居萬安之實, 用保宗廟, 久承皇太后, 天下幸甚.」

書奏, 天子召見向, 歎息悲傷其意, 謂曰:『君具休矣, 吾將思之.』以向爲中壘校尉.

向爲人簡易無威儀, 廉靖樂道, 不交接世俗, 專積思於經術, 晝誦書傳, 夜觀星宿, 或不寐達旦. 元延中, 星孛東井, 蜀郡岷山崩雍江. 向惡此異, 語在五行志. 懷不能已, 復上奏, 其辭曰:

「臣聞帝舜戒伯禹, 毋若丹朱敖; 周公戒成王, 毋若殷王紂. 詩曰『殷監不遠, 在夏后之世』, 亦言湯以桀爲戒也. 聖帝明王常以敗亂自戒, 不諱廢興, 故臣敢極陳其愚, 唯陛下留神察焉.

謹案春秋二百四十二年, 日蝕三十六, 襄公尤數, 率三歲五月有奇而壹食. 漢興訖竟寧, 孝景帝尤數, 率三歲一月而一食. 臣向前數言日當食, 今連三年比食. 自建始以來, 二十歲間而八食, 率二歲六月而一發, 古今罕有. 異有小大希稠, 占有舒疾緩急, 而聖人所以斷疑也. 易曰:『觀乎天文, 以察時變.』昔孔子對魯哀公, 並言夏桀・殷紂暴虐天下, 故曆失則攝提失方, 孟陬無紀, 此皆易姓之變也. 秦始皇之末至二世時, 日月薄食, 山陵淪亡, 辰星出於四孟, 太白經天而行, 無雲而雷, 枉矢夜光, 熒惑襲月, 孽火燒宮, 野禽戲廷, 都門內崩, 長人見臨洮, 石隕于東郡, 星孛大角, 大角以亡. 觀孔子之言, 考暴秦之異, 天命信可畏也. 及項籍之敗, 亦孛大角. 漢之入秦, 五星聚于東井, 得天下之象也. 孝惠時, 有雨血, 日食於衝, 滅光星見之異. 孝昭時, 有泰山臥石自立, 上林僵柳復起, 大星如月西行, 衆星隨之, 此爲特異. 孝宣興起之表, 天狗夾漢而西, 久陰不雨者二十餘日, 昌邑不終之異也. 皆著於漢紀. 觀秦・漢之易世, 覽惠・昭之無後, 察昌邑之不終, 視孝宣之紹起, 天之去就, 豈不昭昭然哉! 高宗・成王亦有雊雉拔木之變, 能思其故, 故高宗有百年之福, 成王有復風之報. 神明之應, 應若景嚮, 世所同聞也.

臣幸得託末屬, 誠見陛下有寬明之德, 冀銷大異, 而興高宗・成王之聲, 以崇劉氏, 故狠狠數奸死亡之誅. 今日食尤屢, 星孛東井, 攝提炎及紫宮, 有識長老莫不震動, 此變之大者也. 其事難一二記, 故易曰『書不盡言, 言不盡意』, 是以設卦指爻, 而復說義. 書曰『伻來以圖』, 天文難以相曉, 臣雖圖上, 猶須口說, 然後可知, 願賜清燕之間, 指圖陳狀.」

上輒入之, 然終不能用也. 向每召見, 數言公族者國之枝葉, 枝葉落則本根無所庇廕; 方今同姓疏遠, 母黨專政, 祿去公室, 權在外家, 非所以彊漢宗, 卑私門, 保守社稷, 安固後嗣也.

向自見得信於上, 故常顯訟宗室, 譏刺王氏及在位大臣, 其言多痛切, 發於至誠. 上數欲用向爲九卿, 輒不爲王氏居位者及丞相御史所持, 故終不遷. 居列大夫官前後三十餘年, 年七十二卒. 卒後十三歲而王氏代漢. 向三子皆好學: 長子伋, 以易教授, 官至郡守; 中子賜, 九卿丞, 蚤卒; 少子歆, 最知名.

〈劉向〉상.《中國大百科全書》에 실린 이미지 상

欽定四庫全書

古列女傳卷一

母儀傳

漢　劉向　撰

有虞二妃

有虞二妃者帝堯之二女也長娥皇次女英舜父頑母
嚚父號瞽瞍弟曰象敖游於嫚舜能諧柔之承事瞽瞍
以孝母憎舜而愛象舜猶內治靡有姦意四嶽薦之於
堯堯乃妻以二女以觀厥內二女承事舜於畎畝之中
不以天子之女故而驕盈怠嫚謙謙恭儉思盡婦道

欽定四庫全書

瞽瞍與象謀殺舜使塗廩舜歸告二女曰父母使我塗
廩我其往二女曰往哉舜既治廩捐階瞽瞍焚廩舜
往飛出象復與父母謀使浚井舜乃告二女二女曰
俞往哉舜往浚井格其出入從掩舜潛出時既不能殺
舜瞽瞍又使舜飲酒醉將殺之舜告二女二女乃與舜
藥浴汪遂往舜終日飲酒不醉舜之女繫憐之與二
嫂諧父母欲殺舜怨之不已舜猶不怨舜往于田號泣

日呼旻天呼父母惟害若茲思慕不已其弟篤厚
不怠既納于百揆賓于四門選于林木入于大麓堯試
之百方每事常謀于二女舜既嗣位升為天子娥皇為
后女英為妃封象於有庳事瞽瞍猶若焉天下稱二妃
聰明貞仁舜陟方死於蒼梧號曰重華二妃死於江湘
之間俗謂之湘君君子曰二妃德純而行篤詩云不顯
惟德百辟其刑之此之謂也

頌曰元始二妃帝堯之女嬪列有虞承舜於下以尊
事甲終能勞苦瞽瞍和寧卒享福祐

欽定四庫全書

棄母姜嫄

棄母姜嫄者邰侯之女也當堯之時行見巨人跡好而
履之歸而有娠浸以益大心怪惡之卜筮祀以求無
子終生子以為不祥而棄之隘巷牛羊避而不踐乃送
之平林之中後伐平林者咸薦之覆之乃取置寒冰之
上飛鳥傴翼之姜嫄以為異乃收以歸因命曰棄姜嫄
之性清靜專一好種稼穡及葉長而教之種樹桑麻葉

《列女傳》四庫全書(文淵閣) 史部(7) 傳記類(3) 總錄之屬.
원제목은 《古列女傳》(續古列女傳)이다.

劉向古列女傳卷之一

母儀傳

有虞二妃

有虞二妃者帝堯之二女也長娥皇次女英舜父頑
母嚚父號瞽叟弟曰象敖游於嫚舜能諧柔之承事
瞽叟以孝母憎舜而愛象舜猶內治靡有姦意四嶽
薦之於堯堯乃妻以二女以觀厥內二女承事舜於
畎畝之中不以天子之女故而驕盈怠嫚猶謙謙恭
儉思盡婦道瞽叟與象謀殺舜使塗廩我其往二女
曰父母使我塗廩我其往二女曰往哉舜既治廩乃

捐階瞽叟焚廩舜往飛出象復與父母謀使舜浚井
舜乃告二女曰俞往哉舜往浚井格其出入從
舜潛出時既不能殺舜又速舜飲酒醉將殺
之舜告二女二女乃與舜藥浴汪遂往舜終日飲酒
不醉舜之女弟繫憐之與二嫂諧父母欲殺舜舜猶
不怨之不已舜往于田號泣曰旻天呼父母惟
不怨思慕不已不怨其弟篤厚不怠既納于百揆賓
于四門選于林木入于大麓堯試之百方每事常
謀于二女舜既嗣位升為天子娥皇為后女英為妃
封象于有庳事瞽叟猶若焉天下稱二妃聦明貞仁
舜陟方死于蒼梧號曰重華二妃死于江湘之間俗
謂之湘君君子曰二妃德純而行篤詩云不顯惟德
百辟其刑之此之謂也

頌曰

元始二妃　帝堯之女　嬪列有虞　承舜於下

以尊事卑　終能勞苦　瞽叟和寧　卒享福祐

《古列女傳》(7권) 및 《續列女傳》(1권) 四部叢刊 初編 史部. 매편 앞에 삽화가 들어있다.
上海 涵芬樓에서 長沙葉氏의 觀古堂 소장 明刊本을 복간한 것이다.

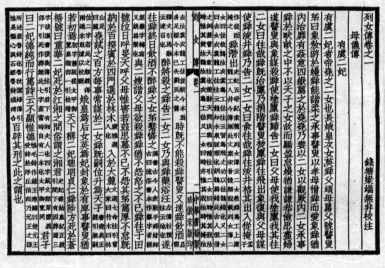

《列女傳》四部備要본. 上海 中華書局에서 汪氏의 振綺堂補刊본을 校刊한 것이다.

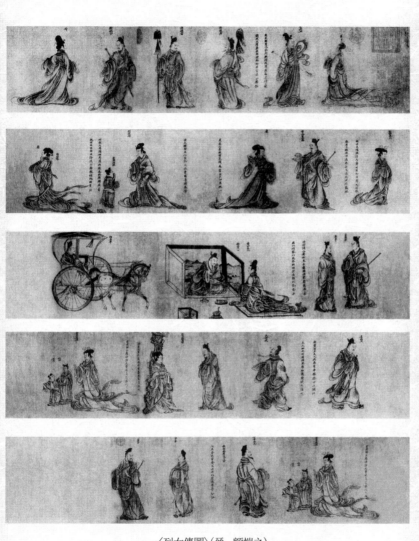

〈列女傳圖〉(晉，顧愷之)

〈列女傳圖〉와 顧愷之

〈女史箴圖〉 顧愷之 大英博物館 소장

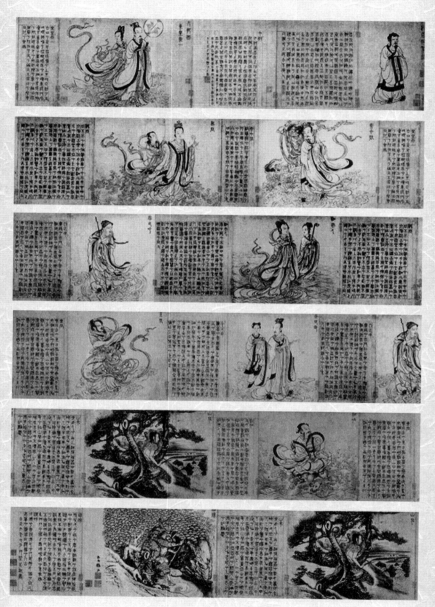

〈女史箴圖〉 顧愷之 大英博物館 소장

〈女史箴圖〉顧愷之 大英博物館 소장

차 례

❧ 책머리에
❧ 일러두기
❧ 해제

1. 《열녀전列女傳》
2. 유향劉向

列女傳 上

卷一 모의전母儀傳

001(1-1) 有虞二妃 순임금의 두 아내 아황과 여영 ·························· 50
002(1-2) 棄母姜嫄 주나라 시조 후직의 어머니 강원 ··················· 59
003(1-3) 契母簡狄 상나라 탕임금의 선조 설의 어머니 간적 ············ 64
004(1-4) 啓母塗山 하나라 우 임금의 아내이며 계의 어머니 도산씨 ······ 69
005(1-5) 湯妃有㜪 탕임금의 아내 유신씨 ··························· 73
006(1-6) 周室三母 주나라를 일으킨 세 명의 어머니 ··················· 76
007(1-7) 衛姑定姜 위나라 정공의 부인 정강 ························· 84
008(1-8) 齊女傅母 제나라 임금의 딸을 기른 보모 ···················· 91
009(1-9) 魯季敬姜 노나라 계손씨의 아내 경강 ······················ 96
010(1-10) 楚子發母 초나라 자발의 어머니 ························· 114
011(1-11) 鄒孟軻母 맹자의 어머니 ······························· 119
012(1-12) 魯之母師 노나라 아홉 아들을 기른 어머니 ················· 130
013(1-13) 魏芒慈母 위나라 망묘의 자애로운 후처 ··················· 135
014(1-14) 齊田稷母 제나라 전직자의 어머니 ····················· 140

卷二 현명전賢明傳

015(2-1) 周宣姜后 주나라 선왕의 부인 강후 ······················ 146

016(2-2) 齊桓衛姬 제나라 환공의 부인 위희 ······················ 151

017(2-3) 晉文齊姜 진나라 문공의 부인 제강 ······················ 157

018(2-4) 秦穆公姬 진나라 목공의 부인 공희 ······················ 163

019(2-5) 楚莊樊姬 초나라 장왕의 부인 번희 ······················ 172

020(2-6) 周南之妻 주남 대부의 아내 ···························· 178

021(2-7) 宋鮑女宗 송나라 포소의 아내 여종 ······················ 182

022(2-8) 晉趙衰妻 진나라 조최의 아내 조희 ······················ 187

023(2-9) 陶荅子妻 도 땅 대부 답자의 아내 ······················ 194

024(2-10) 柳下惠妻 노나라 유하혜의 아내 ······················ 198

025(2-11) 魯黔婁妻 노나라 검루의 아내 ························ 203

026(2-12) 齊相御妻 제나라 재상 안자 마부의 아내 ················ 208

027(2-13) 楚接輿妻 초광접여의 아내 ···························· 213

028(2-14) 楚老萊妻 초나라 노래자의 아내 ······················ 219

029(2-15) 楚於陵妻 초나라 오릉자종의 아내 ······················ 225

卷三 인지전仁智傳

030(3-1) 密康公母 밀나라 강공의 어머니 ························ 232

031(3-2) 楚武鄧曼 초나라 무왕의 부인 등만 ······················ 236

032(3-3) 許穆夫人 허나라 목공의 부인 ························ 242

033(3-4) 曹僖氏妻 조나라 희부기의 아내 ························ 246

034(3-5) 孫叔敖母 초나라 영윤 손숙오의 어머니 ················ 250

035(3-6) 晉伯宗妻 진나라 백종의 아내 ························ 254

036(3-7) 衛靈夫人 위나라 영공의 부인 ························ 259

037(3-8) 齊靈仲子 제나라 영공의 부인 중자 ······················ 264

038(3-9) 魯臧孫母 노나라 장손의 어머니 ························ 268

039(3-10) 晉羊叔姬 진나라 양설자의 아내 숙희 ················ 273

040(3-11) 晉范氏母 진나라 범헌자의 아내 ························ 283

041(3-12) 魯公乘姒 노나라 공승자피의 누나 ···················· 287

042(3-13) 魯漆室女 노나라 칠실 땅의 여인 ······················ 291

043(3-14) 魏曲沃負 위나라 곡옥 땅의 노파 ······················ 297

044(3-15) 趙將括母 조나라 장수 조괄의 어머니 ················ 304

卷四 정순전貞順傳

045(4-1) 召南申女 소남의 신나라 사람 딸 ····················· 310

046(4-2) 宋恭伯姬 송나라 공공의 부인 백희 ·················· 314

047(4-3) 衛寡夫人 위나라 과부가 된 여인 ····················· 319

048(4-4) 蔡人之妻 채나라 사람의 아내 ························· 323

049(4-5) 黎莊夫人 여나라 장공의 부인 ························· 326

050(4-6) 齊孝孟姬 제나라 효공의 부인 맹희 ·················· 329

051(4-7) 息君夫人 식나라 임금의 부인 ························· 335

052(4-8) 齊杞梁妻 제나라 기량식의 아내 ······················ 338

053(4-9) 楚平伯嬴 초나라 평왕의 부인 백영 ·················· 344

054(4-10) 楚昭貞姜 초나라 소왕의 부인 정강 ·················· 349

055(4-11) 楚白貞姬 초나라 백공 승의 아내 정희 ··············· 353

056(4-12) 衛宗二順 위나라 종실의 정순한 두 여인 ············ 357

057(4-13) 魯寡陶嬰 노나라 도씨 집안의 딸 도영 ·············· 362

058(4-14) 梁寡高行 양나라 과부 고행 ························· 366

059(4-15) 陳寡孝婦 진나라 과부로서 효성을 다한 여인 ········· 370

列女傳 를

卷五 절의전節義傳

060(5-1) 魯孝義保 노나라 효공의 의로운 보모 ·········· 420

061(5-2) 楚成鄭瞀 초나라 성왕의 부인 정무 ·········· 424

062(5-3) 晉圉懷嬴 진나라 태자비 회영 ·········· 431

063(5-4) 楚昭越姬 초나라 소왕의 부인 월희 ·········· 435

064(5-5) 蓋將之妻 갑나라 장수 구자의 아내 ·········· 442

065(5-6) 魯義姑姊 노나라 의로운 시골 부인 ·········· 447

066(5-7) 代趙夫人 대나라 대왕의 부인 ·········· 452

067(5-8) 齊義繼母 제나라의 의로운 계모 ·········· 457

068(5-9) 魯秋潔婦 노나라 추호자의 정결한 부인 ·········· 462

069(5-10) 周主忠妾 주나라 대부의 충직한 시녀 ·········· 469

070(5-11) 魏節乳母 위나라의 절개 있는 유모 ·········· 474

071(5-12) 梁節姑姊 양나라의 절개 있는 고모 ·········· 480

072(5-13) 珠崖二義 주애 고을의 후처와 전처 소생의 딸 ·········· 483

073(5-14) 郃陽友娣 합양의 우애 깊은 여동생 ·········· 489

074(5-15) 京師節女 경사의 절개 있는 부인 ·········· 493

卷六 변통전辯通傳

075(6-1) 齊管妾婧 제나라 관중의 첩 정 ·········· 500

076(6-2) 楚江乙母 초나라 대부 강을의 어머니 ·········· 506

077(6-3) 晉弓工妻 진나라 활 만드는 공인의 아내 ·········· 511

078(6-4) 齊傷槐女 제나라 홰나무를 다치게 한 자의 딸 ·········· 517

079(6-5) 楚野辨女 초나라 시골의 변별력 있는 여인 ·········· 525

080(6-6) 阿谷處女 아곡 땅의 처녀 ·········· 530

081(6-7) 趙津女娟 조나라 나루터 사공의 딸 ·········· 537

082(6-8) 趙佛肸母 조나라 필힐의 어머니 ·········· 544

083(6-9) 齊威虞姬 제나라 위왕의 후궁 우희 ·········· 549

084(6-10) 齊鍾離春 제나라 무염읍에 사는 종리춘 ·········· 555

085(6-11) 齊宿瘤女 목에 혹이 난 제나라 여인 ·········· 564

086(6-12) 齊孤逐女 고아가 되어 쫓겨난 제나라 여인 ·········· 571

087(6-13) 楚處莊姪 초나라 경양왕의 부인 장질 ·················· 578

088(6-14) 齊女徐吾 제나라 부인 서오 ·················· 586

089(6-15) 齊太倉女 제나라 태창공의 딸 ·················· 590

卷七 얼폐전孽嬖傳

090(7-1) 夏桀末姬 하나라 걸의 애첩 말희 ·················· 598

091(7-2) 殷紂妲己 은나라 주왕의 애첩 달기 ·················· 604

092(7-3) 周幽褒姒 주나라 유왕의 애첩 포사 ·················· 610

093(7-4) 衛宣公姜 위나라 선공의 부인 선강 ·················· 618

094(7-5) 魯桓文姜 노나라 환공의 부인 문강 ·················· 623

095(7-6) 魯莊哀姜 노나라 장공의 부인 애강 ·················· 626

096(7-7) 晉獻驪姬 진나라 헌공의 부인 여희 ·················· 631

097(7-8) 魯宣繆姜 노나라 선공의 부인 목강 ·················· 641

098(7-9) 陳女夏姬 진나라 여인 하희 ·················· 646

099(7-10) 齊靈聲姬 제나라 영공의 부인 성희 ·················· 653

100(7-11) 齊東郭姜 제나라 당공의 처 동곽강 ·················· 657

101(7-12) 衛二亂女 위나라의 음란한 두 여인 ·················· 665

102(7-13) 趙靈吳女 조나라 무령왕의 오녀 ·················· 669

103(7-14) 楚考李后 초나라 고열왕의 이후 ·················· 674

104(7-15) 趙悼倡后 조나라 도양왕의 창후 ·················· 680

卷八 속열녀전續列女傳

105(8-1) 周郊婦人 → 仁智 주나라 교외의 부인 ·················· 686

106(8-2) 陳國辯女 → 辯通 진나라의 말솜씨 뛰어난 여인 ·················· 689

107(8-3) 聶政之姊 → 節義 섭정의 누나 ·················· 692

108(8-4) 王孫氏母 → 節義 왕손가의 어머니 ·················· 697

109(8-5) 陳嬰之母 → 賢明 진영의 어머니 ·················· 700

110(8-6) 王陵之母 → 節義 왕릉의 어머니 ·················· 704

111(8-7) 張湯之母 → 仁智 장탕의 어머니 ·················· 708

112(8-8) 雋不疑母 → 母儀 준불의의 어머니 ………………………… 713

113(8-9) 漢楊夫人 → 賢明 한나라 양창의 아내 ………………………… 716

114(8-10) 漢霍夫人 → 孽嬖 한나라 곽광의 부인 ………………………… 720

115(8-11) 嚴延年母 → 仁智 엄연년의 어머니 ………………………… 726

116(8-12) 漢馮昭儀 → 節義 한나라 풍소의 ………………………… 730

117(8-13) 王章妻女 → 仁智 왕장의 아내와 딸 ………………………… 734

118(8-14) 班女婕妤 → 辯通 반황의 딸 반첩여 ………………………… 738

119(8-15) 趙飛燕姊娣 → 孽嬖 조비연 자매 ………………………… 749

120(8-16) 孝平王后 → 貞順 한나라 효평황후 ………………………… 757

121(8-17) 更始夫人 → 孽嬖 한나라 경시제의 부인 ………………………… 762

122(8-18) 梁鴻之妻 → 賢明 양홍의 아내 ………………………… 766

123(8-19) 明德馬后 → 母儀 마원의 딸 명덕황후 마씨 ………………………… 773

124(8-20) 梁夫人嫕 → 辯通 양송의 딸 양예 ………………………… 786

❀ 부록

《列女傳》 관련 序文 및 題跋 등

1. 御製《古列女傳》序 ……………………………………………… 乾隆皇帝 ……… 794

2. 《古列女傳》提要 …… 四庫全書 文淵閣本 史部(七), 傳記類(三), 總錄之屬 ……… 795

3. 四庫全書總目解題《古列女傳》三卷 兩江總督採進本 ………………………… 797

4. 四部備要本 前記 ……………………………………………… 汪遠孫 ……… 798

5. 列女傳序 ……………………………………………………… 梁德繩 ……… 799

6. 古列女傳序 …………………………………………………… 曾鞏 ……… 800

7. 古列女傳目錄序 ……………………………………………… 王回 ……… 802

8. 四部刊要本〈小序〉按言 ……………………………………………… 803

9. 〈續列女傳〉解義 ……………………………… 淸 潘介繁(四部刊要本) ……… 804

10. 《顏氏家訓》書證篇 ……………………………………… 北齊 顏之推 ……… 805

제1권
모의전母儀傳

모의母儀는 어머니로서의 의표儀表라는 뜻이다. 역대 이래 훌륭한 어머니의 이야기를 모아 여기에 기록한 것이다.

〈四部備要本〉目錄 注에 "惟若母儀, 賢聖有智行爲儀表, 言則中義. 胎養子孫, 以漸敎化; 旣成以德, 致其功業. 姑母察此, 不可不法"이라 하였다.

〈陶婦俑〉(동진) 明器 江蘇 南京 출토

001(1-1) 有虞二妃
순임금의 두 아내 아황과 여영

유우有虞 순舜 임금의 두 비妃는 요堯 임금의 두 딸이다. 맏이는 아황
娥皇이며 동생은 여영女英이다. 순舜의 아버지 고수瞽叟는 완고하였고
그의 새 어머니는 말에 진실이 없는 여자였다. 동생의 이름은 상象이었
는데 제멋대로 오만하게 굴었다. 순은 능히 그들을 부드럽게 대하였고
아버지 고수에게는 시키는 일마다 잘 모시면서 효성을 다하였다. 그런
데도 어머니는 순을 미워하고 상만 좋아하였지만 순은 오히려 집안
일에 열심이었고 조금도 간악한
뜻을 가진 적이 없었다. 그러자
사악四嶽의 중신들이 요 임금에게
순을 추천하였고 요 임금은 두 딸
을 순에게 시집보내어 집안에서의
그의 사람됨을 살펴보도록 하였
다. 요 임금의 두 딸은 농사짓는
순의 집으로 가서 순의 일을 도우
면서도 천자의 딸이라는 이유로
교만하게 굴거나 게으른 행동을
전혀 하지 않았다. 그들은 오히려
겸손하였으며 공경과 부지런함
을 다하여 부도婦道를 다하기만을
생각하였다.

유우이비(有虞二妃)

그런데도 고수와 상은 순을 죽일 모의를 꾸며 순에게 창고에 흙 바르는 일을 시켰다. 순이 돌아와 두 부인에게 이렇게 의논하였다.

"부모님께서 나에게 곳간에 흙 바르는 일을 명하였소. 나는 가 보아야 겠소."

그러자 두 부인은 이렇게 말하였다.

"가서 시키는 대로 하세요!"

순이 곳간에 올라 벽을 수리하고 있을 때 그들은 사다리를 치워 버리고 고수는 그 곳간에 불을 질러 버렸다. 순은 나는 듯 급히 뛰어내려 피하였다.

상은 다시 부모와 모의하여 이번에는 순으로 하여금 우물 바닥을 퍼내도록 시켰다. 순이 이를 두 부인에게 고하자 두 부인은 이렇게 말하였다.

"그렇게 해야지요. 가세요!"

순은 우물 안으로 들어가 바닥을 퍼내고 있었다. 그러자 고수와 상은 우물 출입구를 막아 이에 따라 입구가 막히고 말았다. 순이 몰래 빠져 나와, 이 때에도 순을 죽일 수 없게 되자 고수는 다시 순을 불러 술을 마시도록 하여 장차 순이 취하면 죽이려 하였다. 순이 이를 두 부인에게 알리자 두 부인은 술에 취하지 않는 약을 그에게 주어 물에 풀어 목욕하도록 하였다. 순이 가서 종일 술을 마셨지만 취하지 않았다.

순의 여동생 계繫가 이러한 일들을 보고 순을 불쌍히 여겨 두 올케와 화해하였다. 부모가 순을 죽이려 하였으나 순은 이들을 원망하지 않았다. 그래도 그들의 노함은 그칠 줄 몰랐다.

순이 들로 달려가 흐느껴 울면서 날마다 하늘을 우러러 부르짖고 또 부모를 부르짖었다. 이와 같이 부모가 그를 해치려 하였지만 부모를 생각하는 것은 끝이 없었다. 동생을 원망하지도 않았으며 그들에 대한 두텁고 독실한 정에도 게으름이 없었다.

이윽고 순은 백관百官의 장관을 다스리는 임무를 맡게 되었고, 사방의 제후들도 그에게 빈객이 되어 찾아오게 되었다. 순은 이렇게 삼림

속으로 들어가 험한 고통을 거쳐 큰 산중턱에 오르듯이 마침내 국가의 중책을 맡게 된 것이다. 요 임금은 순이 천자의 재능이 있는지 여러 방법으로 시험하였는데, 그 때마다 순은 항상 두 아내와 모든 일을 상의하였다. 순이 마침내 요 임금을 이어 천자의 자리에 오르자, 아황을 후后로 삼고 여영은 비妃로 삼게 되었다. 순은 상을 유비有庳 땅에 봉해 주었고, 고수를 섬기는 것도 처음과 조금도 다름이 없었다. 천하 사람들은 두 비를 총명하고 정숙하며 어질다고 칭송하였다. 순은 천하를 순수하던 중 창오蒼梧에서 세상을 떠났다. 사람들은 그의 호를 중화重華라 하였다. 두 비가 강수江水와 상수湘水 사이에서 세상을 떠나자, 속칭 그들을 상군湘君이라 불렀다.

군자가 말하였다.

"두 비는 덕이 순수하고 행동이 독실하였다."

《시詩》에 "그 덕이 크게 드러나니 모든 제후가 그들을 법으로 본받았다"라 하였으니 바로 이러한 경우를 두고 한 말이다.

송頌:

"애초에 두 비는 요 임금의 딸이었네.
빈으로 유우의 반열에 섰지만 자신을 낮추어 순을 보필하였네.
높은 신분으로 낮은 신분을 섬기면서도 끝내 그 노고를 다하였네.
아버지 고수와 화목함과 평안을 다하여 마침내 복을 누릴 수 있었네."

有虞二妃者, 帝堯之二女也: 長娥皇·次女英. 舜父頑, 母嚚; 父號瞽叟. 弟曰象, 敖游於嫚, 舜能諧柔之; 承事瞽叟以孝. 母憎舜而愛象; 舜猶內治, 靡有姦意. 四嶽薦之於堯, 堯乃妻以二女, 以觀厥內. 二女承事舜於畎畝之中, 不以天子之女故, 而驕盈怠嫚, 猶謙謙恭儉, 思盡婦道. 瞽叟與象, 謀殺舜, 使塗廩.

舜歸告二女曰: 「父母使我塗廩, 我其往.」

二女曰:「往哉!」

舜旣治廩, 乃捐階; 瞽叟焚廩, 舜往飛出. 象復與父母謀, 使舜浚井.

舜乃告二女, 二女曰:「兪, 往哉!」

舜往浚井, 格其出入, 從掩, 舜潛出. 時旣不能殺舜, 瞽叟又速舜飲酒, 醉將殺之. 舜告二女, 二女乃與舜藥浴汪. 遂往, 舜終日飲酒不醉.

舜之女弟繫憐之, 與二嫂諧. 父母欲殺舜, 舜猶不怨, 怒之不已.

舜往於田號泣, 日呼旻天, 呼父母. 惟害若玆, 思慕不已, 不怨其弟, 篤厚不怠.

旣納於百揆, 賓於四門, 選於林木, 入於大麓, 堯試之百方, 每事常謀於二女. 舜旣嗣位, 升爲天子, 娥皇爲后, 女英爲妃; 封象於有庳, 事瞽叟猶若初焉, 天下稱二妃聰明貞仁. 舜陟方死於蒼梧, 號曰重華. 二妃死於江湘之間, 俗謂之湘君.

君子曰:「二妃德純而行篤.」

詩云:『不顯惟德, 百辟其刑之.』此之謂也.

頌曰:『元始二妃, 帝堯之女.
　　　　嬪列有虞, 承舜於下.
　　　　以尊事卑, 終能勞苦.
　　　　瞽叟和寧, 卒享福祜.』

【有虞】고대 五帝의 하나인 舜임금을 가리킴. 諸馮(지금의 山東 諸城市)에서
　　태어나 각고 끝에 천자의 지위에 오른 고대의 聖王. 성은 姚氏이며 호는 有虞氏.

혹은 重華라고 부르며 唐堯에게 천하를 물려받아 국호를 虞나라로 하였음.
舜은 시호로 《史記》集解에 "謚法曰: 仁聖盛明曰舜"이라 하였고, 索隱에는 "舜,
謚也. 皇甫謚云舜字都君也"라 함.

【二妃】요임금의 두 딸 娥皇과 女英. 女英은 女匽, 女罃으로도 표기하며 舜이
堯에게 천하를 물려받아 天子가 되자 아황은 后로, 여영은 妃로 삼았음. 아황은
아들이 없었고 여영은 商均을 낳았음.

【帝堯】堯임금을 가리키며 성은 伊祁氏, 이름은 放勳(放勛), 혹 陶唐氏로도 부름.
고대 五帝의 하나로 국호를 唐이라 하였음.

【頑罵】완(頑)은 완고함. 순임금의 아버지가 어리석고 완고하였음을 말함. 은(罵)
은 표독하면서 어리석음. 순임금의 계모의 성격을 두고 이른 말. 《史記》五帝本紀
에 "舜父瞽叟盲, 而舜母死, 瞽叟更娶妻而生象, 象傲"라 함. 한편 《左傳》僖公
24年에 "口不道忠信之言爲罵"이라 함.

【瞽叟】瞽瞍로도 표기하며 순임금의 아버지. 실제 맹인은 아니었음. 고수는
원래 선악과 시비를 구분할 줄 모르는 자라는 뜻을 가지고 있음. 《史記》正義에
"孔安國云: 無目曰瞽, 舜父有目不能分別好惡, 故時人謂之父瞽, 配字曰瞍. 瞍,
無目之稱也"라 함.

【象】순임금의 이복동생. 舜임금의 生母인 握登이 죽자 瞽瞍가 새로이 맞아들인
후처 소생. 《史記》正義에 "瞽瞍姓嬀, 妻曰握登, 見大虹意感而生舜於姚墟,
故姓姚, 目重瞳子. 故曰重華, 字都君, 龍顔, 大口. 黑色, 身長六尺一寸"이라
하였고, 索隱에는 "皇甫謚云: 舜母名握登, 生舜於姚墟, 因姓姚氏也"라 하였음.
그리고 《史記》 본문에는 "舜父瞽瞍盲, 而舜母死. 瞽瞍更娶妻而生象……"
라 함.

【嫚】慢과 같음. 제멋대로 거만하고 게으른 모습.

【靡有姦意】조금도 간악한 뜻을 가지지 않음. '靡'는 '無'와 같으며 雙聲互訓.

【四嶽】사시를 살펴 농사의 때를 일러 주며, 국경 내의 네 곳 산의 제사 등을
관장하는 임무를 담당한 자. 당시 이 일을 맡았던 자는 姜氏로 炎帝의 일족이었다
함. 堯임금의 중신들.

【以觀厥內】가정을 다스리는 일을 보고, 나라를 다스릴 수 있는 능력이 있는지의
여부를 살펴봄.

【畎畝】농사짓는 일을 말함. 견은 밭고랑 사이의 작은 도랑.

【塗廩】곡식을 갈무리하는 창고(廩)를 진흙으로 발라 수리함.

【浚井】 우물 안에 쌓인 모래 등을 준설하고 청소함.

【格】 저지함. 오가지도 못하게 함.

【速】 '召'와 같음. 雙聲互訓.

【浴汪】 그 약을 물에 풀어 목욕시킴. 술에 취하지 않도록 한 것임.

【繫】 순임금 여동생의 이름. 혹 '擊', '顆手', '敤手' 등으로도 알려짐.

【昊天】 蒼天과 같음.

【百揆】 관직 이름. 周代의 天官 冢宰와 같음. 百官을 관리하는 최고의 직위.

【選於林木】 '選'은 '入'과 같음.

【嗣位】 여기서는 禪讓과 같은 뜻임. 堯가 천자의 지위를 舜에게 물려주었고, 순은 다시 禹에게 물려주어 천하를 公으로 여긴 것이며 이를 '公天下'라 함. 그 뒤로는 천자의 지위를 아들에게 물려주어 천하를 私的인 것으로 여겨 이를 '家天下'라 하며, 禪讓에 상대하여 '世襲'이라 부름.

【有庳】 지명. 혹 鼻墟, 鼻亭이라고도 하며 각가의 설이 분분하여 정확히 알 수 없음. 焦循《孟子正義》에 "後漢東平王蒼傳注: 有鼻, 國名, 在今永州營道縣北. 袁譚傳注: 今猶謂之鼻亭, 舜都蒲阪而封象於道州鼻亭. 閻氏若璩《釋地》續云: 有庳之在今永州零陵縣, 已成千古定所"라 하였고,《水經注》에 인용된 王隱之의 說에 "應陽縣本泉陵之北部, 東五里有鼻墟, 象所封也. 山下有象廟"라 하여 지금의 湖南省 道縣으로 보기도 함.

【陟方】 각 지역이나 나라를 순방함. 순임금은 남방을 순시하였음.

【蒼梧】 산 이름. 九疑山(九嶷山). 지금의 湖南省 寧遠縣 남쪽.

【湘君】 湘水를 지키는 女神이 되었음을 뜻함.

【君子曰】 본《列女傳》에서 매 편마다 '君子曰' 혹은 '君子云', '君子謂' 등으로 하여 全篇의 내용을 간추려 총평을 가하는 형식임. 군자는 평론가, 혹은 전을 쓴 작자 자신을 가리킴. 원래《左傳》에서 시작되었으며 史官의 論贊 형식임.

【不顯惟德】《詩經》周頌 烈文의 구절. '不'은 '丕'와 같음. '매우 크다'의 뜻. 한편 본《열녀전》에는 매 편마다《詩經》의 한두 구절을 인용하여 그 덕을 비유하거나 혹은 경계삼을 일을 빗대어 평론으로 삼고 있음.

【頌曰】 頌은 문체의 일종이며 노래(歌頌)로써 전체의 뜻이나 내용을 찬미하는 형식임. 본《列女傳》은 매 편마다 편찬자인 劉向이 반드시 송을 지어 결론을 맺고 있음.

【元始】 元은 大의 뜻. 始는 初의 뜻.

1.《詩經》周頌 烈文

烈文辟公, 錫玆祉福. 惠我無疆, 子孫保之. 無封靡于爾邦, 維王其崇之. 念玆戎公, 繼序其皇之. 無競維人, 四方其訓之. 不顯維德, 百辟其刑之. 於乎前王不忘.

2.《尙書》堯典

岳曰:「瞽子, 父頑, 母嚚, 象傲; 克諧以孝, 烝烝乂, 不格姦.」帝曰:「我其試哉!」女于時, 觀厥刑于二女. 釐降二女于嬀汭, 嬪于虞. 帝曰:「欽哉!」

3.《孟子》萬章(上)

萬章問曰:「詩云:『娶妻如之何? 必告父母.』信斯言也, 宜莫如舜. 舜之不告而娶, 何也?」孟子曰:「告則不得娶. 男女居室, 人之大倫也. 如告, 則廢人之大倫, 以懟父母, 是以不告也.」萬章曰:「舜之不告而娶, 則吾旣得聞命矣; 帝之妻舜而不告, 何也?」曰:「帝亦知告焉, 則不得妻也.」萬章曰:「父母使舜完廩, 捐階, 瞽瞍焚廩. 使浚井, 出, 從而揜之. 象曰:『謨蓋都君咸我績. 牛羊父母, 倉廩父母, 干戈朕, 琴朕, 弤朕, 二嫂使治朕棲.』象往入舜宮, 舜在牀琴. 象曰:『鬱陶思君爾.』忸怩. 舜曰:『惟玆臣庶, 汝其于予治.』不識舜不知象之將殺己與?」曰:「奚而不知也? 象憂亦憂, 象喜亦喜.」曰:「然則舜僞喜者與?」曰:「否. 昔者, 有饋生魚於鄭子産, 子産使校人畜之池. 校人烹之, 反命曰:『始舍之 圉圉焉, 少則洋洋焉, 攸然而逝.』子産曰:『得其所哉! 得其所哉!』校人出, 曰:『孰謂子産智? 予旣烹而食之, 曰:"得其所哉! 得其所哉!"』故君子可欺以其方, 難罔以非其道. 彼以愛兄之道來, 故誠信而喜之, 奚僞焉?」

萬章問曰:「象日以殺舜爲事, 立爲天子, 則放之, 何也?」孟子曰:「封之也, 或曰放焉.」萬章曰:「舜流共工于幽州, 放驩兜于崇山, 殺三苗于三危, 殛鯀于羽山, 四罪而天下咸服, 誅不仁也. 象至不仁, 封之有庳. 有庳之人奚罪焉? 仁人固如是乎? 在他人則誅之, 在弟則封之.」曰:「仁人之於弟也, 不藏怒焉, 不宿怨焉, 親愛之而已矣. 親之欲其貴也, 愛之欲其富也. 封之有庳, 富貴之也. 身爲天子, 弟爲匹夫, 可謂親愛之乎?」「敢問或曰放者, 何謂也?」曰:「象不得有爲於其國, 天子使吏治其國, 而納其貢稅焉, 故謂之放. 豈得暴彼民哉? 雖然, 欲常常而見之, 故源源而來. 『不及貢, 以政接于有庳』, 此之謂也.」

4.《韓非子》難一

歷山之農者侵畔, 舜往耕焉, 朞年, 甽畝正. 河濱之漁者爭坻, 舜往漁焉, 朞年而讓長. 東夷之陶者器苦窳, 舜往陶焉, 朞年而器牢. 仲尼歎曰:「耕, 漁與陶, 非舜官也, 而舜往爲之者, 所以救敗也. 舜其信仁乎!」乃躬藉處苦而民從之. 故曰:「聖人之德化乎!」

5.《史記》五帝本紀

嶽曰:「盲者子. 父頑, 母嚚, 弟傲, 能和以孝, 烝烝治, 不至姦.」堯曰:「吾其試哉.」於是堯妻之二女, 觀其德於二女. 舜飭下二女於嬀汭.

6.《史記》五帝本紀

舜父瞽叟盲, 而舜母死, 瞽叟更娶妻而生象, 象傲. 瞽叟愛後妻子, 常欲殺舜, 舜避逃; 及有小過, 則受罪. 順事父及後母與弟, 日以篤謹, 匪有解. 舜, 冀州之人也. 舜耕歷山, 漁雷澤, 陶河濱, 作什器於壽丘, 就時於負夏. 舜父瞽叟頑, 母嚚, 弟象傲, 皆欲殺舜. 舜順適不失子道, 兄弟孝慈. 欲殺, 不可得; 卽求, 嘗在側.

7.《史記》五帝本紀

舜年二十以孝聞. 三十而帝堯問可用者, 四嶽咸薦虞舜:「曰可.」於是堯乃以二女妻舜以觀其內, 使九男與處以觀其外. 舜居嬀汭, 內行彌謹. 堯二女不敢以貴驕事舜親戚, 甚有婦道. 堯九男皆益篤. 舜耕歷山, 歷山之人皆讓畔; 漁雷澤, 雷澤上人皆讓居; 陶河濱, 河濱器皆不苦窳. 一年而所居成聚, 二年成邑, 三年成都. 堯乃賜舜絺衣, 與琴, 爲築倉廩, 予牛羊. 瞽叟尚復欲殺之, 使舜上塗廩, 瞽叟從下縱火焚廩. 舜乃以兩笠自扞而下, 去, 得不死. 後瞽叟又使舜穿井, 舜穿井爲匿空旁出. 舜既入深, 瞽叟與象共下土實井, 舜從匿空出, 去. 瞽叟·象喜, 以舜爲已死. 象曰:「本謀者象.」象與其父母分, 於是曰:「舜妻堯二女, 與琴, 象取之. 牛羊倉廩予父母.」象乃止舜宮居, 鼓其琴. 舜往見之. 象鄂不懌, 曰:「我思舜正鬱陶!」舜曰:「然, 爾其庶矣!」舜復事瞽叟愛弟彌謹. 於是堯乃試舜五典百官, 皆治.

8.《韓詩外傳》卷四

韶用干戚, 非至樂也; 舜兼二女, 非達禮也; 封黃帝之子十九人, 非法義也. 往田號泣, 未盡命也. 以人觀之則是也, 以法量之則未也. 禮曰:「禮儀三百, 威儀三千.」詩曰:「靖恭爾位, 正直是與, 神之聽之, 式穀以女.」

9.《新序》雜事(一)

昔者, 舜自耕稼陶漁而躬孝友. 父瞽瞍頑, 母嚚, 及弟象傲, 皆下愚不移. 舜盡孝道,以供養瞽瞍. 瞽瞍與象, 爲浚井塗廩之謀, 欲以殺舜, 舜孝益篤. 出田則號泣, 年五十猶嬰兒慕, 可謂至孝矣. 故耕於歷山, 歷山之耕者讓畔; 陶於河濱, 河濱之陶者, 器不苦窳; 漁於雷澤, 雷澤之漁者分均. 及立爲天子, 天下化之, 蠻夷率服. 北發渠搜, 南撫交阯, 莫不慕義, 麟鳳在郊. 故孔子曰:『孝弟之至, 通於神明, 光於四座.』舜之謂也.

10.《藝文類聚》(79)

列女傳曰: 舜陟方, 死於蒼梧. 二妃葬於江湘之間, 俗謂之湘君.

11.《十八史略》卷一

帝舜有虞氏: 帝舜有虞氏, 姚姓, 或曰名重華, 瞽瞍之子, 顓頊六世孫也. 父惑於後妻, 愛少子象, 常欲殺舜, 舜盡孝悌之道, 烝烝乂不格姦. 畊歷山, 民皆讓畔, 漁雷澤, 人皆讓居, 陶河濱, 器不苦窳, 所居成聚, 二年成邑, 三年成都. 堯聞之聰明, 舉於畎畝, 妻以二女, 曰娥黃・女英, 釐降于嬀汭, 遂相堯攝政, 放驩兜, 流共工, 殛鯀, 竄三苗.

12. 기타 참고자료

《類說》(38)・《墨子》尙賢(中)・《孟子》公孫丑(上)・《大戴禮記》五帝德・《楚辭》天問・《呂氏春秋》愼人・《淮南子》原道・《說苑》反質

畫像磚(漢) 〈樂舞圖〉. 四川 德陽 출토

002(1-2) 棄母姜嫄
주나라 시조 후직의 어머니 강원

　　기棄, 姬棄, 后稷의 어머니 강원姜嫄은 유태씨有邰氏의 딸이다. 요堯 임금 때에 들에 나갔다가 거인의 발자국을 보았다. 호기심이 생겨 발자국을 밟고 따라갔다가 집으로 돌아온 후 임신을 알게 되었다. 점점 배가 불러오자 그는 마음속으로 괴이하게 여기면서 매우 꺼렸다. 이에 복서卜筮로 점을 치고 하늘에 제사 지내며 임신이 아니기를 간절히 바랐지만 결국 아들을 낳았다. 상서롭지 못하다고 여겨 그 아기를 막힌 골목에 버렸더니 소와 양들이 피해 가며 밟지 않는 것이었다. 이에 이를 평원의 숲 속에 갖다 버렸더니 뒤에 그 숲을 벌목하는 사람들이 모두가 그 아기에게 자리를 깔아 주고 몸을 덮어 주는 것이었다. 이에 이번에는 차가운 얼음 위에다 버렸더니 날아가던 새가 날개를 굽혀 감싸 주는 것이었다. 강원이 이상하게 여겨 아기를 거두어 다시 데리고 와서는 이름을 기棄로 지었다.

기모강원(棄母姜嫄)

　　강원은 맑고 조용하며 한 가지 일에 전념하는 성품을 지니고 있었으며 특히 심고 거두는 농사일을 좋아하였다. 기가 자라자 강원은 그에게 뽕나무와 삼심는 법을 가르쳤다. 기의 성품은 총명하고 인자하였으며 능히 그 가르침을 받아 마침내 이름을 얻게 되었다. 요 임금이 기를 농업을 관장하는 직관稷官에 임명하였고, 다시 태邰 땅에 나라를 다시 일으키자 드디어 그 태 땅에 봉을 받아 이름을 후직后稷이라 하였다.

요 임금이 죽고 순 임금이 즉위하자 순 임금은 이렇게 명하였다.

"기여! 백성들의 굶주림을 막도록 너는 직의 자리를 지켜 온갖 곡식을 파종하도록 하라."

그 후 대대로 직의 관직을 맡았는데 후손 주周 문왕文王과 무왕武王에 이르러 흥성하여 천자가 된 것이다.

군자가 말하였다.

"강원은 조용하면서도 자식을 교화하는 힘을 가졌다."

《시詩》에 "빛나도다, 강원이여. 그 덕에 돌이킴이 없으니, 상제가 그에게 의지하였네"라 하였고, 또 "주나라 선조 후직의 문덕文德은 저 하느님과 짝을 이룰 만하여 우리 백성 그의 덕에 살아가고 있네"라 하였는데 이를 두고 한 말이다.

송頌:
"기의 어머니 강원은 맑고 고요하며 전일專─하였도다.
거인 발자국을 밟고서 따라갔다가 잉태하자 두려워 그 아이를 들에 버렸더니
새와 짐승들이 감싸 주고 덮어 주어 이에 다시 거두어 길렀도다.
마침내 제요帝堯를 보좌하였으니 어머니의 도리 이로써 다하였네."

棄母姜嫄者, 邰侯之女也. 當堯之時, 行見巨人跡, 好而履之, 歸而有娠, 浸以益大, 心怪惡之, 卜筮禋祀, 以求無子, 終生子. 以爲不祥, 而棄之隘巷, 牛羊避而不踐; 乃送之平林之中, 後伐

平林者咸薦之覆之; 乃取置寒冰之上, 飛鳥傴翼之. 姜嫄以爲異,
乃收以歸, 因命曰棄.

　姜嫄之性, 淸静專一, 好種稼穡. 及棄長, 而教之種樹桑麻.
棄之性, 明而仁, 能育其教, 卒致其名. 堯使棄居稷官, 更國邰地,
遂封棄於邰, 號曰后稷.

　及堯崩, 舜卽位, 乃命之曰:「棄! 黎民阻飢, 汝居稷, 播時百穀.」

　其後世世居稷, 至周文武而興爲天子. 君子謂:「姜嫄静而
有化.」

　詩云:『赫赫姜嫄, 其德不回, 上帝是依.』又曰:『思文后稷,
克配彼天, 立我烝民.』此之謂也.

　頌曰:『棄母姜嫄, 清静專一.
　　　　履迹而孕, 懼棄於野.
　　　　鳥獸覆翼, 乃復收恤.
　　　　卒爲帝佐, 母道旣畢.』

【棄】 周나라 시조 后稷의 이름. 姬棄.
【姜嫄】 后稷의 어머니. 제곡(帝嚳)의 元妃이며 嫄은 謚號. 제곡은 高辛氏이며
　黃帝의 증손이라 함. 帝嚳에게는 네 명의 비가 있었는데 姜嫄은 棄를 낳고
　簡狄은 설(契)을 나았으며 慶都는 堯를 낳고 常儀는 摯를 낳았다 함.
【邰侯】 有邰氏를 가리킴. 炎帝 神農氏의 후예로 姜氏이며 邰(지금의 陝西 武功縣)
　에 봉해져서 有邰氏라 함. 이곳은 棄가 태어난 땅으로 帝堯가 棄를 이 땅에
　봉하고 호를 后稷이라 하였음.
【好而履之】 호기심을 느껴 그 발자국을 밟고 따라감. 母系社會임을 나타내는
　것임.

【卜筮禋祀】 고대 거북으로 점 치는 것을 卜, 시초(蓍草)로 점 치는 것을 筮라함. 인사(禋祀)는 귀신을 공경하여 제사 지냄을 뜻함.

【隘巷】 골목. 막힌 골목 안.

【平林】 평원의 숲.

【薦】 자리를 깔아 줌.

【偃翼】 날개를 펴서 굽힘.

【稼穡】 농사짓는 일. 봄에 씨를 뿌리는 일을 '稼'라 하며 가을에 거두는 것을 '穡'이라 함. 합하여 '농사'라는 뜻으로 쓰임.

【稷官】 농사일을 관장하는 업무를 맡은 관직. 후직은 어머니의 가르침을 받아 어릴 때부터 농사짓고 길쌈하는 일을 놀이로 삼았으며 성인이 되어 농사일에 아주 밝아 帝堯가 그를 추천하여 農稷之官으로 삼았다 함.

【阻饑】 饑荒이 들어 고통당함을 말함. 堯 임금 때 홍수가 나서 백성들이 굶주림에 시달리자, 后稷이 백성들에게 播種과 稼穡의 일을 가르쳐 천하가 그의 덕을 입었다 함.

【時】 '蒔'의 가차자. '모종을 내다, 옮겨 심다, 씨를 뿌리다'의 뜻.

【周文武】 주나라 文王과 武王. 문왕은 姬昌, 무왕은 姬發. 무왕은 商(殷)을 멸하고 주 왕조를 건립하였으며 두 임금 모두 儒家에서 聖王으로 추앙함.

【赫赫姜嫄】《詩經》魯頌 閟宮의 구절. 이는 魯 僖公의 덕을 기리는 내용임.

【思文后稷】《詩經》周頌 思文의 구절. 思文은 나라를 다스리는 문덕을 뜻함.

【收恤】 거두어 慰撫하고 양육함.

【卒爲帝佐】 后稷이 농사일에 밝아 堯를 보좌하여 백성에게 큰 덕을 주었음을 말함.

참고 및 관련 자료

1. 《詩經》魯頌 閟宮

閟宮有侐, 實實枚枚. 赫赫姜嫄, 其德不回. 上帝是依, 無災無害. 彌月不遲, 是生后稷, 降之百福. 黍稷重穋, 稙穉菽麥. 奄有下國, 俾民稼穡, 有稷有黍, 有稻有秬. 奄有下土, 纘禹之緒.

2. 《詩經》周頌 思文

思文后稷, 克配彼天. 立我烝民, 莫匪爾極. 貽我來牟, 帝命率育. 無此疆爾界, 陳常于時夏.

3. 《史記》周本紀

周后稷, 名棄. 其母有邰氏女, 曰姜原. 姜原爲帝嚳元妃. 姜原出野, 見巨人迹, 心忻然說, 欲踐之, 踐之而身動如孕者. 居期而生子, 以爲不祥, 棄之隘巷, 馬牛過者皆辟不踐; 徙置之林中, 適會山林多人, 遷之; 而棄渠中冰上, 飛鳥以其翼覆薦之. 姜原以爲神, 遂收養長之. 初欲棄之, 因名曰棄. 棄爲兒時, 屹如巨人之志. 其游戲, 好種樹麻・菽, 麻・菽美. 及爲成人, 遂好耕農, 相地之宜, 宜穀者稼穡焉, 民皆法則之. 帝堯聞之, 擧棄爲農師, 天下得其利, 有功. 帝舜曰:「棄, 黎民始飢, 爾后稷播時百穀.」封棄於邰, 號曰后稷, 別姓姬氏. 后稷之興, 在陶唐・虞・夏之際, 皆有令德.

항아(姮娥)

상나라 탕임금의 선조 설의 어머니 간적

설契의 어머니 간적簡狄은 유융씨有娀氏의 장녀이다. 요 임금 때에 간적은 여동생과 함께 현구玄丘의 냇가에서 목욕을 하고 있었다. 그 때 제비가 알을 물고 날아가다가 떨어뜨렸는데 오색이 심히 아름다웠다. 간적과 그 여동생은 서로 먼저 주우려고 달려가 결국 간적이 먼저 그 알을 주어 입에 물고 있다가 그만 실수로 삼켜 버리고 말았으며 드디어 설을 낳게 되었다.

설모간적(契母簡狄)

간적은 사람으로서 지켜야 할 도리와 일을 다루기를 좋아하였으며 위로는 하늘의 이치를 알아 은혜 베풀기를 좋아하였다. 설이 성장하자 간적은 사람의 도리를 가르치며 사람의 서열에 대하여 순리를 일러 주었다. 설의 성품은 총명하고 어질어 능히 어머니의 가르침에 따라 마침내 이름을 날리게 되었다. 요 임금이 그를 사도司徒로 임명하여 박亳 땅에 봉하였다.

요 임금이 세상을 떠나고 순 임금이 즉위하자 순 임금은 그에게 이렇게 칙명을 내렸다.

"설아! 백성들이 서로 친하지 못하고 인륜의 품계도 순조롭지 못하구나. 너를 사도로 삼노니 경건하게 오교五敎를 베풀되 관용이 있게 하도록 하라."

그의 후손은 대대로 박 땅에 살았는데 은殷나라의 탕湯 임금에 이르러 흥하여 천자가 된 것이다.

군자가 말하였다.

"간적은 인자하고 예를 갖추었다."

《시詩》에 "유융씨의 딸 간적이 장성하자 비가 되어 상商을 낳았네"라 하였고, 또 "하늘이 제비에게 명하니 제비가 알을 내려 상나라 조상을 낳았네"라 하였으니 이를 두고 한 말이다.

송頌:
"설의 어머니 간적은 마음이 인자하고 남을 돕는 일에 힘을 쏟았네.
제비 알을 삼켜 아들을 낳고는 스스로 자신을 수양하였네.
사리에 따라 자식을 가르치고 은혜를 넓혀 덕 있는 행동을 하였다네.
설이 제요帝堯를 보필하게 된 것은 그 어머니의 힘 때문이었네."

契母簡狄者, 有娀氏之長女也. 當堯之時, 與其妹娣浴於玄丘之水, 有玄鳥銜卵過而墜之, 五色甚好. 簡狄與其妹娣競往取之, 簡狄得而含之, 誤而吞之, 遂生契焉. 簡狄性好人事之治, 上知天文, 樂於施惠. 及契長, 而敎之理順之序.

契之性, 聰明而仁, 能育其敎, 卒致其名. 堯使爲司徒, 封之於亳.

及堯崩, 舜卽位, 乃敕之曰:「契! 百性不親, 五品不遜, 汝作司徒, 而敬敷五敎, 在寬.」

其後世世居亳, 至殷湯興爲天子. 君子謂:「簡狄仁而有禮.」

詩云:『有娀方將, 立子生商.』又曰:『天命玄鳥, 降而生商.』
此之謂也.

頌曰:『契母簡狄, 敦仁勵翼.
　　　呑卵産子, 遂自脩飾.
　　　教而事理, 推恩有德.
　　　契爲帝輔, 蓋母有力.』

【契】 '偰'로도 표기함. 요 임금 때 商(지금의 河南 商邱)에 봉해졌으며 子姓을
　하사 받았음. 商(殷)나라의 시조. 그 어머니가 제비 알을 삼키고 낳았다 하여
　卵生說話의 대표적인 예화로 알려져 있음. 설은 흔히 '玄王'로도 불림.
【簡狄】 설의 어머니이며 帝嚳의 次妃. 簡易으로도 표기됨.
【有娀氏】 고대 부족 이름. 지금의 山西 運城縣 蒲州鎭에 살았다 함.
【玄丘】 지명. 구체적으로는 알 수 없음.
【玄鳥】 제비를 가리킴.
【五色】 靑, 黃, 赤, 白, 黑의 다섯 가지 색깔. 여기서는 무늬와 색깔이 찬란하였음을
　뜻함.
【人事】 사람으로서 지켜야 할 도리와 의무. 주로 禮義와 敎化를 가리킴.
【不遜】 '不順'과 같음. '遜'과 '順'은 互訓 관계임.
【天文】 日月星辰의 운행을 기준으로 하여 시간을 계산하는 曆法 등.
【敎之理】 여기서의 '理'는 倫理道德을 가리킴. 《孟子》 滕文公(上)에 "使契爲
　司徒, 敎以人倫: 父子有親, 君臣有義, 夫婦有別, 長幼有序, 朋友有信"이라 함.
【司徒】 국가의 토지와 인사를 관장하던 직책으로 원래는 周代에 처음 설치하였
　으나 여기서는 그 전에 이미 설(契)이 백성을 교화시키는 임무를 맡은 것이라
　본 것임. 《孟子》 滕文公(上) 참조.
【亳】 지명. 은나라의 수도. '薄'으로도 표기함. 지금의 河南 商丘縣. 漢나라 때
　薄縣이었음.
【五品】 부·모·형·제·자 등 인륜의 기본적인 질서와 품계.

【敷】다스림. 시행함.

【五敎】父嚴·母慈·兄友·弟恭·子孝의 다섯 가지 예의와 의무.

【殷湯】商나라의 개국 군주. 契의 후손으로 殷민족의 수령이며 成湯·郲湯·成唐·武湯 등으로도 불림. 이름은 履. 夏나라 말왕 걸(桀)을 멸하고 商나라를 세움. 뒤에 盤庚이 殷(지금의 河南 安陽 小屯村)으로 도읍을 옮겨 국호를 殷이라 하였음. 殷의 말왕 주(紂)가 周 武王에 의해 멸망하였음.

【有娀方將】《詩經》商頌 長發의 구절.

【天命玄鳥】《詩經》商頌 玄鳥의 구절.

【契爲帝輔】설이 堯舜을 보좌하여 백성을 교화하였으며, 禹를 도와 치수에 공이 있었음을 말함.

참고 및 관련 자료

1. 《詩經》商頌 長發

濬哲維商, 長發其祥. 洪水芒芒, 禹敷下土方, 外大國是疆. 幅隕旣長, 有娀幫將, 帝立子生商.

2. 《詩經》商頌 玄鳥

天命玄鳥, 降而生商, 宅殷土芒芒. 古帝命武湯, 正域彼四方. 方命厥后, 奄有九有. 商之先后, 受命不殆, 在武丁孫子. 武丁孫子, 武王靡不勝. 龍旂十乘, 大糦是承. 邦畿千里, 維民所止, 肇域彼四海. 四海來格, 來格祁祁, 景員維河. 殷受命咸宜, 百祿是何.

3. 《孟子》滕文公(上)

當堯之時, 天下猶未平, 洪水橫流, 氾濫於天下; 草木暢茂, 禽獸繁殖; 五穀不登, 禽獸偪人; 獸蹄鳥跡之道, 交於中國. 堯獨憂之, 擧舜而敷治焉. 舜使益掌火, 益烈山澤而焚之, 禽獸逃匿. 禹疏九河, 瀹濟漯, 而注諸海; 決汝漢, 排淮泗, 而注之江. 然後中國可得而食也. 當是時也, 禹八年於外, 三過其門而不入, 雖欲耕, 得乎? 后稷敎民稼穡, 樹藝五穀, 五穀熟而民人育. 人之有道也, 飽食煖衣, 逸居而無敎, 則近於禽獸. 聖人有憂之; 使契爲司徒, 敎以人倫: 父子有親, 君臣有義, 夫婦有別, 長幼有序, 朋友有信. 放勳曰:『勞之來之, 匡之直之, 輔之翼之, 使自得之, 又從而振

德之.』聖人之憂民如此, 而暇耕乎? 堯以不得舜爲己憂, 舜以不得禹・皐陶爲己憂;
夫以百畝之不易爲己憂者, 農夫也. 分人以財謂之惠; 教人以善謂之忠; 爲天下得
人者謂之仁. 是故以天下與人易; 爲天下得人難.

4.《史記》殷本紀

殷契, 母曰簡狄, 有娀氏之女, 爲帝嚳次妃. 三人行浴, 見玄鳥墮其卵, 簡狄取吞之,
因孕生契. 契長而佐禹治水有功. 帝舜乃命契曰:「百姓不親, 五品不訓, 汝爲司徒而
敬敷五教, 五教在寬.」封于商, 賜姓子氏. 契興於唐・虞・大禹之際, 功業著於百姓,
百姓以平.

5.《文選》(57) 宋孝武宣貴妃誄 注

列女傳曰: 契母簡狄者, 有娀氏之長女也. 當堯之時, 與其妹娣浴於玄丘之水. 有玄
鳥銜卵過而墜之, 五色甚好. 簡狄得含之, 誤而吞之, 遂生契焉.

〈玄鳥賜喜〉 淸 蕭雲(畫)

004(1-4) 啓母塗山
하나라 우 임금의 아내이며 계의 어머니 도산씨

　계啓의 어머니는 도산씨塗山氏의 맏딸이다. 하夏나라 우禹가 그를 아내로 맞아 비로 삼았다. 그녀가 계를 낳았을 때 계는 신일辛日·임일壬日·계일癸日·갑일甲日 나흘 동안이나 고고지성呱呱之聲을 질렀다. 그런데도 우는 치수治水를 위해 집을 떠나 오로지 큰 토목 공사에만 전념하면서 세 번이나 자신의 집 앞을 지나면서도 집에 들르지 못하였다.

　도산은 혼자 자식을 맡아 밝게 교훈하여 그 교화를 성취하도록 길렀다. 계가 자라 그 덕을 펴는 데 어머니의 가르침을 따라 하여 마침내 그 아름다운 명성을 이룰 수 있었던 것이다.

　우가 천자가 되고 계가 그 뒤를 이어 아버지 우의 공을 지키는 데 조금도 모자람이 없었다.

　군자는 이렇게 말하였다.

　"이러한 모든 것은 도산이 자식 교육에 온 힘을 쏟았기 때문이다."

　《시詩》에 "네게 덕 있는 여자를 내려 그를 따라 자손을 낳게 하였도다"라 하였으니 이를 두고 한 말이다.

계모도산(啓母塗山)

송송頌:

"계의 어머니 도산은 우 임금의 배필이 되었네.

태어나 나흘을 울었지만 우는 치수하러 나가고

계는 고고지성을 질렀지만 어머니는 홀로 일을 감당하였네.

선함으로 이를 가르쳐 마침내 그 아버지의 일을 이어받았네."

啓母者, 塗山氏長女也, 夏禹娶而爲妃. 旣生啓, 辛壬癸甲,
啓呱呱泣, 禹去而治水, 惟荒度土功, 三過其家, 不入其門. 塗山
獨明敎訓, 而致其化焉. 及啓長, 化其德而從其敎, 卒致令名.
禹爲天子, 而啓爲嗣, 持禹之功而不殞. 君子謂:「塗山彊
於敎誨.」

詩云:『釐爾士女, 從而孫子.』此之謂也.

頌曰:『啓母塗山, 維配帝禹.
　　　辛壬癸甲, 禹往敷土,
　　　啓呱呱泣, 母獨論序.
　　　敎訓以善, 卒繼其父.』

【啓】禹의 아들로 우가 죽자 직접 제위를 이어 安邑(지금의 山西 安邑縣)을 도읍
으로 하여 최초의 세습으로 夏王朝를 이어감. 이때부터 중국은 禪讓에서 世襲
으로 바뀌었음. 하왕조는 뒤에 말왕 桀이 商湯에게 멸망당하였음.

【塗山氏】옛 나라 이름이며 禹의 아내 氏族. 女嬌라고도 함. 塗山 근처에 살아
이름이 붙여진 것. 禹가 도산씨의 딸을 아내로 맞았으며, 이곳에서 제후를
불러 회맹하기도 하였음. 塗山은 지금의 安徽 壽縣 혹은 重慶 근처의 眞武山이라
고도 하며 혹 浙江 紹興이라고도 함.

【夏禹】 夏나라(대략 B.C.2100~1600년경)의 始祖. 五帝의 하나이며 大禹·戎禹·帝禹라고도 부름. 성은 姒, 이름은 文命. 諡號는 禹. 夏后氏의 수령으로 舜의 명을 받아 治水에 공을 세웠으며 순을 이어 천자에 오름. 《史記》 夏本紀 集解에 "諡法曰: 受禪成功曰禹"라 하였고, 索隱에는 "尚書云: 文命敷于四海. 孔安國云: 外布文德教命. 不云是禹名. 太史公皆以放勳, 重華, 文命. 爲堯, 舜, 禹之名. 未必爲得"이라 함. 《史記》 夏本紀 참조.

【辛壬癸甲】 이는 우가 도산씨의 딸을 아내로 맞고 나흘 뒤에 바로 치수 사업을 위해 떠날 정도로 열성을 다하였다는 뜻이며, 아울러 그 당시 이미 十干을 써서 날짜를 계산하였음을 나타내기도 함. 즉 甲乙丙丁戊己庚辛壬癸로 열흘씩 계산하여 그 중 辛日에서 甲日까지의 나흘을 가리킴. 《尚書》 益稷 참조.

【呱呱】 어린아이가 태어나 처음으로 우는 소리.

【惟荒度土功】 오직 治水와 土木 공사에만 크게 힘을 쏟음. '荒'은 '大'의 뜻.

【令名】 아름다운 명성.

【釐爾士女】 《詩經》 大雅 既醉의 구절.

참고 및 관련 자료

1. 《詩經》 大雅 既醉

既醉以酒, 既飽以德. 君子萬年, 介爾景福. 既醉以酒, 爾殽既將. 君子萬年, 介爾昭明. 昭明有融, 高朗令終. 令終有俶, 公尸嘉告. 其告維何, 籩豆靜嘉. 朋友攸攝, 攝以威儀. 威儀孔時, 君子有孝子. 孝子不匱, 永錫爾類. 其類維何, 室家之壺. 君子萬年, 永錫祚胤. 其胤維何, 天被爾祿. 君子萬年, 景命有僕. 其僕維何, 釐爾女士. 釐爾女士, 從以孫子.

2. 《尚書》 益稷

"予創若時, 娶于塗山, 辛壬癸甲."

3. 《史記》 五帝本紀

夏后帝啟, 禹之子, 其母塗山氏之女也.

有扈氏不服, 啟伐之, 大戰於甘. 將戰, 作甘誓, 乃召六卿申之. 啟曰: 「嗟! 六事之人, 予誓告女: 有扈氏威侮五行, 怠棄三正, 天用勦絕其命. 今予維共行天之罰. 左不攻

于左, 右不攻于右, 女不共命. 御非其馬之政, 女不共命. 用命, 賞于祖; 不用命,
僇于社, 予則帑僇女.」遂滅有扈氏. 天下咸朝.

4.《孟子》滕文公(上)

當是時也, 禹八年於外, 三過其門而不入, 雖欲耕, 得乎?

5.《新序》雜事(一)

禹之興也, 以塗山; 桀之亡也, 以末喜. 湯之興也, 以有莘; 紂之亡也, 以妲己. 文武
之興也, 以任姒; 幽王之亡也, 以褒姒䴷. 是以詩正關雎, 而春秋褒伯姬也.

6.《十八史略》卷一

夏后氏禹: 姒姓, 或曰名文命, 鯀之子, 顓頊系也. 鯀湮洪水, 舜舉禹代鯀, 勞身焦思,
居外十三年, 過家門不入. 陸行乘車, 水行乘船, 泥行乘橇, 山行乘檋, 開九州,
通九道, 陂九澤, 度九山.

7.《藝文類聚》卷15

啓母塗山之女者, 夏禹之妃, 塗山女也. 曰女嬌, 禹取四日而去治水, 啓旣生, 呱呱
而泣. 禹三過其門, 不入子之. 塗山獨明教訓, 啓化其德, 卒致令名. 禹爲天子, 啓嗣
而立, 能繼禹之道.

8.《文選》(57) 宋孝武宣貴妃誄 注

列女傳曰: 塗山氏之女, 夏禹娶以爲妃. 旣生啓, 塗山獨明教訓, 而致其化焉.

畫像磚(漢) 〈樂舞圖〉 四川 德陽 출토

005(1-5) 湯妃有㜪
탕임금의 아내 유신씨

탕湯 임금의 비妃 유신有㜪은 유신씨有㜪氏의 딸이다. 은殷나라 탕왕이 그에게 장가들어 비로 삼았으며, 중임仲壬과 외병外丙을 낳아 역시 자식 교육에 밝게 하여 아들 모두 공적을 이루었다. 유신이 탕 임금의 비가 되어 구빈九嬪을 통솔함에 후궁後宮에 질서가 잡혀 모두가 서로 질투하는 자도, 이치를 거스르는 자도 전혀 없게 되었다. 그리하여 마침내 왕이 공적을 이룰 수 있도록 하였다.

군자가 말하였다.

"탕 임금의 비는 명석하고 질서를 지켜내도록 하였다."

《시詩》에 "아리따운 숙녀는 군자의 좋은 짝이로다"라 하였는데 현명한 여자는 군자를 위해 여러 첩과 좋은 관계로 화목해야 함을 말한 것으로, 바로 유신을 두고 한 말이다.

탕비유신(湯妃有㜪)

송頌:

"탕의 비 유신은 바탕이 원래 총명하였네.

잉신媵臣 이윤伊尹을 데리고 하夏에서 상商나라로 시집가서

부지런하고 성실히 안을 다스려 구빈의 모범이 되었네.

안팎을 화합하도록 가르치니 역시 허물과 재앙이 없어졌다네."

湯妃有㜪者, 有㜪氏之女也. 殷湯娶以爲妃, 生仲壬外丙, 亦明
敎訓, 致其功. 有㜪之妃湯也, 統領九嬪, 後宮有序, 咸無妬媚
逆理之人, 卒致王功. 君子謂:「妃明而有序.」

詩云:『窈窕淑女, 君子好逑.』言賢女能爲君子和好衆妾,
其有㜪之謂也.

頌曰:『湯妃有㜪, 質行聰明.
　　　媵從伊尹, 自夏適殷.
　　　勤愨治中, 九嬪有行.
　　　化訓內外, 亦無怨殃.』

【有㜪】 有莘氏를 가리킴. 姒姓이며 고대 나라 이름. 夏后啓가 그 支子를 莘(지금의
　　　　陝西 合陽縣)에 봉하여 이루어진 씨족.

【仲壬外丙】 外丙과 仲壬. 商湯의 아들이며《史記》에 의하면 탕에게는 세 아들이
　　　　　　있었으며, 태자 太丁은 일찍 죽어 제위에 오르지 못하여 그 아우 外丙이 태자를
　　　　　　거쳐 제위에 올랐고, 외병이 죽자 그 아우 仲壬이 제위를 이어 형제 傳位의
　　　　　　형태를 취하였음.

【九嬪】 당시 제왕은 아홉 등급의 妃嬪을 두었음.

【妬媚】 질투. '妬'는 '妒'와 같음.

【窈窕淑女】《詩經》周南 關雎의 구절. '窈窕'는 '아리땁다'의 뜻을 가진 疊韻連綿語임.

【媵從伊尹】'媵'은 시집가는 여자를 따라가는 몸종을 가리킴. 남자의 경우 '媵臣'이라 하며 여자는 '媵妾'이라 함. 伊尹은 원래 有莘氏(有㜪氏)의 딸이 湯에게 시집갈 때 따라간 媵臣이었으나, 탕에게 발탁되어 그를 도와 夏桀을 멸하는 공을 세웠음.

【自夏適殷】유신씨는 원래 夏나라 걸왕의 제후였으며, 伊尹이 걸에게 간언을 하다가 들어 주지 않자 殷나라로 귀의하였음.

【勤慤】부지런하고 성실함을 다함.

참고 및 관련 자료

1. 《詩經》 周南 關雎

關關雎鳩, 在河之洲. 窈窕淑女, 君子好逑. 參差荇菜, 左右流之. 窈窕淑女, 寤寐求之. 求之不得, 寤寐思服. 悠哉悠哉, 輾轉反側. 參差荇菜, 左右采之. 窈窕淑女, 琴瑟友之. 參差荇菜, 左右芼之. 窈窕淑女, 鍾鼓樂之.

2. 《史記》 殷本紀

湯崩, 太子太丁未立而卒, 於是迺立太丁之弟外丙, 是爲帝外丙. 帝外丙卽位三年, 崩, 立外丙之弟中壬, 是爲帝中壬. 帝中壬卽位四年, 崩, 伊尹迺立太丁之子太甲. 太甲, 成湯適長孫也, 是爲帝太甲. 帝太甲元年, 伊尹作伊訓, 作肆命, 作徂后.

3. 《藝文類聚》 卷15

湯妃有莘之女也, 德高而名, 訓正後宮. 嬪御有序, 伊尹爲之媵臣, 佐湯致王.

顧愷之 〈列女傳圖〉

006(1-6) 周室三母
주나라를 일으킨 세 명의 어머니

세 분의 어머니란 태강太姜·태임太妊·태사太姒를 말한다.

태강은 왕계王季의 어머니이며 유태씨有台氏의 딸이다. 태왕太王이 그녀에게 장가들어 아내로 삼아 태백大伯과 중옹仲雍, 왕계王季를 낳았다. 바르고 솔직하게 자식들을 이끌어 과실이 있을 수 없었다. 태왕이 일을 계획할 때나 사는 곳을 옮길 때는 꼭 태강과 의논하여 행하였다.

군자가 말하였다.

"태강은 덕으로 가르침을 넓혀 나갔다."

덕은 가르침의 근본이며, 일을 모책하는 것은 그 다음 일이다. 《시詩》에 "고공단보께서 일찍이 말을 타고 서쪽 칠수漆水 가에서 기산岐山 아래로 오시면서 태강과 함께 와서 그곳에 사셨네"라 하였으니 이를 두고 한 말이다.

대체로 태강은 지혜가 깊고 비상하여 비록 태왕이 현명하고 성스러웠으나 역시 그와 더불어 상의하였다. 그는 태왕이 어질고 너그러워 반드시 나라 사람들이 그를

주실삼모(周室三母)

경모하여 따라 올 수 있도록 해 주어야 한다고 알고 있었다.

태임은 문왕의 어머니이며 지임씨摯任氏의 둘째딸이다. 왕계가 태임에게 장가들어 아내로 삼았다. 태임의 성품은 곧고 성실하여 오직 덕으로써 행동하였다. 태임이 문왕을 임신하였을 때 눈으로는 나쁜 것을 보지 않았고, 귀로는 음란한 음악을 듣지 않았으며, 입으로는 오만한 말을 하지 않으면서 태교를 잘 하였다. 그녀는 돼지우리 측간에서 소변을 보다가 문왕을 낳았는데, 문왕은 태어나면서부터 명석하였고 성스러워 태임이 한 가지를 가르쳐 주면 백 가지를 알았다. 그리하여 마침내 주나라 왕실의 조종祖宗이 된 것이었다.

군자가 말하였다.

"태임은 태교를 잘 하였다."

옛날에는 부인이 아기를 잉태하면 모로 눕지도 않고 모서리나 자리 끝에 앉지도 않았으며, 외발로 서지 않았고 사악한 맛의 음식은 먹지도 않았다. 바르게 썬 것이 아니면 먹지 않았으며, 자리가 바르지 않으면 앉지 않았다. 눈으로는 현란한 것을 보지 않았고, 귀로는 음란한 음악을 듣지 않았다. 밤에는 눈먼 악관樂官에게 시를 읊도록 하였고, 올바른 이야기만 하도록 하였다. 이와 같이 하여 자식을 낳으면 모습이 반듯하고 재덕이 틀림없이 남보다 뛰어나는 법이다.

그러므로 아이를 가졌을 때 반드시 감정을 신중히 해야 한다. 선하게 느끼면 아이도 선하게 되고, 악하게 느끼면 아이도 악하게 된다. 사람이 태어나 만물을 닮는 것은 모두 그 어머니가 만물로부터 느끼는 것이 태아에게 전해지는 까닭이다. 그러므로 아이의 모습과 목소리까지 모두 부모를 닮게 되는 것이니, 문왕의 어머니는 자식을 닮도록 하는 이치를 알았다고 할 수 있다.

태사는 무왕武王의 어머니로 우禹 임금의 후예인 유신有莘 사씨姒氏의 딸이다. 그녀는 어질고 도리에 밝았다. 문왕이 이를 아름답게 여겨 위수渭水에서 친영親迎의 예로써 맞이하기 위하여 배를 나란히 대어 다리를 만들었다. 태사가 그 집안에 들어와 시할머니 태강과 시어머니

태임을 공경하였고, 아침저녁으로 힘써 며느리로서의 도리를 다하였다. 그리하여 태사는 문모文母라 불리었다.

문왕은 밖을 다스리고 문모는 안을 다스렸다. 태사는 열 명의 아들을 낳았다. 장남은 백읍伯邑 고姬考, 차남은 무왕武王 발姬發, 그리고 그 다음은 주공周公 단姬旦, 그리고 관숙管叔 선姬鮮, 채숙蔡叔 도姬度, 조숙曹叔 진탁姬振鐸, 곽숙霍叔 무姬武, 성숙成叔 처姬處, 강숙康叔 봉姬封, 담계聃季 재姬載였다. 태사는 이들 아들 열 명을 어려서부터 성장할 때까지 가르쳐 깨우치면서 한 번도 사악한 일을 보지 않았다. 아들들이 장성하고 나서는 문왕이 이 일을 이어 가르쳐 마침내 무왕과 주공이 그 덕을 성취시켰다.

군자가 말하였다.

"태사는 인자하고 명석하였으며 덕을 갖추고 있었다."

《시詩》에 "큰 나라에 자식이 있었으니 하늘이 내린 딸이었도다. 그 상서로움을 정하여 위수에서 친영의 예를 행하였도다. 배를 이어 다리를 놓으시니 그 빛이 환하도다"라 하였고, 또 "태사께서 아름다운 영예를 이으시니 이에 많은 아들을 주셨네"라 하였으니 이를 두고 한 말이다.

송頌:

"주 왕실의 세 어머니란 태강과 태임, 태사로다.
문왕과 무왕이 나라를 일으킨 것은 모두 이로부터 시작되었네.
태사가 가장 뛰어나 그 호를 문모라 하였네.
세 분의 덕도 역시 또한 지극히 위대하였네."

三母者: 大姜·大任·大姒. 大姜者, 王季之母, 有台氏之女. 大王娶以爲妃, 生大伯·仲雍·王季, 貞順率導, 靡有過失. 大王謀事遷徙, 必與大姜.

君子謂:「大姜廣於德教.」

（德教本也, 而謀事次之. 詩云:『古公亶父, 來朝走馬, 率西水滸, 至於岐下, 爰及姜女, 聿來胥宇.』此之謂也. 蓋太姜淵智非常, 雖太王之賢聖, 亦與之謀, 其知太王仁恕必可以比國人而景附矣.）

大任者, 文王之母, 摯任氏中女也. 王季娶爲妃. 大任之性, 端一誠莊, 惟德之行. 及其有娠, 目不視惡色, 耳不聽淫聲, 口不出敖言, 能以胎教. 溲於豕牢, 而生文王.

文王生而明聖, 大任教之以一而識百, 卒爲周宗.

君子謂:「大任爲能胎教.」

古者婦人妊子, 寢不側, 坐不邊, 立不蹕, 不食邪味. 割不正不食, 席不正不坐, 目不視於邪色, 耳不聽於淫聲. 夜則令瞽誦詩, 道正事, 如此則生子形容端正, 才德必過人矣. 故妊子之時, 必愼所感, 感於善則善, 感於惡則惡. 人生而肖萬物者, 皆其母感於物, 故形音肖之, 文王母可謂知肖化矣.

大姒者, 武王之母, 禹後有莘姒氏之女. 仁而明道, 文王嘉之, 親迎於渭, 造舟爲梁. 及入, 大姒思媚大姜・大任, 旦夕勤勞, 以進婦道, 大姒號曰文母.

文王治外, 文母治內. 大姒生十男: 長伯邑考・次武王發・次周公旦・次管叔鮮・次蔡叔度・次曹叔振鐸・次霍叔武・次成叔處・次康叔封・次聃季載. 大姒教誨十子, 自少及長, 未嘗見邪僻之事. 及其長, 文王繼而教之, 卒成武王・周公之德.

君子謂:「大姒仁明而有德.」

詩曰:『大邦有子, 俔天之妹. 文定厥祥, 親迎于渭. 造舟爲梁, 不顯其光.』又曰:『大姒嗣徽音, 則百斯男.』此之謂也.

頌曰: 『周室三母, 大姜妊姒.
　　　　文武之興, 蓋由斯起.
　　　　大姒最賢, 號曰文母.
　　　　三姑之德, 亦甚大矣.』

【大姜·大任·大姒】 '大'는 모두 '太'와 같으며 '태'로 읽음. 태강은 王季(季歷, 古公亶父의 셋째 아들)의 어머니, 태임은 太妊(太姙)으로도 쓰며 文王(昌)의 어머니. 태사는 武王(發)의 어머니.

【王季】 太王 古公亶甫(古公亶父)의 아들 季歷을 가리킴. 문왕(姬昌)의 아버지, 무왕(姬發)의 할아버지.

【有呂氏】 고대 씨족이며 나라 이름. 姜姓. 四嶽의 후예로 지금의 河南 南陽에 살았음. 姜太公 呂商의 족속임.

【太王】 고공단보를 가리킴. 后稷의 후예로 姬姓. 문왕의 조부이며 계력의 아버지. 처음 豳(邠, 지금의 陝西 彬縣)에 살았으며 戎狄이 괴롭히자 그 땅을 버리고 岐山 아래 周原(지금의 陝西 岐縣)으로 옮겨 더욱 번창해졌음. 이에 국호를 周라 함. 그에게는 아들 太伯, 虞仲, 季歷의 세 아들이 있었으며 계력의 아들 昌(문왕)이 뛰어남을 보고 왕위가 계력을 통해 창에게 이어지기를 원하였음. 이를 알게 된 태백과 우중이 남쪽 吳 땅으로 도망하여 그 뜻대로 계력을 거쳐 창, 그리고 發(무왕)로 이어져 紂를 멸하고 천하를 잡았으며 이에 할아버지 古公을 추존하여 太王이라 부름.

【遷徙】 豳에서 岐山 아래로 옮겨온 사건을 말함.

【德教本也~其知太王仁恕必可以比國人而景附矣】 ( )안의 이 구절은 〈四部叢刊本〉에는 빠져 있다.

【摯任氏】 고대 씨족 이름이며 나라 이름. 任姓으로 商나라의 속국으로 지금의 河南 汝寧縣이었다 함.

【中女】 둘째 딸.

【赦言】 조소하고 희롱하는 언사.

【胎教】 《大戴禮記》 保傳篇을 참조할 것.

【豕牢】 돼지우리이며 동시에 화장실로 사용하는 구조.

【踦】 한쪽 다리로 서는 것.

【瞽】 장님. 고대에는 장님은 흔히 樂官의 일을 하였으며 궁중 음악을 담당하였음.

【有莘姒氏】 有莘氏의 나라이며 姒姓이었음.

【渭】 渭水. 지금의 陝西 中部를 흘러 河水로 합치는 물. 渭河라고도 함.

【進】 '盡'의 가차자.

【周公】 姬旦. 文王의 아들이며 武王의 아우. 무왕을 도와 紂를 멸하고 주나라 기초와 文物制度를 완비한 儒家의 성인. 문왕이 죽고 成王(姬誦)이 어려 7년간 섭정을 하다가 물려주었으며 東征하여 管叔과 蔡叔을 벌하여 나라를 안정시키기도 하였음. 처음 周(지금의 陝西 鳳翔縣)에 봉해져 周公이라 불렸으나 뒤에 魯(지금의 山東 曲阜)에 봉해져 노나라의 시조가 되었으며 아들 伯禽을 보내어 다스리게 하였음. 《史記》 魯周公世家 참조.

【大邦有子】 《詩經》 大雅 大明의 구절.

【大姒嗣徽音】 《詩經》 大雅 思齊의 구절. '大姒'는 '太姒'를 가리키며 '徽音'은 太姒와 太姜, 太任의 아름다움을 찬미함을 말함.

【三姑】 태강, 태임, 태사를 가리킴. 그러나 문맥으로 보아 '二姑'라 하여야 맞음.

참고 및 관련 자료

1. 〈四部叢刊〉본에는 「君子謂: 太姜廣於德敎」 다음에 다음과 같은 구절이 더 있다.

"德敎本也, 而謀事次之. 詩云:「古公亶父, 來朝走馬, 率西水滸, 至於岐下, 爰及 姜女, 聿來胥宇.」 此之謂也. 蓋太姜淵智非常, 雖太王之賢聖, 亦與之謀, 其知太王 仁恕必可以比國人而景附矣."

2. 본문 「卒成武王周公之德」 아래에 梁端의 〈校注本〉에는 "明刻本此下多二百 二十六字, 後人羼入"이라 하였음.

3. 《詩經》 大雅 大明

明明在下, 赫赫在上. 天難忱斯, 不易維王. 天位殷適, 使不挾四方. 摯仲氏任, 自彼 殷商, 來嫁于周, 曰嬪于京. 乃及王季, 維德之行. 大任有身, 生此文王. 維此文王, 小心翼翼. 昭事上帝, 聿懷多福. 厥德不回, 以受方國. 天監在下, 有命旣集. 文王初載, 天作之合. 在洽之陽, 在渭之涘. 文王嘉止, 大邦有子. 大邦有子, 倪天之妹.
文定厥祥, 親迎于渭. 造舟爲梁, 不顯其光. 有命自天, 命此文無. 于周于京, 纘女
維莘. 長子維行, 篤生武王. 保右命爾, 燮伐大商. 殷商之旅, 其會如林. 矢于牧野,
維予侯興. 上帝臨女, 無貳爾心. 牧野洋洋, 檀車煌煌, 駟騵彭彭. 維師尙父, 時維
鷹揚, 涼彼武王, 肆伐大商. 會朝清明.

4.《詩經》大雅 思齊

思齊大任, 文王之母, 思媚周姜, 京室之婦. 大姒嗣徽音, 則百斯男. 惠于宗公, 神罔
時怨, 神罔時恫. 刑于寡妻, 至于兄弟, 以御于家邦. 雝雝在宮, 肅肅在廟. 必顯亦臨,
無射亦保. 肆戎疾不殄, 烈假不瑕. 不聞亦式, 不諫亦入. 肆成人有德, 小子有造.
古之人無斁, 譽髦斯士.

5.《大戴禮記》保傅 胎教

胎教之道, 書之玉板, 藏之金匱, 置之宗廟, 以爲後世戒. 青史氏之記曰:「古者,
胎教, 王后腹之, 七月而就宴室, 太史持銅而御戶左, 太宰持斗而御戶右. 比及
三月者, 王后所求聲音非禮樂, 則太師縕瑟而稱不習, 所求滋味者非正味, 則太宰
倚斗而言曰: 不敢以待王太子. 太子生而泣, 太師吹銅曰: 聲中其律. 太宰曰: 滋味
上某.」然後卜名. 上無取於天, 下無取於墜, 中無取於名山通谷, 無拂於鄉俗, 是故
君子名難知而易諱也. 此所以養恩之道.
周后妃任成王於身, 立而不跂, 坐而不差, 獨處而不倨, 雖怒而不罥, 胎教之謂也.

6.《史記》周本紀

古公有長子曰太伯, 次曰虞仲. 太姜生少子季歷, 季歷娶太任, 皆賢婦人, 生昌,
有聖瑞. 古公曰:「我世當有興者, 其在昌乎?」長子太伯·虞仲知古公欲立季歷
以傳昌, 乃二人亡如荊蠻, 文身斷髮, 以讓季歷.

7.《藝文類聚》卷15

太姜者, 太王之妃, 有台氏之女也. 賢而有色, 生太伯仲雍季歷. 化導三子, 皆成
賢德. 太王有事, 必諮謀焉. 詩曰:『爰及姜女, 聿來胥宇.』此之謂也.
太任者, 王季之妃, 摯任之女也. 端一誠莊, 唯德之行. 及其有身也, 目不視惡色,
耳不聽惡聲, 口不出放言. 溲于豕牢, 而生文王. 文王生而明聖, 太任教以一, 而知
其百, 卒爲周宗. 君子謂:「太任爲能胎教.」
太姒者, 文王之妃, 莘姒之女也. 號曰文母. 亦思媚太姜, 太任旦夕勤勞, 以進婦道.

文王治外, 文母治内. 生十子, 太姒教誨十子, 自少及長, 常以正道押持之, 卒成
武王周公之德.

8.《幼學瓊林》女子篇

「周家母儀, 太王有周姜, 王季有太妊, 文王有太姒; 三代亡國, 夏桀以妹喜, 商紂
以妲己, 周幽以褒姒.」

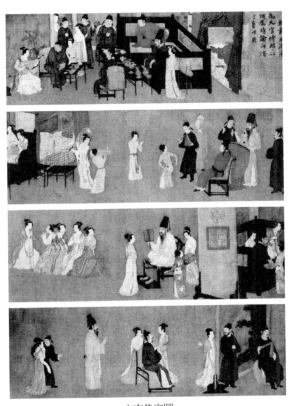

文官侍宴圖

007(1-7) 衛姑定姜
위나라 정공의 부인 정강

위衛나라의 시어머니 정강定姜은 위정공衛定公의 부인이며 공자公子의
어머니이다. 공자가 장가를 들고 얼마 뒤 세상을 떠났는데 며느리
에게는 자식이 없었다. 삼년상을 마치자 정강은 며느리를 친정으로
돌려보내기로 하고 전송을 하기 위해 교외까지 나갔다. 마음이 슬프고
비통하여 점점 멀어져 가는 며느리의 뒷모습을 서서 바라보면서 눈물을
흩뿌리며 줄줄 흘렸다. 이에 시를 지어 읊었다.

위고정강(衛姑定姜)

"한 쌍의 제비 하늘로 날아올라
  높낮이가 다르게 날아다니네,
  이 며느리 돌려보내며 멀리 들녘
  에서 전송하고,
  그 그림자 점점 멀리 사라지니
  눈물만 비 오듯하네."

울면서 보내 주며 다시 아득히
바라보다가 또 시를 지었다.

"돌아가신 선군 위정공을 생각
  하여 나에게 효를 다하였네."

군자가 말하였다.

"정강은 자애로운 시어머니로서 지나칠 정도로 며느리에게 후덕함을 베풀었다."

정공이 손림보孫林父를 미워하자 손림보는 진晉으로 떠나 버렸다. 진후晉侯가 극주郤犫를 보내어 손림보를 다시 받아들일 것을 청하였지만 정공은 허락하지 않으려 하였다. 그러자 정강이 말하였다.

"안 됩니다! 그는 선군先君께서 중히 여긴 종경宗卿의 후손입니다. 대국大國 진晉나라까지 청하고 있는데 이를 허락하지 아니하면 장차 우리는 망하고 맙니다. 비록 밉기는 하지만 망하는 것보다는 낫지 않겠습니까? 임금께서는 참아 내십시오. 무릇 백성을 편하게 하려면 종경을 잘 대해 주는 것도 역시 옳은 일이 아니겠습니까?"

그리하여 정공은 마침내 손림보를 다시 불러들였다.

군자가 말하였다.

"정강은 능히 환난을 멀리할 수 있었다."

《시詩》에 "그의 언행이 어긋남이 없으니 온 세상을 바로잡을 수 있으리"라 하였으니 이를 두고 한 말이다.

정공이 세상을 떠나자 왕위를 계승할 공자가 죽고 없어 경사敬姒의 소생인 간衎이 군주의 자리에 올랐다. 이가 바로 헌공獻公이다. 헌공은 부친의 장례에 거만하였다. 정강이 이윽고 곡을 하고 끝내자, 헌공이 애통해하지 않는 모습을 보고 음식도 입에 대지 아니한 채 이렇게 탄식하였다.

"장차 위나라를 망하게 함에 반드시 훌륭한 사람을 먼저 해칠 것이니 하늘이 위나라에게 재앙을 내리는구나. 내 어찌하여 전鱄을 세워 사직을 그에게 맡기지 않았던가?"

대부들이 이를 듣고 모두 두려워하였다. 손문자孫文子는 이로부터 감히 중요한 보물을 위나라에 두지 않았다.

전은 헌공의 동생 자선子鮮으로 현명하여 정강이 그를 임금자리에 세우려 하였으나 뜻을 이루지 못하였던 것이다.

뒤에 헌공은 과연 난폭하여 정강을 오만하게 멸시하였으며, 마침내 변방으로 축출당하고 말았다. 그가 쫓겨나 국경에 이르자 그는 축종祝宗으로 하여금 종묘에 가서, 자신은 쫓겨났으며 자신에게는 아무런 죄가 없음을 고하도록 하였다.

그러자 정강이 말하였다.

"안 된다! 죄가 없다고 하다니 신을 속일 수는 없다. 죄가 있는데도 어찌 죄가 없다고 아뢸 수 있는가? 게다가 공이 한 행동 가운데 훌륭한 신하를 버리고 간사한 신하와 모의를 꾸민 것이 첫 번째 죄이다. 선군先君이 총경冢卿을 두어 사보師保로 삼았던 사람을 모멸하였으니 그것이 두 번째 죄이다. 또 나는 건즐巾櫛로서 선군을 모셨거늘 너는 나에게 포악하게 굴며 나를 부려먹으려 하였으니 이것이 세 번째 죄이다. 쫓겨났다고는 보고하는 것으로 끝날 것이지만, 죄가 없다고 보고할 수는 없다."

그 후 전의 힘을 업고 헌공은 다시 위나라로 돌아왔다.

군자가 말하였다.

"정강은 능히 바른 말로써 교훈하였다."

《시詩》에 "내 말에는 오직 복종만이 통하리라"라 하였으니 이를 두고 한 말이다.

정鄭나라 황이皇耳가 군사를 이끌고 위나라를 침범하였다. 손문자가 어떻게 해야 할지 점을 쳐 일의 추이를 살폈다. 그리고 정강에게 그 점의 결과를 올리며 이렇게 말하였다.

"점에 나타난 모습이 수풀처럼 무성합니다. 이것은 누구든 정벌에 나서면 그 장수를 잃는다는 것을 뜻합니다."

그러자 정강이 이렇게 말하였다.

"정벌하는 자가 장수를 잃는다고 하는 것은 적을 막는 측에서는 이로운 것입니다. 대부께선 막는 일을 계획하십시오!"

위나라에서 정강의 말에 따라 수비를 철저히 하여 황이를 견구犬丘라는 곳에서 사로잡을 수 있었다.

군자가 말하였다.

"정강은 일의 실정에 통달하였다."

《시詩》에서 "왼쪽으로 갈 일이면 왼쪽으로 가면서 군자는 일마다 그에 맞추네"라 하였으니 이를 두고 한 말이다.

송頌:

"위나라 시어머니 정강은 며느리를 보내며 시를 지었네.
은애와 자애로움에 울면서 가는 길 바라보았네.
헌공에게 자주 간언을 하다가 도리어 미움을 샀지만,
총명하고 원대한 식견에 말솜씨 또한 수려하였네."

衛姑定姜者, 衛定公之夫人, 公子之母也. 公子旣娶而死, 其婦無子, 畢三年之喪, 定姜歸其婦, 自送之至於野, 恩愛哀思, 悲心感慟, 立而望之, 揮泣垂涕, 乃賦詩曰:『燕燕于飛, 差池其羽, 之子于歸, 遠送於野. 瞻望不及, 泣涕如雨.』

送去歸泣而望之, 又作詩曰:『先君之思, 以畜寡人.』

君子謂:「定姜爲慈姑, 過而之厚.」

定公惡孫林父, 孫林父奔晉, 晉侯使郤犨爲請還, 定公欲辭, 定姜曰:「不可! 是先君宗卿之嗣也. 大國又以爲請, 而弗許, 將亡, 雖惡之, 不猶愈於亡乎? 君其忍之. 夫安民而宥宗卿, 不亦可乎?」

定公遂復之. 君子謂:「定姜能遠患難.」

詩云:『其儀不忒, 正是四國.』此之謂也.

定公卒, 立敬姒之子衎爲君, 是爲獻公. 獻公居喪而慢.

定姜旣哭而息, 見獻公之不哀也, 不內食飮, 嘆曰:「是將敗衛國, 必先害善人, 天過衛國也. 夫吾不獲鱄也, 使主社稷.」

大夫聞之皆懼, 孫文子自是不敢舍其重器於衛. 鱄者, 獻公弟子鮮也. 賢, 而定姜欲立之而不得.

後, 獻公暴虐, 慢侮定姜, 卒見逐走, 出亡至境, 使祝宗告亡, 且告無罪於廟.

定姜曰:「不可! 若令無神, 不可誣. 有罪若何告無罪也? 且公之行, 舍大臣而與小臣謀, 一罪也; 先君有冢卿以爲師保而蔑之, 二罪也. 余而巾櫛先君, 而暴妾使余, 三罪也! 告亡而已, 無告無罪.」

其後賴鱄力, 獻公復得反國.

君子謂:「定姜能以辭敎.」

詩云:『我言惟服.』此之謂也.

鄭皇耳率師侵衛, 孫文子卜追之, 獻兆於定姜曰:「兆如山林, 有夫出征, 而喪其雄.」

定姜曰:「征者喪雄, 禦寇之利也. 大夫圖之!」

衛人追之, 獲皇耳於犬丘.

君子謂:「定姜達於事情.」

詩云:『左之左之, 君子宜之.』此之謂也.

頌曰:『衛姑定姜, 送婦作詩.
　　　恩愛慈惠, 泣而望之.
　　　數諫獻公, 得其罪尤.
　　　聰明遠識, 麗於文辭.』

【衛】 나라 이름. 姬姓. 武王의 아우 康叔이 제후로 봉을 받은 나라로 朝歌(지금의 河南 淇縣)를 도읍으로 하였으나, 뒤에 帝丘(지금의 河南 濮陽縣)로 옮겼으며 戰國 말 秦나라에게 멸망당함.

【定姜】 여자의 칭호. 고대 중국은 모계사회의 유풍에 의해 성씨는 대체로 ‘女’자의 편방을 따랐으며(예 姬·姚·姒·姜·嫈·嫄·嬴) 이에 의해 여자를 칭할 때는 姓을, 남자를 칭할 때는 氏(예 有莘氏·陶唐氏·軒轅氏·神農氏·有呂氏 등 무수히 많음)를 붙여 불렀음. 따라서 姓은 母系이며, 氏는 氏族集團(部族)을 대표하는 칭호였음을 알 수 있음. 여기서의 定姜은 시호임.

【衛定公】 춘추시대 위나라 군주. 12년간(B.C.588~577) 재위함. 이름은 臧(姬臧).

【喪】 상복을 입음을 말함. 고대 남편의 상에 그 처는 참최(斬衰, 거친 베를 그대로 잘라 옷 가장자리 바느질을 하지 않음)를 3년 입었음.

【燕燕于飛】《詩經》邶風 燕燕의 구절.

【差池】 ‘가지런하지 않은 모습’을 나타내는 雙聲連綿語.

【先君之思】 역시 《詩經》大雅 旣醉의 구절. 先君은 衛定公을 가리킴.

【孫林父】 위나라 대부 孫文子. 衛定公과 衛獻公을 보필하였던 신하.

【晉】 姬姓이며 周 武王의 아들이며 成王의 아우인 叔虞가 봉을 받아 唐(山西 翼城縣)을 도읍으로 하였던 제후국. 춘추시대 文公이 나와 五霸 중의 하나가 되었으나, 춘추말기 六卿의 발호를 거쳐 韓·魏·趙로 分國되어 전국시대 七雄의 자리를 차지하였으며 이를 흔히 ‘三晉’이라 부름.

【晉侯】 晉나라 厲公(B.C.580~573 재위)을 가리킴.

【郤犨】 진나라 대부 이름.

【先君】 여기서는 衛 穆公(B.C.599~589 재위)을 가리킴. 衛 定公의 아버지.

【宗卿】 선대 임금을 모신 경을 말하며 여기서는 孫林父(文子)의 아버지인 孫良夫 를 지칭함.

【其儀不忒】《詩經》曹風 鳲鳩의 구절. 이는 어진 이를 칭송하는 시라 함.

【敬姒】 위 정공의 첩.

【衎】 敬姒가 낳은 庶子로 뒤에 衛獻公(B.C.576~559 재위)이 됨.

【居喪】 위 정공의 상을 말함.

【鱄】 이름은 子鮮. 역시 경사 소생의 서자로 위 헌공의 아우.

【社稷】 고대 나라를 세운 다음 토지신(社)과 곡식신(稷)의 사당을 만들어 제사를 올렸으며 뒤에 나라를 대신하는 말로 쓰임.

【祝宗】 종묘의 제사를 맡고 있는 관리. 직책 이름.

【若令無】 이는 의당 '若令無罪'여야 함.

【冢卿】 卿, 大夫 중의 최고 지위. 흔히 大卿, 上卿이라고도 함.

【師保】 귀족 자제의 교육을 담당하던 관직.

【巾櫛】 수건과 빗. 남편이 목욕 후에 사용하도록 이를 준비하여 기다리고 있다는
　　뜻이며 '箕帚'와 함께 아내를 대신하여 쓰이는 말.

【我言惟服】 《詩經》 大雅 板의 구절.

【鄭】 나라 이름. 姬姓이며 周 宣王이 그 아우 우(友)를 鄭(지금의 陝西 華縣)에
　　봉하여 제후국이 됨.

【皇耳】 鄭나라 대부.

【山林】 일부 본에는 '山陵'으로 되어 있음.

【犬丘】 지명. 지금의 河南 永城縣.

【左之左之】 《詩經》 小雅 裳裳者華 구절. '左之左之'는 임금을 잘 보좌함을 뜻함.

참고 및 관련 자료

1. 《詩經》 邶風 燕燕

燕燕于飛, 差池其羽. 之子于歸, 遠送于野. 瞻望弗及, 泣涕如雨. 燕燕于飛, 頡之
頏之. 之子于歸, 遠于將之. 瞻望弗及, 佇立以泣. 燕燕于飛, 下上其音. 之子于歸,
遠送于南. 瞻望弗及, 實勞我心. 仲氏任只, 其心塞淵. 終溫且惠, 淑愼其身. 先君
之思, 以勗寡人.

2. 《詩經》 大雅 板

我雖異事, 及爾同僚. 我卽爾謀, 聽我囂囂. 我言維服, 勿以爲笑. 先民有言, 詢于
芻蕘. 天之方虐, 無然謔謔. 老夫灌灌, 小子蹻蹻. 匪我言耄, 爾用憂謔. 多將熇熇,
不可救藥.

3. 《詩經》 小雅 裳裳者華

裳裳者華, 其葉湑兮. 我覯之子, 我心寫兮. 我心寫兮, 是以有譽處兮. 裳裳者華,
芸其黃矣. 我覯之子, 維其有章矣. 維其有章矣, 是以有慶矣. 裳裳者華, 或黃或白.
我覯之子, 乘其四駱. 乘其四駱, 六轡沃若. 左之左之, 君子宜之. 右之右之, 君子
有之. 維其有之, 是以似之.

008(1-8) 齊女傅母
제나라 임금의 딸을 기른 보모

부모傅母는 제齊나라 임금의 딸을 돌봐 준 보모이다. 제나라 제후의 딸은 위衛나라 장공莊公의 부인이며 장강莊姜이라 불렀다. 장강은 미모가 빼어났으며 처음 시집 왔을 때 품행이 방정하지 못하여 모습 꾸미기만을 좋아하였으며 음란한 생각까지 가지고 있었다.

보모는 장강이 부인의 도리를 바르게 갖추지 못하였음을 보고 이렇게 깨우쳐 말하였다.

"그대의 친정인 제나라 가문은 대대로 존귀하여 백성들의 모범이 되었습니다. 그리고 그대의 타고 난 자질도 또한 총명하여 일에 두루 통달합니다. 마땅히 다른 사람 의 모범이 되어야 합니다. 모습이 수려하시고 훌륭하지만 스스로 잘 가꾸어 바르게 하지 않으면 안 됩 니다. 그대가 시집올 때 비단옷을 입고 다시 겉치마를 걸치고 잘 꾸 미고서 수레와 말을 타고 온 것은 그만큼 덕德을 귀하게 여기기 때문 이었습니다."

그리고 이에 이렇게 시를 지었다.

제녀부모(齊女傅母)

"훌륭한 사람이 멋진 외모에 비단옷에 얇은 겉옷을 걸쳤네.
　그녀는 제나라 제후의 딸이며 위나라 제후의 아내라네.
　제나라 동궁 태자의 누이이며 형刑나라 제후의 처제이기도 하고,
　게다가 담공譚公은 그의 형부였다네."

보모는 장강으로 하여금 마음을 갈고 닦아 절도를 높이도록 하여, 임금의 딸이며 동시에 한 나라의 임금 부인이 되어 더욱이 사벽邪僻한 행동이 있어서는 안 된다고 하였다.

그리하여 장강은 드디어 감동하여 스스로의 품행을 닦았다. 그리하여 군자는 보모가 장강을 미연에 방지한 것을 칭찬하였다.

장강은 제나라 태자 득신得臣의 누이였는데 장강에겐 자식이 없었다. 그리하여 보모는 대규戴嬀의 아들 환공桓公을 아들로 삼도록 하였다. 또 다른 공자 주우州吁는 폐첩嬖妾의 몸에서 태어난 아들이었는데, 주우는 장공에게 사랑을 받게 되자 교만하였으며 전쟁 일으키기를 좋아하였다. 그런데도 장공은 주우의 행동을 막지 않았다가, 뒷날 주우는 과연 환공을 죽이고 말았다.

《시詩》에 "원숭이에게 나무 오르는 법을 가르치도다"라 하였는데 이를 두고 한 말이다.

송송頌:
"제나라 딸의 보모는 장강의 행동을 미연에 막아 주었네.
　선조의 영화를 들추어 가르치되 존경하고 칭찬하지 않음이 없었네.
　시를 지어 가르친 뜻은 조상을 욕되지 않게 하려 한 것이라네.
　보모의 가르침을 받아 장강은 마침내 능히 자신을 닦을 수 있었네."

傅母者, 齊女之傅母也. 女爲衛莊公夫人, 號曰莊姜. 姜交好. 始往, 操行衰惰, 有冶容之行, 淫泆之心.

傅母見其婦道不正, 諭之云:「子之家, 世世尊榮, 當爲民法則; 子之質, 聰達於事, 當爲人表式, 儀貌壯麗, 不可不自脩整. 衣錦絅裳, 飾在輿馬, 是不貴德也.」

乃作詩曰:『碩人其頎, 衣錦絅衣. 齊侯之子, 衛侯之妻. 東宮之妹, 邢侯之姨, 譚公維私.』

砥厲女之心以高節, 以爲人君之子弟, 爲國君之夫人, 尤不可有邪僻之行焉. 女遂感而自脩. 君子善傅母之防未然也. 莊姜者, 東宮得臣之妹也, 無子, 姆戴嬀之子桓公, 公子州吁, 嬖人之子也; 有寵, 驕而好兵. 莊公弗禁, 後州吁果殺桓公.

詩曰:『毋敎猱升木.』此之謂也.

頌曰:『齊女傅母, 防女未然.
　　　稱列先祖, 莫不尊榮.
　　　作詩明指, 使無辱先.
　　　莊姜姆妹, 卒能脩身.』

【齊】姜姓이며 周初 분봉 때 姜太公 呂尙子牙이 봉해진 제후국. 營丘(지금의 山東 淄博市 동북)에 도읍하였으며, 桓公 때 春秋五霸의 첫 패자가 나올 정도로 강성하였음. 전국시대에는 田氏가 왕위를 찬탈하여 七雄에 들었으며 秦始皇의 천하통일 때 멸망함.

【傅母】여자 師傅. 귀족의 딸을 기르던 선생으로 婦道를 가르쳤음.

【衛莊公】춘추시대 위나라 임금으로 이름은 揚. B.C.757~735년까지 23년간 재위.

【交】'姣'와 같음.

【冶容】교태를 부려 아름답게 보임.

【衣錦絅裳】비단옷을 입고 위에 엷은 홑옷을 더한다는 뜻. 경상(絅裳)은 고대 부녀자들이 덮어써 몸을 가리는 옷의 일종으로 시집갈 때 이를 비단으로 싸서 가지고 갔다 함. '絅'은 '褧'과 같음.

【翟馬】고대 귀족 딸이 출가할 때 타는 翟車. 창문을 꿩 깃털로 장식하였다 함.

【不貴】여기서 '不'자는 의미가 없는 어조사임.

【碩人其頎】《詩經》衛風 碩人의 구절. 이 시는 衛 莊公의 부인 莊姜이 지은 것으로 알려져 있음.

【碩人】석인, 미인을 가리킴.

【頎】키가 큰 모습.

【邢】지금의 河北 邢臺縣에 있던 작은 나라.

【譚】지금의 山東 歷城縣에 있던 작은 나라.

【維私】'維'는 '是'와 같으며 '私'는 여자가 자신의 여동생이나 언니의 남편을 두고 하는 칭호.

【姆戴嬀之子桓公】莊姜에게는 아들이 없어 完을 양자삼아 기르도록 하였으며, 이가 태자를 거쳐 衛 桓公(B.C.734~719 재위)이 됨. '姆'는 '양육하다'의 뜻. 戴嬀는 장공의 첩으로 그가 낳은 아들이 完이었음.

【州吁】장공의 애첩 소생의 서자. 환공을 죽이고 자립하여 임금이 됨.

【嬖人】嬖妾과 같음. 총애를 받는 첩.

【毋教猱升木】《詩經》小雅 角弓의 구절. '毋'는 發語辭로 뜻이 없음. '教猱升木'는 나쁜 사람을 시켜 나쁜 일을 하게 한다는 뜻임.

【姆妹】'母桓'이어야 함. 莊姜이 桓公(完)을 양육하였음을 말함.

참고 및 관련 자료

1. 《詩經》小雅 碩人

碩人其頎, 衣錦褧衣. 齊侯之子, 東宮之妹, 邢侯之姨, 譚公維私. 手如柔荑, 膚如凝脂. 領如蝤蠐, 齒如瓠犀. 螓首蛾眉. 巧笑倩兮, 美目盼兮. 碩人敖敖, 說于農郊. 四牡有驕, 朱幩鑣鑣, 翟茀以朝. 大夫夙退, 無使君勞. 河水洋洋, 北流活活. 施罛濊濊, 鱣鮪發發, 葭菼揭揭. 庶姜孽孽, 庶士有朅.

2. 《詩經》衛風 角弓

騂騂角弓, 翩其反矣. 兄弟昏姻, 無胥遠矣. 爾之遠矣, 民胥然矣. 爾之教矣, 民胥
傚矣. 此令兄弟, 綽綽有裕. 不令兄弟, 交相爲瘉. 民之無良, 相怨一方. 受爵不讓,
至于已斯亡. 老馬反爲駒, 不顧其後. 如食宜饇, 如酌孔取. 毋教猱升木, 如塗塗附.
君子有徽猷, 小人與屬. 雨雪瀌瀌, 見晛曰消. 莫肯下遣, 式居婁驕. 雨雪浮浮, 見晛
曰流. 如蠻如髦, 我是用憂.

노나라 계손씨의 아내 경강

노魯나라 계손씨季孫氏의 경강敬姜은 거莒나라의 딸로서 호를 대기戴己라 하였다. 노나라 대부大夫 공보목백公父穆伯의 처이며 문백文伯의 어머니였고 계강자季康子의 종조숙모從祖叔母이다. 사리에 박통하였으며 예를 잘 알았다. 목백이 일찍 죽었으나, 경강은 홀로 부모를 모시고 정절을 지켰다.

문백이 다른 곳으로 공부하러 나갔다가 마치고 돌아오자, 경강이

노계경강(魯季敬姜)

곁눈으로 살펴보았다. 그런데 문백이 당堂을 오를 때 그 벗이 뒤따라 오르고, 내려올 때는 그 벗이 먼저 칼을 들고 내려와 신발을 바로 놓아 주는 것이 마치 부형父兄을 섬기는 듯하였고, 이에 문백은 마치 자신을 그보다 어른인 것처럼 여기는 것이었다.

그러자 경강이 아들을 불러 꾸짖었다.

"옛날 무왕武王은 조회를 파하고 버선을 묶으려고 좌우를 둘러보아도 아무도 시킬 만한 사람이 없자, 허리를 굽혀 스스로 버선 끈을

매었다. 그 때문에 능히 왕도를 이룰 수 있었던 것이다. 또 제齊나라
환공桓公은 자신의 잘못을 지적해 주는 벗이 세 사람 있었고, 간언해
주는 신하가 다섯 사람 있었다. 거기에 매일 자신의 허물을 거론해
주는 사람이 서른 명이나 있었다. 그리하여 능히 패업霸業을 이룰 수
있었던 것이다. 주공周公은 한 차례의 식사를 하는 동안 세 번이나
입 안의 음식물을 뱉어 내었고, 한 번 목욕에 세 번이나 머리를 움켜쥐고
나와 찾아온 사람을 만났다. 예물을 들고 시골 궁벽한 골목과 막힌
골목까지 찾아가 만난 사람이 70여 명이나 되었다. 그로 인해 능히
주나라 왕실을 존속시킬 수 있었다. 저 두 분의 성인과 한 분의 현인은
모두 왕도와 패도를 이룬 분들이지만 남의 아래에 처하기를 이와 같았
으며, 그와 더불어 함께 노는 자가 모두 자신보다 나았던 것이다.
이 때문에 날마다 더욱 나아지면서도 스스로는 이를 알지 못하였다.
지금 너는 나이도 어리고 게다가 지위도 낮은데, 너와 더불어 노는
자들은 모두가 너에게 복종하고 부림을 당하는 자들이니 너를 이롭게
하기에는 아무런 도움이 될 수 없음은 역시 분명하도다.”

문백이 곧 사죄하였다. 그리고 엄한 스승과 현명한 벗을 가려서
섬겼다. 사귀는 자는 모두가 자신보다 나이가 많은 어른들이었으며,
문백은 옷깃을 여미고 소매를 걷어 올려 몸소 음식을 대접하였다.

경강이 말하였다.

“너는 어른이 되었구나!”

군자가 말하였다.

“경강은 교화를 잘 갖추었다.”

《시詩》에 “훌륭한 많은 신하, 문왕은 이로써 편안하였네”라 하였으니
이를 두고 한 말이다.

문백이 노나라의 재상이 되자 어머니 경강이 문백에게 일러 주었다.

“내 너에게 일러 주노라. 나라를 다스리는 요체는 모두가 날줄[經]
하나에 있다. 무릇 폭幅이란 비뚤어지고 굽은 것을 바로잡는 것이니,
강하게 자리잡지 아니하면 안 된다. 그러므로 폭은 장수에 비유될

수 있다. 획畫은 고르지 않는 것을 고르게 하고 복종하지 아니하는 실을 바로잡아 주는 것이니, 그 때문에 획은 정관正官에 비유된다. 물物은 황무荒蕪하고 거친 것을 다스리는 것이니, 도읍의 대부쯤에 해당한다. 서로 교차하게 하여 어긋나지 않게 하고, 나가고 들어오는 것을 끊어지지 아니하게 하는 것은 곤梱이다. 곤은 외교를 맡은 대행인大行人으로 삼을 수 있다. 밀어서 보내고 끌어당겨 오게 하는 것은 종綜이다. 따라서 종은 관내關內의 군사를 관장하는 사람을 삼을 수 있고, 많고 적은 숫자를 주관하는 것이 균均이니, 균은 내사內史로 여길 수 있다. 중요한 임무를 맡아 먼 길을 가기 때문에 정직하고 변함이 없어야 하는 것이 축軸이니, 축은 재상으로 여길 수 있다. 펴 주면서 막힘이 없게 하는 것은 적摘이니, 적은 삼공三公으로 여길 수 있는 것이다.”

문백이 재배하고 가르침을 받았다.

문백이 조정에서 물러나 어머니 경강을 뵈러 오자, 경강은 마침 베를 짜고 있었다. 문백이 말하였다.

“계손씨의 은총을 받는 우리 집의 주인이신 어머니께서 여전히 베를 짜고 계시니 계손씨의 노여움을 살까 두렵습니다. 나를 두고 어머니를 모실 줄 모르는 자라고 여기지 않겠습니까?”

경강이 탄식하며 말하였다.

“노나라가 망하려는가! 어린 너로 하여금 관직을 주어 자리를 채우다니. 너는 듣지 못하였느냐? 앉아라. 내 너에게 말해 주마. 옛날 성왕聖王은 백성을 배치할 때 척박한 땅을 가려서 살도록 하여 백성의 힘으로 그 땅을 개간토록 하였다. 그렇게 하였기 때문에 오래도록 천하의 왕 노릇을 할 수 있었다. 무릇 백성이란 노동을 하면 생각을 하게 되고, 생각을 하게 되면 착한 마음이 생긴다. 편안하면 음란하게 되고, 음란하면 선을 향한 마음을 잊게 되며, 선을 잊으면 악한 마음이 생기게 된다. 기름진 땅에 사는 백성은 일이 없어 음란하게 되지만, 척박한 땅에 사는 백성이 의를 향하고자 하는 것은 노동 때문이다. 이 까닭으로 천자는 대채大采의 춘분날 아침에 예복을 갖추어 입고 태양을 향해 제사를 올리며, 삼공三公 및 구경三卿과 더불어 백성에게 어떻게 덕을 베풀 것인가를 익히고 상의하였다. 한낮에는 정사政事를 업적을 따져 백관에게 크고 작은 일을 주어 모든 관리들에게 다스릴 업무를 나누어 주고, 사윤師尹으로 하여금 여旅와 목牧의 업무를 진술하도록 하였다. 그리고 백성의 일을 널리 밝히도록 하였으며, 소채少采와 석월夕月에는 태사太史와 사재司載에게 천문天文의 상징을 신중히 살피게 하여, 해가 지면 아홉 명의 어부御婦에게 체교禘郊의 제사에 올릴 자성粢盛을 정결히 하도록 감독한 다음에야 마음을 놓았던 것이다. 제후는 아침에 천자로부터 부여받은 명령을 잘 닦고, 낮에는 자신의 나라를 잘 점검하며, 저녁에는 법령을 살피고, 밤에는 백공百工에게 방자한 마음이 없도록 경계를 한 후에야 마음을 놓았던 것이다. 다음으로 경대부卿大夫는 아침에 자신이 할 일을 점검하고, 낮에는 여러 정무들을 연구하고, 저녁에는 자신이 한 업무를 정리하고, 밤에는 가정일을 다스린 후에야 마음을 놓을 수 있었으며, 사士는 아침에 업무를 받아 낮에는 열심히 익히며, 저녁에는 복습하고 밤에는 반성하여 과실이 없었는지 따져 보아 마음에 유감이 없다고 여긴 이후에야 안심하였던 것이다. 그리고 서인庶人 이하의 모든 백성은 날이 새면 일하고, 어두워지면 쉬면서 스스로를 게으름이 없도록 하였고, 왕후王后는 직접 관冠에 달 검은 끈을 짜고, 공후公侯의 부인은 왕후의 일에 더하여 관에 얹을 검은 판을 짠다. 경의 정처正妻는 큰 허리띠를 짜고, 대부의 처 명부命婦는 제사 지낼 제복을 짓는다. 칙사則士의 처는 제복과 조정에 들어갈 때 입을 조복朝服까지 짓는다. 서사庶士 이하의 아내는 자신의 남편이 입을 옷을 짓는다. 사일社日의 제사에는 그 해 농사가 시작되고, 증일烝日 제사에는 그 해 이룬 농사의 결과를 바친다. 남녀가 자신의 일에 힘써야 하는 것이니, 이를 어길 때에는 형벌을 받는다. 이것이 바로 고대의 제도이다. 군자는 마음을 쓰고 소인은 힘을 쓰는 것이 선왕의 가르침이다. 위에서 아래까지 누가 감히 편안한 마음으로 노력을 그만둘 수 있겠는가? 지금 나는 과부가 되었고 너는 아직 낮은 지위에 있어 아침저녁으로 일에 매달린다 해도 오히려 선인의 일을 잊을까 걱정되는데, 하물며 게을리 군다면 그 어떤 벌이 닥쳐오겠느냐? 내가 바라기로는 네가 아침저녁으로 자신을 수양하며 '반드시 선인의 말씀을 폐기하지 않으리'라고 하는 것인데, 지금 너는 나로 하여금 베 짜는 일을 하지 말라고 하면서 게다가 '어찌 마음을 놓지 못하는가?'라고 하고 있다. 이로써 임금께서 주신 관직을 이어받아 수행한다면 나는 너의 아버지 목백의 후사가 끊어질까 걱정이 된단다."

중니仲尼가 이를 듣고 이렇게 말하였다.

"너희들은 기억하라. 계씨 부인의 게으르지 않음을!"

《시詩》에 "부인으로서 공적公的으로 하는 일이 없는데 양잠과 베 짜는 일을 그만두다니"라 하였으니, 이는 부인으로서는 베 짜는 일이 곧 공적인 일이므로 이를 그만두는 것은 예가 아님을 말한 것이다.

문백이 남궁경숙南宮敬叔에게 술을 대접하면서 노도보露堵父를 상객으로 모셨다. 자라고기를 내놓았는데 노도보에게 작은 것을 주었더니 노도보가 화를 내었다. 서로 끌어다 자라고기를 먹도록 권하였지만 노도보는 사양하였다.

그리고 자리에서 일어나면서 이렇게 말하였다.

"장차 자라를 크게 키워 놓으면 먹겠소."

그리고는 나가 버렸다. 경강이 이를 듣고 문백에게 화를 내며 이렇게 말하였다.

"내 너의 할아버지로부터 이렇게 들었다. '제사에서는 시尸를 잘 모셔야 하고, 잔치에서는 상객을 잘 모셔야 한다.' 그런데 자라가 사람에게 무엇이 그리 대단한 것이냐? 사람을 그토록 화나게 하다니!"

그리고는 문백을 쫓아내 버렸다. 문백은 닷새가 지나 노나라 대부가 대신 용서를 빌고 나서야 비로소 집으로 들어갈 수 있었다.

군자가 말하였다.

"경강은 작은 일에도 신중하였다."

《시詩》에 "나에게 좋은 술이 있으니 좋은 손님을 초대하여 잔치로 함께 즐기리"라 하였으니 이는 손님을 존중함을 말한 것이다.

문백이 죽자 경강이 문백의 첩들에게 이렇게 경계하였다.

"내가 듣기로 색을 좋아하다 죽으면 그 여자들이 함께 따라 죽고, 어진 이를 좋아하다 죽으면 선비가 따라 죽는다라 하였다. 지금 내 아들이 일찍 죽었다. 나는 내 아들이 여자를 좋아하였다는 소문이 나는 것은 싫다. 너희 몇몇 첩들은 위축된 채 조상 제사에 아들을 함께 모셔 제사를 올릴 때 피로한 기색을 보이지 말 것이며, 눈물을 흩뿌리지도 말 것이며, 가슴을 치지도 말 것이며, 슬픈 표정도 짓지 말기를 바란다. 상복喪服도 한 등급 낮출 것이며 한 등급 올리지 말라. 예에 따라 조용히 하여야 한다. 이것이 내 아들의 덕행을 밝혀 주는 것이니라."

중니가 이를 듣고 말하였다.

"여자로서의 지혜는 부인만 한 것이 없고, 남자의 지혜는 장부만 한 것이 없다. 공보씨의 부인 목백은 지혜로워 자신 아들의 훌륭한 덕을 밝히고자 하였다."

《시詩》에 "훌륭한 군자의 녹은 그 자손에게까지 이어지리"라 하였으니 이를 두고 한 말이다.

경강이 상喪에 임하여 아침에는 남편 목백에게 곡하고 저녁에는 아들 문백을 곡하였다.

공자가 이를 듣고 이렇게 말하였다.

"계씨의 부인은 예를 안다고 말할 수 있다. 사랑함에는 사사로움이 없어 위아래의 구별이 분명하였다."

경강이 일찍이 계씨季氏에게 갔더니 계강자季康子가 조정에 있다가 경강에게 말을 걸었으나, 경강이 응하지 않자 침문寢門까지 따라 들어가며 말을 걸었지만, 경강은 역시 이에 응하지 않았다. 계강자가 조정에서 일을 끝내고 물러 나와 집안으로 들어와 경강을 보자 이렇게 말하였다.

"저肥는 아무 말씀도 들을 수 없었습니다. 저에게 잘못이 있어서 그런 것은 아닌지요?"

경강은 이렇게 대답하였다.

"그대는 듣지 못하였는가? 천자와 제후는 백성에 관한 일은 조정 안에서 결정을 하고, 집안 제사에 관한 일이라면 집안에서 결정한다. 경대부 이하는 관직 일은 조정에서, 집안일은 집안에서 처리한다. 침문 안에서의 일은 부인이 그 직책을 다스린다. 이는 지위의 높낮이에 관계없이 모두 같다. 무릇 조정이란 그대가 임금이 주신 관직을 수행하는 곳이며, 집안이란 그대가 계씨 집안의 정무를 다스리는 곳이다. 그러니 내가 감히 말할 바가 아니었다."

계강자가 한 때 경강의 집에 이르러 문을 열어 서로 마주하여 이야기를 나누면서 서로가 문지방을 넘지는 않았다.

경강는 시아버지 계도자季悼子의 제사를 지낼 때 계강자가 이에 참여하였는데, 강자가 음복주를 경강에게 올리자 이 잔을 직접 받지 않았다. 제사를 끝내고 상을 치울 때 모여서 먹는 일도 하지 않았으며, 제사를 받들 종신宗臣이 오지 않으면 제2차의 제사인 역繹을 지내지 않았다.

그리고 2차 제사를 지내더라도 술잔을 다 비우지 않은 채 물러났다.

공자가 말하였다.

"경강은 남녀 사이에 지켜야 할 예를 잘 구별하였다."

《시詩》에 "여자는 전혀 잘못이 없었네"라 하였으니 이를 두고 한 말이다.

송頌:

"문백의 어머니는 호를 경강이라 하였네.

지혜와 예절에 두루 통하여 덕행이 환히 빛났네.

자식의 잘못을 바로잡고 법과 이치로 가르쳤다네.

공자가 현명하다 칭찬하며 자애로운 어머니 반열에 세웠네."

魯季敬姜者, 莒女也, 號戴己. 魯大夫公父穆伯之妻·文伯之母·季康子之從祖叔母也. 博達知禮. 穆伯先死, 敬姜守養. 文伯出學而還歸, 敬姜側目而盼之, 見其友上堂, 從後階降而卻行, 奉劍而正履, 若事父兄, 文伯自以爲成人矣.

敬姜召而數之曰:「昔者武王罷朝而結絲綏絕, 左右顧, 無可使結之者, 俯而自申之, 故能成王道. 桓公坐友三人, 諫臣五人, 日舉過者三十人, 故能成伯業. 周公一食而三吐哺, 一沐三握髮, 所執摯而見於窮閭隘巷者七十餘人, 故能存周室. 彼二聖一賢者, 皆霸王之君也, 而下人如此; 其所與遊者, 皆過己者也. 是以日益而不自知也. 今以子年之少而位之卑, 所與遊者, 皆爲服役, 子之不益, 亦以明矣.」

文伯乃謝罪. 於是乃擇嚴師賢友而事之, 所與遊處者皆黃耄倪齒也, 文伯引袵攘捲而親饋之.

敬姜曰:「子成人矣!」

君子謂:「敬姜備於敎化.」

詩云:『濟濟多士, 文王以寧.』此之謂也.

文伯相魯, 敬姜謂之曰:「吾語汝, 治國之要, 盡在經矣. 夫幅者, 所以正曲枉也, 不可不彊. 故幅可以爲將, 畫者, 所以均不均服不服也. 故畫可以爲正. 物者, 所以治蕪與莫也, 故物可以爲都大夫. 持交而不失. 出入不絕者捆也, 捆可以爲大行人也. 推而往引而來者綜也, 綜可以爲關內之師. 主多少之數者均也, 均可以爲內史. 服重任, 行遠道, 正直而固者軸也, 軸可以爲相. 舒而無窮者摘也, 摘可而爲三公.」

文伯再拜受敎. 文伯退朝, 朝敬姜, 敬姜方績.

文伯曰:「以歜之家, 而主猶績, 懼干季孫之怒, 其以歜爲不能事主乎?」

敬姜歎曰:「魯其亡乎! 使童子備官, 而未之聞也? 居, 吾語汝: 昔聖王之處民也, 擇瘠土而處之, 勞其民而用之, 故長王天下. 夫民勞則思, 思則善心生; 逸則淫, 淫則忘善, 忘善則惡心生. 沃土之民不材, 淫也. 瘠土之民嚮義, 勞也. 是故天子大采朝日, 與三公九卿組織施德, 日中考政, 與百官之政事, 使師尹維旅牧, 宣敬民事, 少采夕月, 與太史司載, 糾虔天刑, 日入監九御, 使潔奉禘郊之粢盛, 而後即安. 諸侯朝修天子之業令, 晝考其國, 夕省其典刑, 夜儆百工, 使無慆淫, 而後即安. 卿大夫朝考其職, 晝講其庶政, 夕序其業, 夜庀其家事, 而後即安. 士朝而受業, 晝而講隸, 夕而習復, 夜而討過, 無憾而後即安. 自庶人以下, 明而動, 晦而休, 無自以怠. 王后親織玄紞, 公侯之夫人加之以紘綖; 卿之內子爲大帶, 命婦成祭服, 則士之妻加之以朝服; 自庶士以下, 皆衣其夫. 社而賦事, 烝而獻功, 男女效績, 否則有辟, 古之制也. 君子勞心, 小人勞力, 先王之訓也. 自上以下, 誰敢淫心舍力? 今我寡也, 爾又在下位, 朝夕處事, 猶恐忘先人之業, 況有怠惰, 其何以辟? 吾冀汝朝夕脩我曰:'必無廢先人.' 爾今也曰:'胡不自安?' 以是承君之官, 余懼穆伯之絕嗣也.」

仲尼聞之曰:「弟子記之, 季氏之婦不淫矣!」

詩曰:『婦無公事, 休其蠶織.』

言婦人以織績爲公事者也, 休之非禮也.

文伯飲南宮敬叔酒, 以露堵父爲客. 羞鼈焉小, 堵父怒. 相延食鼈, 堵父辭曰:「將使鼈長而食之.」遂出.

敬姜聞之, 怒曰:「吾聞之先子曰:『祭養尸, 饗養上賓.』鼈於人何有? 而使夫人怒!」遂逐文伯. 五日, 魯大夫辭而復之.

君子謂:「敬姜爲愼微.」

詩曰:『我有旨酒, 嘉賓式讌以樂.』言尊賓也.

文伯卒, 敬姜戒其妾曰:「吾聞之: 好內女死之, 好外士死之. 今吾子夭死, 吾惡其以好內聞也. 二三婦之辱共祀先祀者, 請毋瘠色, 毋揮涕, 毋陷膺, 毋憂容, 有降服, 毋加服, 從禮而靜, 是昭吾子.」

仲尼聞之曰:「女知莫如婦, 男知莫如夫, 公父氏之婦知矣, 欲明其子之令德.」

詩曰:『君子有穀, 貽厥孫子.』此之謂也.

敬姜之處喪也, 朝哭穆伯, 暮哭文伯.

仲尼聞之曰:「季氏之婦, 可謂知禮矣. 愛而無私, 上下有章.」

敬姜嘗如季氏, 康子在朝, 與之言不應. 從之, 及寢門, 不應而入. 康子辭於朝, 而入見曰:「肥也不得聞命, 毋乃罪耶?」

敬姜對曰:「子不聞耶? 天子及諸侯, 合民事於內朝, 自卿大夫以下, 合官職於外朝, 合家事於內朝. 寢門之內, 婦人治其職焉, 上下同之. 夫外朝, 子將業君之官職焉; 內朝, 子將庇季氏之政焉, 皆非吾所敢言也.」

康子嘗至敬姜闈門而與之言, 皆不踰閾.

祭悼子康子與焉, 酢不受, 徹俎不讌, 宗不具不繹, 繹不盡飲則不退.

仲尼謂:「敬姜別於男女之禮矣.」

詩曰:『女也不爽.』此之謂也.

頌曰: 『文伯之母, 號曰敬姜.
　　　通達知禮, 德行光明.
　　　匡子過失, 教而法理.
　　　仲尼賢焉, 列爲慈母.』

【魯】 주초 周公 旦이 봉을 받았던 나라. 지금의 山東 曲阜를 도읍으로 하였으며
전국시대 楚나라에게 멸망함. 孔子가 태어났던 儒家의 고장.

【季】 魯나라의 季孫氏. 춘추 후기 노나라의 실권을 쥐었던 귀족으로 孟孫氏,
叔孫氏와 더불어 魯나라 桓公의 후예로 '三桓'이라 일컬어짐.

【莒】 己姓으로 計斤(지금의 山東 膠州)에 도읍하였던 소국으로 춘추시대 莒(지금의
山東 莒縣)로 옮겼으며 楚나라에게 멸망함.

【公父穆伯】 계손씨를 가리킴. 노나라의 대부. 公父는 '공보'로 읽음.

【文伯】 공보목백의 아들인 公父歜. 역시 노나라 대부를 지냄.

【康子】 季康子. 계손씨이며 이름은 肥. 노나라 正卿을 지냄.

【後階】 北堂을 가리킴. 대부나 사는 동쪽에 있는 방의 서쪽을 사용하며 그 동방의
북쪽을 北堂이라 함.

【武王】 周 武王 姬發.

【桓公】 齊 桓公. 춘추오패의 수장으로 이름은 小白. B.C.685~643년까지 43년간
재위. 鮑叔과 管仲의 힘을 입어 당시 가장 강력한 제후국이 되었음.

【坐友】 諍友. 친구의 잘못을 바로잡아 주는 친구.

【諫臣】 임금의 잘못을 바로잡아 주는 신하.

【伯業】 '伯'은 '霸'와 같음. 霸業을 뜻함.

【吐哺握髮】 周公 旦이 자신을 찾아오는 선비를 놓치지 않기 위해 밥을 먹는
사이에도 세 번이나 나가서 맞았으며, 머리를 감는 중에도 세 번이나 감던
머리를 쥔 채 손님을 맞았다는 고사. 참고란을 볼 것.

【黃耄倪齒】 노인을 가리킴. '黃耄'는 나이가 들어 머리가 희어졌다가 다시 누렇게
변함을 뜻하며, '倪齒'는 노인으로 이빨이 빠졌다가 어린아이처럼 이가 다시
남을 뜻함. 장수한 노인을 말함.

【引袵攘捲】 ‘引袵’은 ‘옷깃을 여미다’의 뜻이며 ‘攘捲’은 ‘소매 등을 걷어 올리다’의 뜻. 노인을 공경히 모심을 뜻함.

【濟濟多士】《詩經》大雅 文王의 구절.

【摘】 ‘樀’의 가차자. 베틀에서 실을 감는 기구.

【三公】 周代의 삼공은 司馬·司徒·司空이었으며, 일설에는 太師·太傅·太保라고도 함.

【嚮義】 義를 향해 나감. 義를 숭상함.

【大采朝日】 천자의 제사 의식의 하나.《禮記》玉藻에 “(天子)玄端以朝日于東門之外”라 함. 玄端은 제사 때 입는 검은색의 예복. 그 옷에 藻紋과 五彩를 더하여 이 때문에 大采라 부른 것. 春分日에 동쪽의 해가 뜰 때 천자는 사방 교외에서 五帝에게 제사를 올리며 이를 ‘朝日’이라 함.

【組織】《國語》에 ‘祖識’으로 되어 있으며 ‘祖’는 ‘習’, ‘識’은 ‘知’의 뜻.

【師尹維旅牧】 師尹은 대부관직을 말하며 維는 ‘진술하다’의 뜻. 旅는 ‘여러 士’를 가리키며 牧은 州牧을 가리킴. ‘사윤이 여러 사와 주목에게 그 임무를 고하여 진술하다’의 뜻.

【少采夕月】 천자의 제사 의식의 하나. 少采는 三采를 가리키며《國語》韋昭 주에 “朝日以五采, 則夕月其三采也”라 함. 夕月은 추분날 밤에 달에게 지내는 제사.

【太史】 고대 曆法을 관장하며 역사를 기록하는 임무를 맡은 관직.

【司載】 천문을 관찰하는 임무를 맡은 관직.

【糾虔天刑】 공경스럽게 천문의 변화를 관장함. 天刑은 하늘의 법도라는 뜻이며 天文 현상으로도 봄.

【九御】 고대 궁중의 女嬪 중의 우두머리.

【禘郊】 禘는 조상에게 지내는 제사 이름. 郊는 교외에서 지내는 제사 이름.

【粢盛】 제사 지낼 때 곡식을 담아 바치는 것.

【典刑】 문물 제도와 법규.

【儆】 경계하고 성실함을 다함.

【庀】 음은 ‘비’. 다스림.

【講隸】 ‘隸’는 ‘肄’의 오기로 보임. ‘익히다(習)’의 뜻.

【討過】《國語》에는 ‘計過’로 되어 있음.

【無自】《國語》에는 ‘無日’로 되어 있음.

【玄紞】 '현담'으로 읽으며 고대 관의 양쪽에 늘어뜨려 귀를 막도록 달아매는 구슬의 검은 끈. 그 구슬을 현진(懸瑱)이라 하며, 이는 지도자는 남의 말을 마구 듣지 않도록 하라는 것을 상징함.

【紞纊】 紞은 턱 밑으로 매는 모자의 끈. 纊은 모자 위를 덮어 장식하는 수식물.

【大帶】 祭服의 크고 검은 띠.

【則士】 법칙에 따라 높은 선비로 인정받는 등급의 士.

【庶士】 보통의 士.

【社】 춘분 때 토지신에게 지내는 제사. 社日. 원래 春社와 秋社가 있음. 立春과 立秋 후 다섯 번째 巳日을 가리킴. 이 날은 닭과 돼지를 잡아 잔치를 벌임. 韓愈의 〈南溪始泛〉 시에 "願爲同社人, 鷄豚宴春秋"라 함.

【烝】 겨울 제사의 이름.《幼學瓊林》에 "春祭曰禴, 夏祭曰禘, 秋祭曰嘗, 冬祭曰烝"이라 함.《禮記》王制에 "天子, 諸侯宗廟之祭, 春曰礿, 夏曰禘, 秋曰嘗, 冬曰烝"이라 하였고,《시경》소아 天保에 "禴祠烝嘗"의 毛傳에 "春曰祠, 夏曰礿, 秋曰嘗, 冬曰烝"이라 함. '礿'은 '禴'과 같으며 이는 夏殷 시대의 이름. 周나라 때는 秋祭를 祠, 夏祭를 礿이라 함.(《公羊傳》桓公 8년)

【獻功】 제사에 올리는 五穀과 布帛.

【下位】 공보문백은 大夫로서 卿보다는 낮았음.

【仲尼】 공자. 이름은 丘, 자는 仲尼.

【婦無公事】《詩經》大雅 瞻卬의 구절.

【南宮敬叔】 魯나라의 대부. 성은 南宮, 이름은 敬叔.

【露堵父】 노나라 대부. 露睹父로도 표기함.

【羞】 음식을 進獻함. 珍羞와 같음.

【先子】 여기서는 季悼子를 가리킴. 公父穆伯의 아버지이며 文伯의 조부. 季康子의 증조부.

【祭養尸】 '尸'는 제사를 지낼 때 돌아가신 분을 대신하여 앉히는 尸童. 제사 때에는 이를 잘 받들어 모심을 뜻함.

【鼈於人何有】 자라는 얻기 어려운 제물이 아니니 인색하게 여길 것이 아니라는 뜻.

【我有旨酒】《詩經》小雅 鹿鳴의 구절. 旨酒는 美酒를 뜻함.

【內】 私慾. 여색을 밝힘을 말함.

【共祀先祀】 문백이 죽어 조상의 제사에 함께 모셔 제사 지낼 때의 상황을 말함.

【陷脅】《國語》에는 '搯膺'으로 되어 있으며 '가슴을 치다'의 뜻.

【降服】상복의 기준을 한 등급 낮춤. 이에 상대된 뜻은 '加服'이라 함.

【君子有穀】《詩經》魯頌 有駜의 구절.

【寢門】내실, 침실의 문.

【合民事於內朝】《國語》魯語(下)에는 "合民事於外朝, 合神事於內朝"로 되어 있음. 민사는 백성에 관한 정치. 외조는 조정을 가리키며 내조는 집안을 가리킴. 따라서 "백성의 일을 처리하는 일은 조정에서 처리함이 마땅하며 자신의 조상신에게 지내는 제사는 집안에서 처리함"을 뜻함.

【闔】'開'와 같은 뜻임.

【閾】門檻. 문지방.

【酢不受】'酢'는 제사에서 주객이 서로 술잔을 주고받는 의식. 주인이 객에게 술을 경의를 표하는 것을 '酬', 객이 다시 되올리는 것을 '酢'라 함. 경강이 강자가 주는 이 음복 술을 직접 받지 않았음을 말함.

【徹俎不讌】'徹'은 제사를 마치는 행사, 의식. '俎'는 제사에 차려 놓은 음식과 기구들. '讌'은 '宴'과 같음. 제사를 마친 다음 함께 술과 음식을 먹는 것.

【宗】제사를 올릴 때 종족 중에 가장 높은 어른을 말함.

【繹】제사 이름. 고대 正祭를 지낸 다음 날 다시 한번 더 올리는 제2차 제사를 '繹'이라 함.

【繹不盡飫則不退】《國語》에는 '繹不盡飫則退'라 하였고, 韋昭의 주에 "立曰飫, 坐曰宴. 言宗具則與繹, 繹畢而飫, 不盡飫禮而退, 恐有醉飽之失, 皆所以遠嫌也"라 하여 '不'자는 연문이 아닌가 함.

【女也不爽】《詩經》衛風 氓의 구절.

참고 및 관련 자료

1. 《詩經》大雅 文王

文王在上, 於昭于天. 周雖舊邦, 其命維新. 有周不顯, 帝命不時. 文王陟降, 在帝左右. 亹亹文王, 令聞不已. 陳錫哉周, 侯文王孫子. 文王孫子, 本支百世. 凡周之士, 不顯亦世. 世之不顯, 厥猶翼翼. 思皇多士, 生此王國. 王國克生, 維周之禎. 濟濟多士, 文王以寧.

2. 《詩經》 衛風 氓

氓之蚩蚩, 抱布貿絲. 匪來貿絲, 來卽我謀. 送子涉淇, 至于頓丘. 匪我愆期, 子無
良媒. 將子無怒, 秋以爲期. 乘彼垝垣, 以望復關. 不見復關, 泣涕漣漣. 旣見復關,
載笑載言. 爾卜爾筮, 體無咎言. 以爾車來, 以我賄遷. 桑之未落, 其葉沃若. 于嗟
鳩兮, 無食我葚. 于嗟女兮, 無與士耽. 士之耽兮, 猶可說也. 女之耽兮, 不可說也.
桑之落矣, 其黃而隕. 自我徂爾, 三歲食貧. 淇水湯湯, 漸車帷裳. 女也不爽, 士貳
其行. 士也罔極, 二三其德. 三歲爲婦, 靡室勞矣. 夙興夜寐, 靡有朝矣. 言旣遂矣,
至于暴矣. 兄弟不知, 咥其笑矣. 靜言思之, 躬自悼矣. 及爾偕老, 老使我怨. 淇則
有岸, 隰則有泮. 總角之宴, 言笑晏晏. 信誓旦旦, 不思其反. 反是不思, 亦已焉哉.

3. 《詩經》 大雅 瞻卬

瞻卬昊天, 則不我惠. 孔塡不寧, 降此大厲. 邦靡有定, 士民其瘵. 蟊賊蟊疾, 靡有
夷屆. 人有土田, 女反有之. 人有民人, 女覆奪之. 此宜無罪, 女反收之, 彼宜有罪,
女覆說之. 哲夫成城, 哲婦傾城. 懿厥哲婦, 爲梟爲鴟. 婦有長舌, 維厲之階. 亂匪降
自天, 生自婦人. 匪教匪誨, 時維婦寺. 鞫人忮忒, 譖始竟背. 豈曰不極, 伊胡爲慝.
如賈三倍, 君子是識. 婦無公事, 休其蠶織. 天何以刺, 何神不富. 舍爾介狄, 維予
胥忌. 不弔不祥, 威儀不類. 人之云亡, 邦國殄瘁. 天之降罔, 維其優矣. 人之云亡,
心之憂矣. 天之降罔, 維其幾矣. 人之聞亡, 心之悲矣. 觱沸檻泉, 維其深矣. 心之
憂矣, 寧自今矣. 不自我先, 不自我後. 藐藐昊天, 無不克鞏. 無忝皇祖, 式救爾後.

4. 《詩經》 魯頌 有駜

有駜有駜, 駜彼乘黃. 夙夜在公, 在公明明. 振振鷺, 鷺于下. 鼓咽咽, 醉言舞. 于胥
樂兮. 有駜有駜, 駜彼乘牡. 夙夜在公, 在公飮酒. 振振鷺, 鷺于飛. 鼓咽咽, 醉研歸.
于胥樂兮. 有駜有駜, 駜彼乘駽. 夙夜在公, 在公載燕. 自今以始, 歲其有. 君子有穀,
詒孫子. 于胥樂兮.

5. 《國語》 魯語(下)

公父文伯飮南宮敬叔酒, 以露睹父爲客. 羞鼈焉, 小. 睹父怒, 相延食鼈, 辭曰: 「將使
鼈長而後食之.」遂出. 文伯之母聞之, 怒曰: 「吾聞之先子曰: 『祭養尸, 饗養上賓.』
鼈於何有? 而使夫人怒也!」遂逐之. 五日, 魯大夫辭而復之.

公父文伯之母如季氏, 康子在其朝, 與之言, 弗應, 從之及寢門, 弗應而入. 康子辭
於朝而入見, 曰: 「肥也不得聞命, 無乃罪乎?」曰: 「子弗聞乎? 天子及諸侯合民事於
外朝, 合神事於內朝; 自卿以下, 合官職於外朝, 合家事於內朝; 寢門之內, 婦人治其

業焉. 上下同之. 夫外朝, 子將業君之官職焉; 內朝, 子將庀季氏之政焉, 皆非吾所敢言也.」公父文伯退朝, 朝其母, 其母方績. 文伯曰:「以歜之家而主猶績, 懼忓季孫之怨也, 其以歜爲不能事主乎!」其母歎曰:「魯其亡乎! 使僮子備官而未之聞耶? 居, 吾語女. 昔聖王之處民也, 擇瘠土而處之, 勞其民而用之, 故長王天下. 夫民勞則思, 思則善心生; 逸則淫, 淫則忘善, 忘善則惡心生. 沃土之民不材, 逸也; 瘠土之民莫不嚮義, 勞也. 是故天子大采朝日, 與三公・九卿祖識地德; 日中考政, 與百官之政事, 師尹維旅・牧・相, 宣序民事; 少采夕月, 與大史・司載糾虔天刑; 日入監九御, 使潔奉禘・郊之粢盛, 而後卽安. 諸侯朝修天子之業命, 晝考其國職, 夕省其典刑, 夜儆百工, 使無慆淫, 而後卽安. 卿大夫朝考其職, 晝講其庶政, 夕序其業, 夜庀其家事, 而後卽安. 士朝受業, 晝而講貫, 夕而習復, 夜而計過無憾, 而後卽安. 自庶人以下, 明而動, 晦而休, 無日以怠. 王后親織玄紞, 公侯之夫人加之以紘・綖, 卿之內子爲大帶, 命婦成祭服, 列士之妻加之以朝服, 自庶士以下, 皆衣其夫. 社則賦事, 蒸而獻功, 男女效績, 愆則有辟, 古之制也. 君子勞心, 小人勞力, 先王之訓也. 自上以下, 誰敢淫心舍力? 今我, 寡也, 爾又在下位, 朝夕處事, 猶恐忘先人之業. 況有怠惰, 其何以避辟! 吾冀而朝夕修我曰:『必無廢先人.』爾今曰:『胡不自安.』以是承君之官, 余懼穆伯之絕嗣也.」仲尼聞之曰:「弟子志之, 季氏之婦不淫矣.」

公父文伯之母, 季康子之從祖叔母也. 康子往焉, 闈門與之言, 皆不踰閾. 祭悼子, 康子與焉, 酢不受, 徹俎不宴, 宗不具不繹, 繹不盡飫則退. 仲尼聞之, 以爲別於男女之禮矣.

公父文伯之母欲室文伯, 饗其宗老, 而爲賦〈綠衣〉之三章. 老請守龜卜室之族. 師亥聞之曰:「善哉! 男女之饗, 不及宗臣; 宗室之謀, 不過宗人. 謀而不犯, 微而昭矣. 詩所以合意, 歌所以詠詩也. 今詩以合室, 歌以詠之, 度於法矣.」

公父文伯卒, 其母戒其妾曰:「吾聞之: 好內, 女死之; 好外, 士死之. 今吾子夭死, 吾惡其以好內聞也. 二三婦之辱共先者祀, 請無瘠色, 無洵涕, 無搯膺, 無憂容, 有降服, 無加服. 從禮而靜, 是昭吾子也.」仲尼聞之曰:「女知莫若婦, 男知莫若夫. 公父氏之婦智也夫! 欲明其子之令德.」

公父文伯之母朝哭穆伯, 而暮哭文伯. 仲尼聞之曰:「季氏之婦可謂知禮矣. 愛而無私, 上下有章.」

6. 《戰國策》趙策(三)

王曰:「雖然, 試言公之私.」樓緩曰:「王亦聞夫公甫文伯母乎? 公甫文伯官於魯,病死. 婦人爲之自殺於房中者二八. 其母聞之, 不肯哭也. 相室曰:「焉有子死而不哭者乎?」其母曰:「孔子, 賢人也, 逐於魯, 是人不隨. 今死, 而婦人爲死者十六人. 若是者, 其於長者薄, 而於婦人厚!」故從母言之, 之爲賢母也; 從婦言之, 必不免爲妬婦也. 故其言一也, 言者異, 則人心變矣.」

7.《史記》虞卿列傳

王曰:「雖然, 試言公之私.」樓緩對曰:「王亦聞夫公甫文伯母乎? 公甫文伯仕於魯, 病死. 女子爲自殺於房中者二人. 其母聞之, 弗哭也. 其相室曰:「焉有子死而弗哭者乎?」其母曰:「孔子, 賢人也, 逐於魯, 是人不隨也. 今死, 而婦人爲死者二人. 若是者, 必其於長者薄, 而於婦人厚也!」故從母言之, 是爲賢母; 從婦言之, 是必不免爲妬婦也. 故其言一也, 言者異, 則人心變矣.」

8.《韓詩外傳》卷一

魯公甫文伯死, 其母不哭也. 季孫聞之, 曰:「公甫文伯之母, 貞女也. 子死不哭, 必有方矣.」使人問焉. 對曰:「昔, 是子也, 吾使之事仲尼. 仲尼去魯, 送之, 不出魯郊, 贈之, 不與家珍. 病, 不見士之視者; 死, 不見士之流淚者; 死之日, 宮女繚絰而從者, 十人. 此不足於士, 而有餘於婦人也. 吾是以不哭也.」詩曰:「乃如之人兮, 德音無良.」

9.《新序》善謀篇

王曰:「雖然, 試言公之私.」 樓緩對曰:「亦聞夫公父文伯母乎? 公父文伯仕於魯, 病死, 女子爲自殺於房中者二人, 其母聞之, 不肯哭也. 其相室曰:「焉有子死而不哭者乎?」其母曰:「孔子, 賢人也, 逐於魯, 而是人不隨也. 今死而婦人爲自殺者二人, 若是者必其於長者薄, 而於婦人厚也.」故從母言, 是爲賢母, 從妻言, 是必不免爲妬婦. 故其言一也, 言者異則人心變矣.」

10.《孔叢子》卷上 記義篇

公父文伯死, 室人有從死者, 其母怒而不哭. 相室諫之, 其母曰:「孔子, 天下之賢人也, 不用于魯退而去, 是子素宗之而不能隨. 今死而內人從死者二人焉, 若此于長者薄, 于婦人厚也.」旣而夫子聞之曰:「季氏之婦尙賢哉!」子路愀然對曰:「夫子亦好人之譽己乎? 夫子死而不哭, 是不慈也, 何善爾?」子曰:「怒其子之不能隨賢, 所以爲尙賢者, 吾何有焉其亦善此而已矣?」

11.《蒙求》卷上 文伯羞鼈

魯語曰: 公父文伯, 飲南宮敬叔酒, 以露睹父爲客, 羞鼈小焉. 睹父怒, 相延食鼈,辭曰:「將使鼈長而後食之.」遂出. 文伯之母聞之怒曰:「吾聞之先子曰:『祭養尸,饗養上賓.』鼈於何有, 而使夫人怒也?」遂逐之. 五日魯大夫辭而復之.

12.《蒙求》卷下 敬美猶績

古列女傳: 魯季敬姜莒女也, 號戴己. 魯大夫公父穆伯妻, 文伯之母. 博達知禮. 文伯退朝, 朝敬姜. 敬姜方績, 文伯曰:「以歜之家而主猶績, 懼干季孫之怒. 其以歜爲不能事主乎!」敬姜歎曰:「魯其亡乎? 使僮子備官, 而未之聞邪. 昔聖王處民, 男女效績. 否則有辟, 古制也.」又出魯語.

13.《太平御覽》826

文伯相魯, 敬姜謂之曰:「吾語汝, 治國之要, 盡在經耳. 夫幅者, 所以正枉也, 不可不强. 故幅可以爲將, 畫者, 所以均不均不服也. 故畫可以爲正. 物者, 所以治蕪與莫, 莫也, 故物可以爲都大夫. 持交而不失. 出入不絶者悃也, 以爲大行人也. 推而往引而來者綜也, 綜可以爲關內之師. 主多少之數者均也, 均可爲内史. 服重任, 行遠道, 正直而固者軸也, 軸可以爲相. 舒而無窮者摘, 摘可而爲三公.」文伯載拜受教.

14.《文選》(58) 齊敬皇后哀策文 注

列女傳: 敬姜曰:「皇后親蠶玄紞, 公侯夫人加之以紘綖.」

15. 기타 참고자료

《禮記》檀弓(下)·《太平御覽》441·《孔子家語》曲禮子夏問

女人圖

초나라 자발의 어머니

초楚나라 장수 자발子發의 어머니이다.

　자발이 진秦나라를 공격하던 중에 군량이 떨어졌다. 자발은 사람을 왕에게 보내어 구원을 청하게 하고, 돌아오는 길에 자신의 어머니에게 안부를 여쭙도록 하였다. 자발의 어머니가 심부름 온 자에게 물었다.

　"사졸들은 아무 탈이 없는가?"

　심부름꾼이 말하였다.

　"사졸들은 콩을 섞은 거친 현미밥을 나누어 먹고 있습니다."

초자발모(楚子發母)

어머니가 다시 물었다.

　"장군은 아무 탈이 없는가?"

　심부름꾼이 대답하였다.

　"장군께서는 아침저녁으로 고기와 잘 찧은 쌀밥을 먹습니다."

　뒤에 자발이 진나라를 격파하고 돌아오자, 어머니는 문을 굳게 닫고 아들을 집 안으로 받아들이지 않았다. 그러고는 사람을 시켜 이렇게 꾸짖었다.

　"너는 듣지 못하였느냐? '월왕越王 구천句踐이 오吳나라를 칠 때의 이야기를. 어떤 객이 독한 술 한 그릇을 헌납하자, 월왕은 사람을 시켜 강의 상류에 이 술을 붓도록 하고 하류에서 병사들이 그 물을 마시게 하였다. 당연히 술맛이 날 리는 없었지만 사졸들은 그로 인하여 전투에서 다섯 배의 힘을 발휘하였다. 또 어느 날, 어떤 이가 한 자루의 말린 밥을 헌납해 오자 왕은 이를 군사에게 나누어 먹여 주었다. 달콤한 밥맛이야 목구멍도 넘기지 못할 양이었지만 전투에서 열 배의 힘을 발휘하였다. 지금 너는 장수가 되어 사졸들은 콩을 넣은 거친 현미밥을 나누어 먹고 있는데, 너는 아침저녁으로 고기와 잘 찧은 쌀밥을 먹고 있었다니 어찌 된 일이냐? 《시詩》에서 이르지 않았더냐? '즐거움을 누리느라 황폐함에 빠지지 않으면 어진 사람들이 편안하도다'라 한 것을. 이것은 화합을 잃지 말라는 뜻이다. 무릇 사람을 죽음으로 몰아넣고, 자신은 그 위에서 편안함을 즐겼다는 것은 비록 승리를 거두었다고는 하나 그 통솔 방법은 잘못된 것이었다. 너는 내 자식이 아니다. 내 집에 들어올 수 없다!"

자발은 이에 어머니에게 사죄하고 나서야 집 안으로 들어갈 수 있었다.

군자가 말하였다.

"자발의 어머니는 능히 가르침을 가지고 자식을 깨우쳤다."

《시詩》에 "너의 자식들을 가르치고 깨우쳐라. 그리하여 선하게 만들어라"라 하였으니 이를 두고 한 말이다.

송頌:
"자발의 어머니 자식의 교만함을 나무랐네.
장군은 잘 찧은 곡식인데 사졸은 콩과 거친 밥을 먹었으니,
예가 없이는 사람을 얻을 수 없음을 책망하였네.
군자가 이를 아름답게 여겨 모덕母德에 이를 기록하여 주었네."

楚將子發之母也. 子發攻秦, 絶糧.

使人請於王, 困歸問其母, 母問使者曰:「士卒得無恙乎?」

對曰:「士卒幷分菽粒而食之.」

又問:「將軍得無恙乎?」

對曰:「將軍朝夕芻豢黍粱.」

子發破秦而歸, 其母閉門而不內.

使人數之曰:「子不聞越王句踐之伐吳耶? 客有獻醇酒一器者, 王使人注江之上流, 使士卒飮其下流, 味不及加美, 而士卒戰自五也. 異日, 有獻一囊糗糒者, 王又以賜軍士分而食之; 甘不踰嗌, 而戰自十也. 今子爲將, 士卒幷分菽粒而食之, 子獨朝夕芻豢黍粱, 何也? 詩不云乎:『好樂無荒, 良士休休.』言不失和也. 夫使人入於死地, 而自康樂於其上, 雖有以得勝, 非其術也. 子非吾子也, 無入吾門!」

子發於是謝其母, 然後內之.

君子謂:「子發母能以敎誨.」

詩云:『敎誨爾子, 式穀似之.』此之謂也.

頌曰:『子發之母, 刺子驕泰,
　　　　將軍稻粱, 士卒菽粒.
　　　　責以無禮, 不得人力.
　　　　君子嘉焉, 編於母德.』

【楚】미(芈)성. 熊繹이 봉을 받아 국호를 楚라 하였으며, 丹陽(지금의 湖北 秭歸縣)
에 도읍하였다가 뒤에 郢(지금의 湖北 江陵 서북 紀南城)으로 옮겼음. 춘추시대
莊王(B.C.613~591년까지 23년간 재위)이 春秋五霸의 패자가 되었으며, 전국시대

七雄의 반열에 올라 남쪽의 대국으로 자리를 잡았음. 秦始皇의 천하 통일 때 멸망함.

【子發】楚 宣王 때의 장수.

【王】전국시대 楚 宣王을 가리킴. B.C.369~340 재위.

【恙】병이나 재앙 우려 등을 뜻함.

【芻豢黍粱】‘芻’는 소나 말이 먹는 좋은 풀. ‘豢’은 개나 돼지가 먹는 좋은 먹이를 뜻하며 전의되어 아주 좋은 음식을 말함. ‘黍粱’은 조와 고량.

【句踐】勾踐으로도 표기하며 춘추시대 越나라 군주. 吳王 夫差와 격렬한 투쟁으로 臥薪嘗膽 등 많은 고사를 남겼으며 결국 승리하여 당시 패자가 되었음.

【往】‘注’자의 오기로 봄. 한편 상류에 술을 부어 병사들을 배려한 고사는 원래 《黃石公記》에 실려 있으며 《幼學瓊林》에 飮食篇에 “畢卓爲吏部而盜酒, 逸興太豪; 越王愛士卒而投醪, 戰氣百倍”라 하였음.

【糗糒】‘糗’는 쌀을 볶아 만든 것. 糒는 말린 밥.

【好樂無荒】《詩經》唐風 蟋蟀의 구절.

【死地】戰場을 뜻함.

【敎誨爾子】《詩經》小雅 小宛의 구절.

참고 및 관련 자료

1. 《詩經》唐風 蟋蟀

蟋蟀在堂, 歲聿其莫. 今我不樂, 日月其除. 無已大康, 職思其居. 好樂無荒, 良士瞿瞿. 蟋蟀在堂, 歲聿其逝. 今我不樂, 日月其邁. 無已大康, 職思其外. 好樂無荒, 良士蹶蹶. 蟋蟀在堂, 役車其休. 今我不樂, 日月其慆. 無已大康, 職思其憂. 好樂無荒, 良士休休.

2. 《詩經》小雅 小宛

宛彼鳴鳩, 翰飛戾天. 我心憂傷, 念昔先人. 明發不寐, 有懷二人. 人之齊聖, 飮酒溫克. 彼昏不知, 壹醉日富. 各敬爾儀, 天命不又. 中原有菽, 庶民采之. 螟蛉有子, 蜾蠃負之. 敎誨爾子, 式穀似之. 題彼脊令, 載飛載鳴. 我日斯邁, 而月斯征. 夙興夜寐, 無忝爾所生. 交交桑扈, 率場啄粟. 哀我塡寡, 宜岸宜獄. 握粟出卜, 自何能穀. 溫溫恭人, 如集于木. 惴惴小心, 如臨于谷. 戰戰兢兢, 如履薄冰.

3. 《三略》(黃石公記) 上略

夫將帥者, 必與士卒同滋味而共安危. 敵乃可加, 敵兵有全勝, 敵有全因. 昔者, 良將
之用兵, 有饋簞醪者, 使投諸河, 與士卒同流而飲. 夫一簞之醪, 不能味一河之水,
而三軍之士思爲致死者, 以滋味之及己也.

4. 《藝文類聚》卷59

列女傳曰: 楚子反攻秦軍, 絕糧. 使人請於王, 因問其母, 母問使者曰:「士卒無
恙乎?」使者曰:「士卒分菽粒而食之.」又問:「將軍無恙乎?」對曰:「將軍朝夕芻豢
黍粱.」子反破秦軍而歸, 母閉門不內. 使數之曰:「子不聞越王句踐之伐吳耶? 客有
獻醇酒一器者, 王使人注上流, 使士卒飲下流, 味不加喙而卒戰自五也; 異日又有獻
一囊糧者, 王又使以賜軍士, 分而食之, 甘不踰嗌而戰自十也. 今士卒分菽粒而
食之, 子獨朝夕芻豢何也?」

5. 《文選》(28) 樂府 苦熱行 注

列女傳曰: 楚子發之母謂子發曰:「使人入於死地, 而康樂於上, 雖有以得勝, 非其
術也.」

6. 《蒙求》卷上 勾踐投醪

古列女傳: 楚子發攻秦, 軍絕粮. 士卒并分菽粒而食之. 子發朝夕芻豢黍粱, 大破
秦將而歸. 其母閉門而不內, 使人數之曰:「子下聞越王勾踐之伐吳乎? 客有獻醇酒
一器者, 王使人注江之上流, 使士卒飲其下流. 味不及加美, 而士卒戰自五也. 異日
有獻一囊糗糒者, 王又以賜軍. 軍士分而食之. 其不足踰嗌而戰自十也. 今子爲將,
士卒并分菽粒, 子獨芻豢黍粱何乎? 子非吾子, 無入吾門.」子發謝其母, 然後內之.

011(1-11) 鄒孟軻母
맹자의 어머니

추鄒나라 맹가孟軻의 어머니이며 호를 맹모孟母라 하였다.

집이 묘지 근처에 있었는데 맹자가 어려서 묘지에서 일어나는 일을 흉내내는 것으로 놀이삼아 즐기고 있었다. 즉 슬퍼 발을 구르며 무덤을 만들어 매장하는 것이었다.

맹자의 어머니가 이렇게 말하였다.

"이곳은 내가 자식을 위해 거처할 수 있는 곳은 아니로다."

그리고 그곳을 떠나 시장 근처에 집을 정하였다. 그랬더니 이번에는 상인들이 물건을 팔며 값을 자랑하는 일들을 놀이로 삼는 것이었다.

맹자의 어머니는 다시 이렇게 말하였다.

"이 곳도 내가 자식을 키우기 위해 거처할 만한 곳은 아니다."

그리고 다시 학교 근처로 이사를 하여 자리를 잡았다. 그곳에서 맹자는 제기祭器를 차리는 일과 읍하고 양보하며 나아가고 물러나는 의식을 흉내내며 놀이로 삼는 것이었다.

추맹가모(鄒孟軻母)

맹자의 어머니는 이렇게 말하였다.

"여기야말로 우리 아들을 키울 만한 곳이구나."

그리고 드디어 그곳을 정하여 살았다.

맹자는 성장하여 군자가 갖춰야 할 육예六藝를 익혀 마침내 대유大儒의 명성을 이루게 되었다.

군자가 말하였다.

"맹자의 어머니는 환경에 따라 교화되는 것을 잘 활용하였다."

《시詩》에 "저 훌륭하신 분이시여, 내가 무엇을 주는 것이 가장 좋을까"라 하였으니 이를 두고 한 말이다.

맹자는 어릴 때 배우다 말고 집으로 돌아왔다. 어머니는 베를 짜고 있다가 이렇게 물었다.

"학문이 어디까지 이르렀느냐?"

맹자가 말하였다.

"원래대로 그저 그렇습니다."

맹자의 어머니는 칼로 짜고 있던 베를 잘라 버렸다. 맹자가 두려워 그 까닭을 여쭙자 어머니가 말하였다.

"네가 학문을 그만둔 것은 내가 이 베를 짜다 말고 중간에서 잘라 버린 것과 같다. 무릇 군자란 배움을 가지고 이름을 세우고, 묻는 것으로써 지식을 넓혀야 한다. 이렇게 함으로써 평소에는 편안하고 움직이면 손해를 멀리할 수 있는 것이다. 지금 학문을 폐기한다면 마구간의 노예와 같은 신분을 면할 수 없으며, 재앙과 환난에서 벗어날 수가 없게 된다. 베 짜는 일로 먹고살면서 중도에 그만두고 이 일을 하지 않는 것과 다르겠느냐? 그렇게 되면 어찌 능히 남편과 자식을 입힐 것이며, 어떻게 오래도록 양식이 떨어지지 않도록 할 수 있겠느냐? 여자이면서 먹을 것을 폐기하고 남자이면서 덕을 닦는 일에 게으름을 피운다면, 도둑이 되지 않으면 남의 부림을 받는 포로가 될 수밖에 다른 도리가 없느니라."

이에 맹자가 두렵게 여겨 아침저녁으로 학문에 힘써 쉬지 않았다. 맹자는 자사子思에게 배워 드디어 천하의 명유名儒로 성공하게 되었다.

군자가 말하였다.

"맹자의 어머니는 어머니로서의 도리를 알았다."

《시詩》에 "저 훌륭하신 분이시여, 내가 무엇을 주어 일러 주리오"라 하였으니 이를 두고 한 말이다.

맹자가 이미 장가를 든 후의 일이다. 맹자가 자신 부부의 방에 들어갔더니 그 아내가 웃옷을 벗고 그 안에 있었다. 맹자는 이를 불쾌히 여겨 돌아서서 다시 들어가지 않았다.

부인은 맹자의 어머니에게 이를 알리고 자신은 돌아가겠다고 요구하면서 이렇게 말하였다.

"제가 듣기로 부부의 도는 사사로운 우리들만의 방 안에서는 그에 포함되지 않는다 하더이다. 지금 제가 방 안에 홀로 있으면서 잠깐 그 예를 갖추고 있지 않았다고 하여 남편이 이를 보고 발연히 불쾌히 여겼으니, 이는 저를 손님으로 여긴 것입니다. 여자의 도리는 손님의 방에는 머무르지 않는 것이니 청컨대 저의 부모가 계신 곳으로 돌려보내 주십시오."

이에 맹자의 어머니는 맹자를 불러 이렇게 일렀다.

"무릇 예禮에는 '장차 문을 들어설 때는 안에 누가 계신가를 물어야 한다'라 하였

〈孟母斷機圖〉 清 康濤(畫)

는데 이는 경의를 표하기 위함이다. 또 '마루에 오르면서는 인기척을 크게 내어야 한다'라 한 것은 안에 있는 사람이 맞을 준비를 경계토록 하기 위함이다. 그리고 '방에 들어설 때는 반드시 눈길을 아래로 해야 한다'라 한 것은 안에 있던 사람의 허물을 볼까 두려워해서이다. 지금 너는 예를 잘 살피지 못하였으면서, 오히려 남에게 예를 갖추지 않았다고 책망하는 것이니 이 역시 예에서 먼 것이 아니겠느냐?"

맹자는 부인에게 사과하며 드디어 그 부인을 머물도록 하였다.

군자가 말하였다.

"맹자 어머니는 예를 알뿐더러 시어머니와 며느리의 도에 밝았다."

맹자가 제나라에 있을 때 얼굴에 근심스러워하는 기색이 있었다. 맹자 어머니가 이를 보고 물었다.

"너의 얼굴에 근심이 있는 것 같은데 무슨 일이냐?"

맹자가 말하였다.

"아무것도 아닙니다."

그런 후 어느 날 한가한 날인데 맹자가 기둥을 안고 탄식을 하는 것이었다. 맹자의 어머니가 이를 보고 물었다.

"전에 네 얼굴에 근심이 있는 것 같았는데 아무것도 아니라고 하였다. 지금 기둥을 안고 탄식하는 까닭은 무엇이냐?"

맹자가 대답하였다.

"제가 듣기로는 군자는 자신의 능력에 맞는 직위에 나아가되 구차하게 얻어 상을 받지는 않으며, 영광스러운 봉록은 탐하지 않으며, 제후가 자신의 말을 들어 주지 않으면 더 좋은 이야기는 하지 않으며, 듣긴 하되 써 주지 않으면 그 조정에는 발을 들여 놓지 않는다고 하더이다. 지금 저의 도가 제나라에서는 쓰여지지 않아 떠나고자 합니다만, 어머니께서 연로하시니 이 때문에 근심스러운 빛을 띤 것입니다."

그러자 맹자의 어머니가 말하였다.

"무릇 부인의 예란 하루 다섯 번의 먹을거리를 정성스럽게 하는 일, 술이나 장을 담궈 덮개 씌우는 일, 시부모를 봉양하고 또 옷 짓는 일 정도일 따름이다. 그러므로 집 안에서의 일만을 열심히 할 뿐 집 밖에서의 일에 관여하지 않는다. 《역易》에 '집 안의 음식을 준비하는 일만을 놓치지 않도록 하라'라 하였고, 《시詩》에는 '예의를 그르치는 일이 있어서는 안 되나니, 술 담그고 밥 짓는 일이 바로 그것일세'라 하였으니 이것은 부인은 자신의 뜻대로 일을 해서는 안 되며, 삼종三從의 도가 있을 뿐임을 말한 것이다. 그러므로 어려서는 부모를 따르고, 출가해서는 남편을 따르며, 남편이 죽으면 자식을 따르는 것이 예이다. 지금 너는 다 큰 어른이며 나는 늙었다. 너는 너의 뜻대로 행하고, 나는 나의 예대로 행하면 되느니라."

군자가 말하였다.

"맹자의 어머니는 부인으로서의 도를 알았다."

《시》에 "온화한 얼굴빛에 웃음 띤 모습, 게다가 화내는 일 없이 잘도 가르쳐 주시네"라 하였으니 이를 두고 한 말이다."

송頌:

"맹자의 어머니는 가르침을 나누어 마련해 주었네.
육예六藝에 처하도록 택하여 대륜大倫을 따르도록 하였네.
아들의 학문에 진보가 없음에 짜던 베 끊어 보여 주었네.
그 아들이 드디어 덕을 이루어 당세의 으뜸가는 학자가 되었다네."

鄒孟軻之母也, 號孟母. 其舍近墓, 孟子之小也, 嬉遊爲墓間之事: 踴躍築埋.

孟母曰:「此非吾所以居處子也.」

乃去, 舍市傍, 其嬉戲爲賈人衒賣之事.

孟母又曰:「此非吾所以居處子也.」

復徙舍學宮之傍, 其嬉遊乃設俎豆揖讓進退.

孟母斷機 및 孟母三遷之教 기념비, 山東

孟母曰:「眞可以居吾子矣.」

遂居之.

及孟子長, 學六藝, 卒成大儒之名.

君子謂:「孟母善以漸化.」

詩云:『彼姝者子, 何以予之?』此之謂也.

孟子之小也, 旣學而歸, 孟母方績, 問曰:「學何所至矣?」

孟子曰:「自若也.」

孟母以刀斷其織. 孟子懼而問其故. 孟母曰:「子之廢學, 若吾斷斯織也. 夫君子學以立名, 問則廣知, 是以居則安寧, 動則遠害. 今而廢之, 是不免於廝役, 而無以離於禍患也. 何以異於織績而食, 中道廢而不爲? 寧能衣其夫子, 而長不乏糧食哉? 女則廢其所食, 男則墮於修德, 不爲竊盜, 則爲虜役矣.」

孟子懼, 旦夕勤學不息, 師事子思, 遂成天下之名儒.

君子謂:「孟母知爲人母之道矣.」

詩云:『彼妹者子, 何以告之?』此之謂也.

孟子旣娶, 將入私室, 其婦袒而在內, 孟子不悅, 遂去不入.

婦辭孟母而求去, 曰:「妾聞夫婦之道, 私室不與焉. 今者妾竊墮在室, 而夫子見妾, 勃然不悅, 是客妾也. 婦人之義, 蓋不客宿, 請歸父母.」

於是孟母召孟子而謂之曰:「夫禮:『將入門, 問孰存?』所以致敬也.『將上堂, 聲必揚.』所以戒人也.『將入戶, 視必下.』恐見人過也. 今子不察於禮, 而責禮於人, 不亦遠乎?」

孟子謝, 遂留其婦.

君子謂:「孟母知禮而明於姑母之道.」

孟子處齊而有憂色.

孟母見之曰:「子若有憂色, 何也?」

孟子曰:「不敏.」

異日閒居, 擁楹而歎.

孟母見之曰:「鄉見子有憂色, 曰不也. 今擁楹而歎, 何也?」

孟子對曰:「軻聞之: 君子稱身而就位, 不爲苟得而受賞, 不貪榮祿. 諸侯不廳, 則不達其上; 聽而不用, 則不踐其朝. 今道不用於齊, 願行而母老, 是以憂也.」

孟母曰:「夫婦人之禮: 精五飯, 羃酒漿, 養舅姑, 縫衣裳而己矣. 故有閨內之脩而無境外之志. 易曰:『在中饋, 无攸遂.』詩曰:『無非無儀, 惟酒食是議.』以言婦人無擅制之義, 而有三從之道也. 故年少則從乎父母, 出嫁則從乎夫, 夫死則從乎子, 禮也. 今子成人也, 而我老矣. 子行乎子義, 吾行乎吾禮.」

君子謂:「孟母知婦道.」
詩云:『載色載笑, 匪怒伊教.』此之謂也.

頌曰:『孟子之母, 教化列分.
　　　處子擇藝, 使從大倫.
　　　子學不進, 斷機示焉.
　　　子遂成德, 爲當世冠.』

【鄒】'騶'로도 표기하며 曹姓으로 顓頊의 후예를 봉한 곳. 지금의 山東 鄒縣.
【孟軻】孟子. 이름은 軻. 전국시대 사상가이며 孔子의 뒤를 이어 儒家를 선양하였고 性善說을 내세웠으며 王道政治를 주장함. 亞聖으로 불리며《孟子》7편을 남김. 본장에서는 '孟母三遷之敎'와 '孟母斷機', '孟子逐妻', '孟母老矣' 등의 고사를 묶어 싣고 있음.
【孟母】맹자 어머니의 이름은 밝혀져 있지 않으며 그 성은 장(仉)이었다 함.
【賈人】'賈'는 '고'로 읽으며 자리 잡고 장사하는 사람을 뜻함.
【衒賣】'물건을 팔다'의 뜻.
【學宮】지방에 세운 학교를 뜻함. 夏나라 때는 校, 商나라 때는 序. 周나라 때는 庠이라 불렸으며, 漢代에는 學舍·學官·學宮이라 불렸음.
【俎豆】제사를 지내며 예를 차릴 때 갖추는 기구와 그릇들. 전의되어 禮事를 뜻함.《論語》衛靈公篇에 "衛靈公問陳於孔子. 孔子對曰:「俎豆之事, 則嘗聞之矣; 軍旅之事, 未之學也.」明日遂行"이라 함.
【揖讓進退】빈주 사이에 서로 갖추는 여러 가지 의식과 행동들. 예에 관한 일체의 의식을 가리킴.
【六藝】漢나라 때는 經을 藝라 불렀음. 따라서 육예는 六經을 가리킴. 즉《詩》·《書》·《易》·《禮》·《樂》·《春秋》의 儒家 경전.
【彼姝者子】《詩經》鄘風 干旄의 구절. 姝는 '順從'을 뜻함. 아래의 구절도 같은 시구임.
【廝役】마구간에서 노역을 함. 천한 노역을 대표하는 말.

【虜役】노예의 일. 역시 천한 노역을 뜻함.

【私室】사사로운 내실. 아내의 臥房. 부부의 내실.

【袒】겉옷을 벗고 있는 상태를 말함. 어깨나 신체의 일부가 드러나는 옷차림.

【竊墮】자신이 점검을 게을리하였음을 뜻함. '墮'는 '惰'와 같음.

【姑母】시어머니와 며느리. 姑婦.

【不敏】'敏'은 '敢'자의 오기가 아닌가 함. 王照圓의 《補注》에 "據下文, '敏'當作'也', 或作'敢', 字形之誤耳"라 하였다.

【苟得】구차스럽게 얻으려 함. 《禮記》 曲禮에 "臨財無苟得"이라 함.

【五飯】오곡(稻·麥·黍·稷·菽)으로 만든 밥.

【冪】술을 발효시키기 위하여 천이나 이불 따위를 덮음.

【在中饋】《周易》家人의 구절. 《周易正義》에 '無攸遂, 在中饋'라 하였으며 '中饋'는 집에서 여자들이 하는 밥 짓는 일을 뜻함. '遂'는 墜자와 같으며 '無攸遂'는 '실패하는 일이 없도록 하라'는 뜻.

【無非無儀】《詩經》魯頌 斯干의 구절.

【擅制】마구 독단으로 전횡을 부림.

【載色載笑】《詩經》魯頌 泮水의 구절.

참고 및 관련 자료

1. 《詩經》 鄘風 干旄

孑孑干旄, 在浚之郊. 素絲紕之, 良馬四之. 彼姝者子, 何以畀之. 孑孑干旟, 在浚之都. 素絲組之, 良馬五之. 彼姝者子, 何以予之. 孑孑干旌, 在浚之城. 素絲祝之, 良馬六之. 彼姝者子, 何以告之.

2. 《詩經》 周南 螽斯

螽斯羽, 詵詵兮. 宜爾子孫, 振振兮. 螽斯羽, 薨薨兮. 宜爾子孫, 繩繩兮. 螽斯羽, 揖揖兮. 宜爾子孫, 蟄蟄兮.

3. 《韓詩外傳》 卷九

孟子少時誦, 其母方織. 孟輟然中止, 乃復進. 其母知其誼也, 呼而問之曰:「何爲中止?」對曰:「有所失復得.」其母引刀裂其織, 以此誡之. 自是之後, 孟子不復誼矣. 孟子少時, 東家殺豚. 孟子問其母曰:「東家殺豚, 何以爲?」母曰:「欲啖汝.」其母自悔而言曰:「吾懷妊是子, 席不正, 不坐; 割不正, 不食; 胎敎之也. 今適有知而欺之, 是教之不信也.」乃買東家豚肉以食之, 明不欺也. 詩曰:『宜爾子孫, 繩繩兮.』言賢母使子賢也.

4.《韓詩外傳》卷九

孟子妻獨居, 踞, 孟子入戶視之. 白其母, 曰:「婦無禮, 請去之.」母曰:「何也?」曰:「踞.」其母曰:「何知之?」孟子曰:「我親見.」母曰:「乃汝無禮也, 非婦無禮. 禮不云乎?『將入門, 問孰存; 將上堂, 聲必楊; 將入戶, 視必下.』不掩人不備也. 今汝獨往燕私之處, 入戶不有聲, 令人踞而視之, 是汝之無禮也. 非婦無禮也.」於是孟子自責, 不敢去婦. 詩曰:『采葑采菲, 無以下體?』

5.《藝文類聚》94

韓詩外傳曰: 孟子少時, 東家嘗殺猪, 孟子問其母曰:「東家殺猪, 何以爲?」其母曰:「欲啖汝.」其母悔失言曰:「吾懷妊是子, 席不正, 不坐; 割不正, 不食; 胎敎之也. 今適有知而欺之, 是教之不信也.」乃買東家猪肉以食之, 明不欺也.

6.《韓非子》外儲說左上(曾子의 일화로 되어 있음)

曾子之妻之市, 其子隨之而泣. 其母曰:「女還, 顧反爲女殺彘.」妻適市來, 曾子欲捕彘殺之. 妻止之曰:「特與嬰兒戲耳.」曾子曰:「嬰兒非與戲也. 嬰兒非有知也, 待父母而學者也, 聽父母之教. 今子欺之, 是教子欺也. 母欺子, 子而不信其母, 非以成教也.」遂烹彘也.

7.《蒙求》卷上 軻親斷機

古列女傳: 鄒孟軻母, 其舍近墓. 孟子少嬉遊, 爲墓間之事. 孟母曰:「此非吾所以居處子也.」乃去, 舍市傍. 其嬉戲乃賈人衒賣之事. 又曰:「此非吾所以居處子也.」復徙舍學官之旁. 其嬉戲乃設俎豆, 揖讓進退. 孟母曰:「眞可以居吾子矣.」遂居. 及孟子旣學而歸, 孟母問學所至. 孟子曰:「自若也.」孟母以刀斷斯織曰:「子之廢學, 若吾斷斯織也.」孟子懼, 旦夕勤學不息, 師事子思, 遂成名儒. 君子謂, 孟母知爲人母之道.

8.《幼學瓊林》老壽幼誕篇

「列俎豆而習禮儀, 孟氏沖年乃爾; 執干戈以衛社稷, 汪錡小子能然.」

9.《文選》(11) 景福殿賦 注

孟軻母者, 卽孟子母也, 號曰孟母. 其舍近墓. 孟子之少也, 嬉戲爲墓間之事, 踊躍築埋. 孟母曰:「此非所以居處子也.」乃去. 舍市傍, 其子嬉戲爲賈. 又曰:「此非所以居處子也.」乃舍學宮之傍. 其子遊戲, 乃設俎豆, 揖讓進退. 曰:「此可以居子.」遂居. 及孟子長, 學六藝, 卒成大儒. 故將廣智, 必先多聞.

10. 《文選》(16) 閑居賦 注

列女傳曰: 孟母舍近墓, 孟子嬉戲爲墓間之事. 孟母曰:「此非所以居子處也.」乃去, 舍市旁, 其子嬉戲爲賈衒. 孟母又曰:「此非所以居子處也.」乃舍學宮之旁, 其子嬉戲乃設俎豆, 進退揖讓. 孟母曰:「此眞可以居子矣.」遂居之. 及孟子長, 學六藝, 卒成大儒.

11. 《太平御覽》829

列女傳曰: 孟子之小也, 旣學而歸, 孟母方績, 問曰:「學何所至矣?」子曰:「自若也.」母以刀斷其織. 子懼而問其故. 母曰:「子之廢學, 若吾斷斯織也. 夫君子學以立名, 問則廣知, 是以居則安寧, 動則遠害. 今而廢之, 則是不免於廝役, 而無以離於患禍. 何以異於織績而食, 中道廢而不爲? 豈能衣其夫子, 而長不乏糧食哉?」孟子懼, 旦夕勤學不息.

12. 기타 참고자료

《孟子外書》性善辨・《合璧事類》前集 31・《事文類聚》後集 6・《類說》38・《說郛》7

노나라 아홉 아들을 기른 어머니

　　모사母師는 노魯나라에 아홉 아들을 거느리고 산 과부 어머니이다.
　　납일臘日이 되어 한가한 날에 제사를 지내게 되었는데, 제사를 마치자
그는 아들들을 모두 불러 놓고 이렇게 말하였다.

　　"부인으로서 도의란 큰 일이 없는 한 그 시집을 떠날 수 없다. 그러나
나의 친정 부모 집에는 어린것들이 많고 해마다 제사도 제대로 챙기지
못하고 있다. 나는 너희들과 함께 가서 그들을 살폈으면 한다."

　　여러 아들들이 머리를 조아리며
허락하였다. 이에 그는 다시 여러
며느리들을 불러 놓고 이렇게 말
하였다.

　　"부인으로서는 삼종三從의 예가
있으며 제 마음대로 행동할 수 있
는 것이란 없다. 즉 어려서는 부모
에게 매여 있는 것이며 자라서는
남편에게 매여 있는 것이며, 늙어
서는 아들에게 매여 있는 것이다.
지금 아들들은 내가 친정으로 가
서 제사에 참석하는 것을 허락하
였다. 비록 정식의 예를 넘어선 것
이긴 하나 막내아들과 함께 가서

노지모사(魯之母師)

부인으로서의 출입에 걸맞은 법도를 갖추고자 한다. 여러 며느리들은 방문지키기를 신중히 하여라. 나는 저녁에 돌아올 것이다."

이에 막내아들로 하여금 수레를 몰게 하여 친정으로 가서 일을 보았다. 날씨가 흐려 서둘러 돌아오다 보니 예상보다 빨리 돌아오게 되었다. 이에 어머니는 동구 밖까지 와 머물렀다가 저녁이 되기를 기다려 집에 들어갔다.

노나라 대부가 누대 위에서 이를 보고 괴이히 여겨 사람을 시켜 그의 거처를 엿보게 하였더니 예절이 심히 잘 닦여져 있었고 집안 일도 아주 잘 다스려지고 있었다. 심부름을 맡은 자가 돌아와 그 상황을 보고하자 이에 대부는 어머니를 불러 이렇게 물었다.

"하룻만에 북방에서 급히 와 마을 어귀에 이르렀는데 한참 지체 하다가 저녁이 되어서야 들어갔습니다. 나는 그 까닭을 알 수 없어 매우 괴이히 여겼습니다. 이 때문에 묻는 것입니다."

그 어머니가 대답하였다.

"저는 불행하여 일찍 남편을 여의고 혼자서 아홉 아들을 거느리며 살고 있습니다. 납일에 제사가 끝나고 틈이 나서 여러 아들들에게 나의 친정에 다녀오기를 허락받고 여러 며느리와 어린 손자들에게는 저녁에 돌아오겠다고 약속하였습니다. 저는 그들이 서로 각출하여 술을 차려 놓고 마시며 취해 있을지도 모른다고 걱정하였던 것입니다. 이러한 사정은 있을 수 있는 것인데, 제가 너무 일찍 돌아왔고 그렇다고 감히 다시 친정으로 갔다가 올 수도 없어 그 때문에 동구 밖에 멈추었 다가 약속 시간이 다 되자 들어간 것입니다."

대부는 이를 훌륭하다고 여겨 노나라의 목공穆公에게 말하였다. 목공은 그 어머니에게 '모사母師'라 호를 내리고 조정에 나와 부인들을 만나도록 하였다. 그리하여 궁중의 여러 부인들이 모두 그를 스승으로 모셨다.

군자가 말하였다.

"모사는 능히 자신의 몸으로 가르침을 베풀었다."

무릇 예란 부인으로서 출가하기 전에는 부모를 하늘로 삼고, 출가한 후에는 남편을 하늘로 삼는다. 출가한 부인이 친정 부모가 상을 당하면 상복을 한 단계 낮추었던 것은, 두 개의 하늘이 없다는 뜻에서였다. 《시詩》에 "제수濟水 가에서 묵고 예수禰水 가에서 작별하였었지. 여자로서 시집가면 부모 형제와도 멀어지는 것"이라 하였다.

송頌:

"아홉 아들의 어머니 진실로 예의 근본을 알았도다.
친정에 다녀 다시 돌아와서는 인정을 무시하지 않았구나.
덕행이 이미 갖추어지니 마침내 그 영광을 입었네.
노나라 임금이 현명하다 여겨 모사라는 높은 호를 내려주었네."

母師者, 魯九子之寡母也.

臘日, 休作者歲祀禮事畢, 悉召諸子謂曰:「婦人之義, 非有大故, 不出夫家; 然吾父母家多幼稚, 歲時禮不理, 吾從汝謁往監之.」

諸子皆頓首許諾. 又召諸婦曰:「婦人有三從之義, 而無專制之行: 少繫於父母, 長繫於夫, 老繫於子. 今諸子許我歸視私家, 雖踰正禮, 願與少子俱, 以備婦人出入之制. 諸婦其愼房戶之守, 吾夕而反.」

於是使少子僕歸辨家事. 天陰, 還失早, 至閭外而止, 夕而入. 魯大夫從臺上見而怪之, 使人閒視其居處, 禮節甚脩, 家事甚理.

使者還以狀對, 於是大夫召母而問之曰:「一日從北方來, 至閭而止, 良久, 夕乃入, 吾不知其故, 甚怪之, 是以問也.」

母對曰:「妾不幸早失夫, 獨與九子居. 臘日禮畢事閒, 從諸子謁歸視私家, 與諸婦孺子期夕而反, 妾恐其酺醵醉飽, 人情所有也. 妾反太早, 不敢復返, 故止閭外, 期盡而入.」

大夫美之, 言於穆公, 賜母尊號曰母師, 使朝謁夫人, 夫人諸姬皆師之.

君子謂:「母師能以身教.」

夫禮, 婦人未嫁, 則以父母爲天, 嫁則以夫爲天; 其喪父母, 則降服一等, 無二天之義也.

詩云:『出宿於濟, 飮餞於禰, 女子有行, 遠父母兄弟.』

頌曰:『九子之母, 誠知禮經.
　　　謁歸還反, 不揜人情.
　　　德行旣備, 卒蒙其榮.
　　　魯君賢之, 號以尊名.』

【母師】 어머니로서의 典範이 됨을 뜻함.

【臘日】 고대 12월에 온갖 신에게 제사 지내는 날. 夏나라 때는 嘉平이라 하였고, 殷나라 때는 淸祀, 周나라 때는 蠟, 漢나라 때는 臘이라 하였음. 《荊楚歲時記》에 의하면 12월 초 8일을 이날로 삼았음.

【大故】 부모의 상사. 친정에 큰 일이 있어야 시집에서 나와 친정에 갈 수 있음을 말함.

【頓首】 머리를 조아려 예를 표함. 고대 九拜의 하나.

【三從之義】 三從之禮와 같음. 여자는 어려서는 부모를 따르고, 시집가게 되면 지아비를 따르며 늙어서는 자식을 따름.

【私家】 친정집.

【辦】 '辦'과 같음. 일을 처리함.

【閭外】 閭는 고대 25家를 一閭라 하였음.

【酺醵】 서로 모여 술을 醵出하여 잔치를 열고 마심. '포갹'으로 읽음.

【穆公】 魯나라 穆公. 姬顯. 노나라 군주.

【降服一等】 부모 상에 시집가기 전의 딸은 3년의 상복을 입지만, 시집갔을 경우

이를 1년으로 줄임.

【無二天】 딸이 시집갔을 경우 남편을 하늘로 여김을 말함. 《大戴禮記》에 "天無二日, 士無二王, 國無二君, 家無二尊, 以一治之也"라 함.

【出宿於濟】 《詩經》 邶風 泉水의 구절. '濟'는 '泲'로도 표기하며 衛나라 지명. 餞은 餞行, 즉 먼 길을 가는 자를 위하여 떠나보내면서 길에서 제사를 지내고 연회를 베푸는 것. '祖餞'이라고도 하며 고대 黃帝의 아들 유조纍祖가 먼 길을 떠나 도중에 죽자 사람들이 그를 '路神'으로 여겨 길 떠나는 자를 보호해 달라는 뜻으로 제를 올리기 시작한 것에서 유래되었다 함. '禰'는 역시 衛나라 지명.

참고 및 관련 자료

1. 《詩經》 邶風 泉水

毖比泉水, 亦流于淇. 有懷于衛, 靡日不思. 孌彼諸姬, 聊與之謀. 出宿于泲, 飲餞于禰. 女子有行, 遠父母兄弟. 問我諸姑, 遂及伯姊. 出宿于干, 飲餞于言. 載脂載牽, 還車言邁. 遄臻于衛, 不瑕有害. 我思肥泉, 茲之永歎. 斯須與漕, 我心悠悠. 駕言出遊, 以寫我憂.

2. 《文選》(34) 七發 注

列女傳曰: 魯之母師, 九子之寡母也. 不幸早失夫, 獨與九子居.

3. 《藝文類聚》 卷5

列女傳曰: 魯之母師者, 魯九子之寡母也. 臘日, 休家作者, 歲祀禮事畢, 悉召諸子. 謂曰:「婦人之義, 非有大故, 不出夫家. 然吾父母家多幼稚, 歲時禮不理, 吾從汝謁, 往監之.」諸子皆稽首唯諾. 又召諸婦, 曰:「婦人有三從之義. 無專制之行, 少繫於父母. 長繫於夫, 老繫於子. 今諸子許我歸私家, 雖踰婦禮, 願與少子俱, 以備婦人出入之制. 諸婦其愼房戶之守, 吾夕而反.」於是使少子僕而歸.

013(1-13) 魏芒慈母
위나라 망묘의 자애로운 후처

위魏나라 망자모芒慈母는 맹양孟陽씨의 딸로 망묘芒卯의 후처이다. 자모에게는 자신이 낳은 세 아들과 전처의 자식 다섯이 있었다. 전처의 자식들은 새 어머니를 사랑하지 않았다. 자모가 이들을 더욱 특별히 대우하여 주었건만 이들은 그래도 새 어머니를 가까이 하려 하지 않았다. 이에 자모는 세 아들에게 부탁하여 전처 자식과 의복, 음식, 잠자리, 행동에 있어서 똑같이 할 수 없음을 명하여 서로 차이를 아주 멀도록 하였지만 그래도 전처의 자식들은 여전히 그를 좋아하지 않았다.

이에 전처의 가운데 아들이 위 왕의 명령을 어겨 사형에 해당하는 죄를 지었다. 자모는 근심과 슬픔에 잠겨 허리띠가 한 자나 줄어들 정도로 몸이 수척해지고 말았다. 그럼에도 아침저녁으로 부지런히 하여 그 아들의 죄를 용서받아 구해 주고자 하였다.

이에 어떤 사람이 자모에게 이렇게 말하였다.

"그들이 그대 새 어미를 사랑

위망자모(魏芒慈母)

하지 않음이 지극히 심한데, 어찌 그대는 그를 위해 애쓰고 근심함을 이토록 하십니까?"

자모가 대답하였다.

"만약 나의 친자식이라면 비록 나를 사랑하지 않는다 하더라도 나는 그를 재앙에서 구해 내고 해를 입지 않도록 할 것입니다. 그런데 유독 친자식이 아니라는 이유만으로 그렇게 하지 않는다면 무엇으로 보통 어미와 구별할 수 있겠습니까? 그들의 아버지가 홀로 된 그 고아들을 위하여 나를 그들의 계모가 되게 하였습니다. 계모도 역시 어머니입니다. 어미 된 몸으로서 그 자식을 사랑하지 않는다면 어찌 자애롭다고 할 수 있겠습니까? 친자식만 사랑하고 내가 낳은 자식이 아니라 하여 치우치게 행동한다면 의롭다고 할 수 있겠습니까? 자애롭지 못하고 게다가 의롭지도 못하다면 어찌 세상에 들어가 살 수 있겠습니까? 저들이 비록 나를 사랑하지 않는다 해도 내가 어찌 가히 의義라는 것을 잊고 팽개칠 수 있습니까?"

드디어 소송이 벌어지자 위나라 안희왕安釐王이 이를 듣고 그녀의 의로움을 높이 여겨 이렇게 말하였다.

"자모가 이와 같으니 그 자식을 구제해 주지 않을 수 있겠는가?"

이에 그 자식을 사면하고 그 집의 세금과 부역을 면제하여 주었다.

이로부터 다섯 아들은 계모를 존경하고 가까이 하여 하나로 뭉친 듯이 화목하였다. 자모는 바른 도리로써 점차 아들 여덟 명을 모두 잘 이끌어 모두가 위나라의 대부와 경사가 되었고, 각각 예의의 아름다운 명예를 성취하였다.

군자가 말하였다.

"자모는 하나의 마음이었다."

《시詩》에 "뻐꾸기가 뽕나무에 앉았는데 새끼가 일곱이었네. 훌륭한 군자님 그 의표가 한결같네. 그 의표가 하나같으니 마음은 공평하여 하나로세"라 하였으니 이는 마음이 한결같음을 말한 것이다. 뻐꾸기는 한결같은 마음으로 일곱 자식을 기르고, 군자는 한결같은 법도로 만물을 기르는 것이다. 한결같은 마음이면 백 명의 군주를 섬길 수는 있으나, 백 가지 마음이라면 한 분의 군주도 섬길 수 없다고 한 것은 이를 두고 한 말이다.

송頌:

"망묘의 처가 다섯 아들의 계모 되었네.
자애로움과 은혜, 그리고 인의로써 전처의 자식을 부양하였네.
비록 자신을 따르지 않았지만 아끼고 사랑하기를 친자식처럼 하였네.
계모의 덕행이 이와 같으니 진실로 존경할 만한 여인이었네."

魏芒慈母者, 魏孟陽氏之女, 芒卯之後妻也. 有三子, 前妻之子, 有五人, 皆不愛; 慈母遇之甚異, 猶不愛. 慈母乃命其三子不得與前妻子齊衣服飮食, 起居進退甚相遠, 前妻之子猶不愛.

於是, 前妻中子犯魏王令當死. 慈母憂戚悲哀, 帶圍減尺, 朝夕勤勞, 以救其罪.

人有謂慈母曰:「人不愛母至甚也, 何爲勤勞憂懼若此?」

慈母曰:「如妾親子, 雖不愛, 妾猶救其禍而除其害, 獨於假子而不爲, 何以異於凡母? 其父爲其孤也, 而使妾爲其繼母, 繼母如母, 爲人母而不能愛其子, 可謂慈乎? 親其親而偏其假, 可謂義乎? 不慈且無義, 何以入於世? 彼雖不愛, 妾安可以芒義乎?」

遂說之. 魏安釐王聞之, 高其義, 曰:「慈母如此, 可不救其子乎?」

乃赦其子, 復其家. 自此五子親附慈母, 雍雍若一. 慈母以禮義之漸, 率導八子, 咸爲魏大夫卿士, 各成於禮義. 君子謂:「慈母一心.」

詩云:『尸鳩在桑, 其子七兮; 淑人君子, 其儀一兮; 其儀一兮, 心如結兮.』言心之均一也. 尸鳩以一心養七子, 君子以一儀養萬物, 一心可以事百君, 百心不可以事一君, 此之謂也.

頌曰:『芒卯之妻, 五子後母;
　　　慈惠仁義, 扶養假子,
　　　雖不吾愛, 拳拳若親;
　　　繼母若斯, 亦誠可尊.』

【魏】 춘추 말기 晉나라 六卿 가운데 하나인 魏氏가 韓, 趙와 더불어 晉을 분할하여 세운 나라. 安邑(지금의 山西 夏縣)에 도읍하였다가 전국시대 大梁(지금의 河南 開封)으로 옮겨 흔히 梁나라고도 부름. 전국칠웅의 반열에 들었으며 뒤에 秦始皇의 천하 통일 때 망함.

【芒】 전국시대 芒卯. 혹은 孟卯로도 표기하여 齊나라 출신으로 魏나라의 장수를 지냈음.

【中子】 여기서는 셋째 아들을 가리킴.

【假子】 친자식이 아닌 전처 소생의 아들.

【說】 일부본에는 '訟'으로 되어 있음.

【魏安釐王】 전국시대 위나라 安釐王. 이름은 圉이며 B.C.276~243 재위함.

【復其家】 그 집안의 세금과 부역을 면제함. '復'은 '면제하다'의 뜻.

【尸鳩在桑】 《詩經》 曹風 鳲鳩의 구절. 尸鳩는 鳲鳩와 같으며 뻐꾹새를 가리킴.

【心之均一】 毛亨은 "鳲鳩之養其子, 朝從上下, 暮從下上, 平均如一"이라 함.

【一心可以事百君】 《晏子春秋》 內篇(問下)에 "一心可以事百君, 三心不可以事一君"이라 함.

【拳拳】 간절함을 뜻하는 말.

1. 《詩經》曹風 鳲鳩

鳲鳩在桑, 其子七兮. 淑人君子, 其儀一兮. 其儀一兮, 心如結兮. 鳲鳩在桑, 其子
在梅. 淑人君子, 其帶伊絲. 其帶伊絲, 其弁伊騏. 鳲鳩在桑, 其子在棘. 淑人君子,
其儀不忒. 其儀不忒, 正是四國. 鳲鳩在桑, 其子在榛. 淑人君子, 正是國人. 正是
國人, 胡不萬年.

2. 《說苑》反質篇

詩云:『尸鳩在桑, 其子七兮; 淑人君子, 其儀一兮.』傳曰:「尸鳩之所以養七子者,
一心也; 君子所以理萬物者, 一儀也. 以一儀理物, 天心也; 五者不離, 合而爲一,
謂之天心. 在我能因自深結其意於一, 故一心可以事百君, 百心不可以事一君, 是故
誠不遠也. 夫誠子一也, 一者質也; 君子雖有外文, 必不離內質矣.」

3. 《荀子》勸學篇

詩曰:『尸鳩在桑, 其子七兮, 淑人君子, 其儀一兮; 其儀一兮, 心如結兮.』故君子結
於一也.

折楊柳圖

014(1-14) 齊田稷母
제나라 전직자의 어머니

제齊나라 전직자田稷子의 어머니이다. 전직자는 제나라의 재상으로서 하급 관리에게서 뇌물 백 일鎰을 받아 어머니에게 보내 드렸다.

그러자 어머니는 이렇게 말하였다.

"네가 재상이 된 지 삼 년인데 봉록이 일찍이 이처럼 많았던 적은 없었다. 어찌 사대부로서 이만한 비용을 준단 말이냐? 이것이 어디서 생긴 것이냐?"

전직자는 이렇게 실토하였다.

"사실은 아랫사람에게서 받은 것입니다."

이에 어머니는 이렇게 말하였다.

"내 듣기로 선비는 자신을 잘 닦아 행동을 깨끗이 하여 구차하게 얻지 않으며, 정황을 끝까지 살펴 진실을 다하여 남을 속이는 거짓된 행동을 하지 않아야 하며, 의롭지 않는 일은 마음에서 계산하는 일이 없도록 하며, 이치에 어긋난 이익은 집 안으로 들여놓지 않으며, 언행을 한결같이 하고 속에 품은 뜻과 겉에 드러난 표정이 서로

제전직모(齊田稷母)

부합되도록 해야 한다고 들었다. 지금 임금께서는 관직을 설치하여 너를 대접하고 있고, 후한 봉록으로써 너에게 살길을 마련해 주고 있다. 그러니 너의 말과 행동은 임금에게 보답하는 것이어야 한다. 무릇 남의 신하가 되어 그 임금을 섬기는 것은 오히려 자식이 되어 아버지를 섬기는 것과 같은 것으로, 힘을 다하고 능력을 다하여 충성과 믿음에 속임이 없어야 하며, 힘쓸 일이란 충성을 본받는 데에 있는 것이며, 죽음을 각오하고 명령을 받들어야 하며, 청렴하고 공정해야 한다. 그래야 임무를 완수하고 환난이 없게 되는 것이다.

그런데 지금 너는 도리어 이렇게 충성으로부터 멀어져 있다. 무릇 남의 신하가 되어 충성스럽지 못하다면 이는 자식으로서 효성스럽지 못한 것과 같다. 옳지 못한 재물은 나의 소유가 아니며 불효한 자식은 나의 아들이 아니다. 너는 일어나 어서 나가거라!"

전직자는 부끄럽게 여기고 나가서 그 돈을 다시 돌려주고 스스로 선왕宣王에게 죄를 고하고 주벌을 청하였다. 선왕이 이를 듣고 그 어머니의 의로움에 큰 상을 내렸으며, 드디어 아울러 전직자의 죄를 용서하여 다시 재상의 자리에 앉혔으며, 어머니에게는 공금을 하사하였다.

군자가 말하였다.

"직의 어머니는 청렴함으로 자식을 교화시켰다."

《시詩》에 "아리따운 저 군자여! 헛된 녹은 먹지 않는구나"라 하였으니 이는 아무런 공도 없이 그저 봉록만 먹는 일은 하지 않는다는 것인데 하물며 뇌물을 받을 수 있겠는가?

송頌:
"전직자의 어머니는 청렴하고 정직하였네.
자식이 받은 뇌물 부덕하다 여겼다네.
충효의 일로서 자신의 재능과 힘을 다 쏟아야 한다고 하였으니
군자는 정당한 녹은 받을 뿐 끝내 헛된 녹은 받을 수는 없는 것이라네."

齊田稷子之母也. 田稷子相齊,
受下吏之貨金百鎰以遺其母.

母曰:「子爲相三年矣, 祿未嘗
多若此也, 豈修士大夫之費哉?
安所得此?」

對曰:「誠受之於下.」

其母曰:「吾聞士修身潔行, 不
爲苟得; 竭情盡實, 不行詐譎.
非義之事, 不計於心; 非理之
利, 不入於家; 言行若一, 情貌
相副. 今君設官以待子, 厚祿
以奉子, 言行則可以報君. 夫
爲人臣而事其君, 猶爲人子而
事其父也, 盡力竭能, 忠信不
欺, 務在效忠, 必死奉命, 廉潔
公正, 故遂而無患. 今子反是
遠忠矣. 夫爲人臣不忠, 是爲人子不孝也. 不義之財, 非吾有也;
不孝之子, 非吾子也. 子起!」

田稷子慙而出, 反其金, 自歸罪於宣王, 請就誅焉. 宣王聞之,
大賞其母之義, 遂舍稷子之罪, 復其相位, 而以公金賜母. 君子
謂:「稷母廉而有化.」

詩曰:『彼君子兮, 不素飧兮.』無功而食祿, 不爲也. 況於
受金乎?

頌曰:『田稷之母, 廉潔正直.

　　　責子受金, 以爲不德.

　　　忠孝之事, 盡材竭力.

　　　君子受祿, 終不素食.』

【相齊】 제나라 재상이 됨.

【貨】 뇌물을 뜻함.

【鎰】 고대 무게의 단위. 24냥, 혹 20냥을 一鎰로 계산하였다 함.

【情貌相副】 속에 품은 뜻은 겉모습과 서로 맞아야 함을 말함.

【宣王】 전국시대 제나라 군주. 田辟疆. B.C.319~B.C.301년간 재위함.

【彼君子兮】《詩經》魏風 伐檀의 구절.

참고 및 관련 자료

1. 《詩經》 魏風 伐檀

坎坎伐檀兮, 寘之河之干兮, 河水淸且漣猗. 不稼不穡, 胡取禾三百廛兮. 不狩不獵,
胡瞻爾庭有縣貆兮. 彼君子兮, 不素餐兮. 坎坎伐輻兮, 寘之河之側兮, 河水淸且
直猗. 不稼不穡, 胡取禾三百億兮. 不狩不獵, 胡瞻爾庭有縣特兮. 彼君子兮, 不素
食兮. 坎坎伐輪兮, 寘之河之漘兮, 河水淸且淪猗. 不稼不穡, 胡取禾三百囷兮. 不狩
不獵, 胡瞻爾庭有縣鶉兮. 彼君子兮, 不素飧兮.

2. 《韓詩外傳》 卷九

田子爲相, 三年歸休, 得金百鎰, 奉其母. 母曰:「子安得此金?」 對曰:「所受俸祿也.」
母曰:「爲相三年, 不食乎? 治官如此, 非吾所欲也. 孝子之事親也, 盡力致誠, 不義
之物, 不入於館. 爲人子不可不孝也! 子其之.」 田子愧慚, 走出, 造朝還金, 退請
就獄. 王賢其母, 說其義, 卽舍田子罪, 令復爲相, 以金賜其母. 詩曰:『宜爾子孫,
繩繩兮.』

3. 기타 참고자료

《太平御覽》 811 · 《白帖》 2

제2권
현명전賢明傳

　현명은 역대 이래 여자, 혹은 어머니·아내·딸로서 똑똑하고 명석한 이들의 이야기를 모은 것이다.

　〈四部備要本〉 目錄 注에 "惟若賢明, 廉正以方, 動作有節, 言成文章, 咸曉事理, 知世紀綱, 循法興居, 終日無殃, 妃后賢焉, 名號必揚"이라 하였다.

〈陶塑孕婦像〉 紅山文化 1982 遼寧 朝陽 출토

주나라 선왕의 부인 강후

　　주周나라 선왕宣王의 왕후 강후姜后는 제齊나라 임금의 딸이다. 그는 어질며 덕을 갖추었다. 어떤 일이든 예가 아니면 말하지 않았고, 예가 아니면 행동하지 않았다. 선왕은 일찍 자리에 들고 늦게 일어나는 버릇을 가지고 있어, 후부인后夫人도 방을 나올 수가 없었다. 이에 강후는 몸에 지닌 비녀와 귀고리를 풀어 놓고 영항永巷에서 죄를 빌고자 청하였다. 그리고 보모를 통해 왕에게 이렇게 말을 전하도록 하였다.

주선강후(周宣姜后)

　　"첩이 재주가 없어 첩의 음탕한 마음이 드러나도록 하여 군왕으로 하여금 예를 잃고 늦게 조정으로 나가 군왕께서 색을 즐김으로써 덕을 잊게 한 지경에 이르도록 한 셈입니다. 대체로 색의 즐거움에 얽매이게 되면 반드시 호사스럽고 끝없이 욕망을 추구하게 되어 난이 그로부터 생기는 것입니다. 혼란의 원인을 일으키는 것은 이 어리석은 저에게서 비롯된 것이니 감히 청컨대 저에게 죄를 내려 주십시오."

　　그러자 왕은 이렇게 말하였다.

"과인이 부덕한 탓이니 잘못은 나에게서 생겨난 것이오. 부인의 죄가 아니오."

드디어 선왕은 강후를 돌려보내고 이 후 정사를 성실히 수행하였다. 그리하여 일찍 조정에 나오고 늦게 퇴근하여 마침내 중흥中興의 군주라는 이름을 얻었다.

군자가 말하였다.

"강후는 위의를 갖추기에 잘하였고 덕행이 있었다."

무릇 예에 후부인后夫人이 임금을 모실 때 촛불을 밝히고 다가가 군의 처소에 이르면 불을 끄고 방 안으로 들어간다. 조회에 입는 옷을 벗겨 평상복으로 갈아 입혀 드린 연후 다가가 임금의 시중을 든다. 새벽닭이 울고 악사樂師가 북을 쳐 새벽을 알리면, 후부인은 패옥을 울리며 물러간다라 하였다.

《시詩》에 "위의를 훌륭히 보이시고 덕스러운 말씀 바르도다"라 하였고, 또 "젖은 언덕에 자란 뽕나무는 아름답고 그 잎이 무성하다. 덕 있는 군자를 뵈오니 그 말씀 변함이 없도다"라 하였다. 무릇 부인이란 색으로 왕과 친해졌지만 덕으로 그를 견고히 하였다. 강씨의 덕행은 뗄 수 없이 단단하다 할 수 있다.

송頌:

"아름다운 저 강후 그 덕이 크게 어질었네.
예로써 행동하니 주 선왕을 바로잡은 좋은 배필이었네.
왕의 잘못 끌어다 자신을 꾸짖으니 선왕이 깨달았네.
아침부터 저녁까지 도道에 높여 중흥의 군주가 되었다네."

周宣姜后者, 齊侯之女也. 賢而有德. 事非禮不言, 行非禮不動. 宣王嘗早臥晏起, 后夫人不出房, 姜后脫簪珥, 待罪於永巷, 使其傅母通言於王曰:「妾不才, 妾之淫心見矣, 至使君王失禮而晏朝, 以見君王樂色而忘德也. 夫苟樂色, 必好奢窮欲, 亂之所興也. 原亂之興, 從婢子起, 敢請婢子之罪.」

王曰: 「寡人不德, 實自生過, 非夫人之罪也.」

遂復姜后. 而勤於政事: 早朝晏退, 卒成中興之名.

君子謂: 「姜后善於威儀而有德行.」

夫禮, 后夫人御於君, 以燭進, 至於君所. 滅燭適房中, 脫朝服, 衣褻服, 然後進御於君. 雞鳴, 樂師擊鼓以告旦, 后夫人鳴佩而去.

詩曰: 『威儀抑抑, 德音秩秩.』 又曰: 『隰桑有阿, 其葉有幽, 旣見君子, 德音孔膠.』 夫婦人以色親, 以德固, 姜氏之德行, 可謂孔膠也.

頌曰: 『嘉兹姜后, 厥德孔賢.
　　　　由禮動作, 匡配周宣.
　　　　引過推讓, 宣王悟焉,
　　　　夙夜崇道, 爲中興君.』

【周宣】 주나라 宣王. 姬靖(姬靜). B.C.827~782 재위함. 주나라 중기의 안정을 얻어 '中興之主'라 불렸음.

【姜后】 周 宣王의 王后. 주 선왕이 색에 빠져 정사를 돌보지 않자, 자신의 비녀를 뽑고 후궁에서 간언한 것으로 유명함.

【晏】 날이 저묾.

【后夫人】 姜后 이외의 다른 부인. 王先謙은 "稱姜后曰夫人, 而姜后之外又別有后夫人"이라 함.

【永巷】 궁중의 부서 명칭. 뒤에 이를 '掖庭'이라 이름을 바꿈.

【寡人】 제후가 자신을 낮추어 부르는 칭호.

【以燭進】 여인이 밤에 다닐 때는 반드시 불을 가지고 얼굴을 가리게 되어 있었음. 《禮記》 內則에 "女子夜行, 必擁蔽其面; 夜行以燭, 無燭則止"라 함.

【褻服】 평상복, 간편한 복장.

【樂師】 음악을 담당하는 관리. 흔히 樂正, 太師라고도 하며 귀족의 자녀 교육도 함께 관장하였음.

【鳴佩】 옷깃에 다는 구슬. 걸을 때 소리가 나도록 하는 복장의 禮. 《禮記》 玉藻에 "行則鳴佩玉"이라 함.

【威儀抑抑】 《詩經》 大雅 假樂의 구절.

【隰桑有阿】 《詩經》 小雅 隰桑의 구절.

【幽】 '黝'와 같으며 매우 검은색을 말함.

【孔】 '매우'의 뜻.

【匡】 바로잡음. 糾正. 匡正.

참고 및 관련 자료

1. 《詩經》 大雅 假樂

假樂君子, 顯顯令德. 宜民宜人, 受祿于天. 保右命之, 自天申之. 干祿百福, 子孫千億. 穆穆皇皇, 宜君宜王. 不愆不忘, 率由舊章. 威儀抑抑, 德音秩秩. 無怨無惡, 率由群匹. 受福無疆, 四方之綱. 之綱之紀, 燕及朋友. 百辟卿士, 媚于天子. 不解于位, 民之攸墍.

2. 《詩經》 小雅 隰桑

隰桑有阿, 其葉有難. 旣見君子, 其樂如何. 隰桑有阿, 其葉有沃. 旣見君子, 云何不樂. 隰桑有阿, 其葉有幽. 旣見君子, 德音孔膠. 心乎愛矣, 遐不謂矣. 中心藏之, 何日忘之.

3. 《文選》(11) 景福殿賦 注

列女傳曰: 周宣王姜后者, 齊侯之女, 宣王之后也. 宣王嘗夜臥而晏起, 后夫人不出於房. 姜后旣出, 乃脫簪珥待罪於永巷, 使其傅母通言於王曰:「妾不才, 妾之淫心見矣, 致君王失禮而晏朝.」

제2권 현명전 149

4.《文選》(3) 京都賦 注

列女傳曰: 周宣王姜后曰:「好奢必樂, 窮樂者亂之所興.」

5.《文選》(61) 魏都賦 注

列女傳: 姜后待罪永巷.

6.《文選》(13) 鷦鷯賦 注

列女傳, 姜后曰:「雎鳩之鳥, 猶未常見其乘居而匹遊. 翩翩然有以自樂也.」

7.《文選》(49) 後漢書皇后紀論 注

列女傳曰: 姜后者, 齊侯之女, 宣王之后也. 宣王嘗夜臥而晏起, 后夫人不出於房.
姜后旣出, 乃脫簪珥, 待罪於永巷, 曰:「妾不才, 妾之淫心見矣, 至使君王失禮而
晏朝. 及周室東遷, 禮序凋缺. 諸侯僭縱, 軌制無章.」

8.《幼學瓊林》朝廷篇

「姜后脫簪而待罪, 世稱哲后; 馬后練服以鳴儉, 共仰賢妃.」

女人圖

016(2-2) 齊桓衛姬
제나라 환공의 부인 위희

　위희衛姬는 위衛나라 군주의 딸로서 제齊나라 환공桓公의 부인이다. 환공이 음란한 음악을 좋아하였다. 위희는 환공의 이러한 기호를 막고자 스스로 정鄭나라와 위衛나라의 음란한 음악을 듣지 않았다.

　환공은 관중管仲과 영척甯戚을 기용하여 패도霸道를 행하자 제후들이 모두 조회에 찾아왔으나 위나라만은 오지 않았다. 이에 환공은 관중과 더불어 위나라를 정벌할 모책을 짰다. 그 회의를 끝내고 내실로 들어오자 위희는 환공을 보고는 귀걸이와 패물을 풀고 당을 내려서서 재배하며 이렇게 말하였다.

　"위나라의 죄를 용서해 주시기를 청원합니다."

　이에 환공이 말하였다.

　"나는 위나라와 아무런 일도 없는데 그대는 무엇을 청한다는 것이오?"

　위희는 이렇게 말하였다.

　"제가 듣기로 임금에게는 세 가지의 표정이 드러난다고 하였습니다. 아주 즐거워하며 용모에 음란함을 품게 되면 이는 음악과 술,

제환위희(齊桓衛姬)

음식을 탐하는 빛이며, 적막한 모습에 맑고 조용하되 의기가 가라앉아 억눌린 경우에는 상실과 재앙을 나타내는 빛이며, 분노한 기운이 충만하여 손발조차 부르르 떨 경우에는 다른 나라를 공격하거나 정벌할 것임을 나타내는 표정이랍니다. 지금 제가 주군을 뵈오니 행동이 크고 안색이 무섭고 소리가 들떠 있으니 바로 위나라에 뜻을 두고 있는 것입니다. 이 까닭으로 그렇게 청한 것입니다."

환공이 허락하였다. 그리하여 다음 날 조회에 들어가자, 관중이 쫓아 나와 환공에게 이렇게 말하는 것이었다.

"주군께서 조회에 나오시면서 공손해지셨으며 기운이 쳐져 있습니다. 그리고 말씀을 천천히 하시니 이는 다른 나라를 치겠다는 뜻을 접으신 것으로 바로 위나라 공격을 없던 일로 삼으시려는 것이군요."

환공이 대답하였다.

"훌륭하오."

이에 위희를 부인夫人의 지위로 올리고, 관중에게는 중부仲父라는 호를 지어 부르며 이렇게 말하였다.

"부인이 안에서 힘쓰고, 관중은 밖을 다스린다면 과인이 비록 어리석더라도 족히 세상에 바로 설 수 있을 것이로다!"

군자는 이렇게 말하였다.

"위희는 미더움이 있고 이를 실행할 능력이 있었다."

《시詩》에서 "진실로 이 같은 사람이라면 나라의 아름다운 사람이라네'라 하였다.

송頌:

"제 환공의 부인 위희는 충성하고 진실하여 미덥도다.
공이 음란한 음악을 좋아하니 위희는 스스로를 바르게 닦았네.
안색을 보고 죄를 청원하니 환공이 그 지혜를 아름답게 여겼네.
그녀에게 안을 다스리도록 하며 부인의 지위로 올려 주었네."

衛姬者, 衛侯之女, 齊桓公之夫人也.

桓公好淫樂, 衛姬爲之不聽鄭衛之音. 桓公用管仲·甯戚, 行霸道, 諸侯皆朝, 而衛獨不至. 桓公與管仲謀伐衛, 罷朝入閨.

衛姬望見桓公, 脫簪珥, 解環佩, 下堂再拜曰:「願請衛之罪.」

桓公曰:「吾與衛無故, 姬何請耶?」

對曰:「妾聞之: 人君有三色: 顯然喜樂, 容貌淫樂者, 鐘鼓酒食之色; 寂然淸靜, 意氣沈抑者, 喪禍之色; 忿然充滿, 手足矜動者, 攻伐之色. 今妾望君, 擧趾高, 色屬音揚, 意在衛也, 是以請也.」

桓公許諾. 明日臨朝, 管仲趨進曰:「君之蒞朝也, 恭而氣下, 言則徐, 無伐國之志, 是釋衛也.」

桓公曰:「善.」

乃立衛姬爲夫人, 號管仲爲仲父.

曰:「夫人治內, 管仲治外, 寡人雖愚, 足以立於世矣!」

君子謂:「衛姬信而有行.」

詩曰:『展如之人兮, 邦之媛也.』

頌曰:『齊桓衛姬, 忠款誠信.

　　　公好淫樂, 姬爲修身.

　　　望色請罪, 桓公加焉.

　　　厥使治內, 立爲夫人.』

【姬】제후의 첩.
【齊桓公】齊 桓公. 춘추오패의 수장으로 姜姓, 이름은 小白. B.C.685~643년까지

43년간 재위. 鮑叔과 管仲의 힘을 입어 당시 가장 강력한 제후국이 되었음. 《史記》〈齊太公世家〉참조.

【鄭衛之音】춘추시대 중원의 정나라·위나라 지역의 음악. 雅樂과 달리 민간에서 발달하였으며 흔히 음란한 음악으로 폄하하였음.

【管仲】管子. 管夷吾. 제나라 대부로 鮑叔과의 우정으로 널리 알려져 있으며 제나라에 내란이 일어나자 公子 糾를 모시고 魯나라로 피신하였음. 한편 포숙은 小白을 모시고 莒로 피난하였다가 내란이 종식되고 왕위를 잇고자 귀국할 때, 관중은 중간에서 소백의 일행을 활로 쏘았으나, 소백의 허리띠 고리에 맞추었고 소백이 죽은 체하다가 샛길로 돌아와 왕위에 오름. 이가 제 환공이며 뒤에 포숙은 관중을 적극 추천하여 환공의 재상이 되어 패자가 되도록 하였음.《史記》〈管晏列傳〉및〈齊太公世家〉등 참조.

【甯戚】'寧戚', '寗戚' 등으로도 표기되며 소몰이를 하다가 환공에게 발탁되어 제나라를 도운 대부.

【伯道】霸道와 같음. 伯은 우두머리라는 뜻이며 霸자와 같은 의미로 널리 쓰임.

【鐘鼓】음악을 지칭하는 말.

【色厲】엄숙하고 무서운 얼굴빛.

【蒞朝】조정에 나가 정사를 봄. '蒞'는 '莅'와 같음.

【仲父】삼촌과 같다는 뜻. 혹 '중보'로도 읽음.

【展如之人兮】《詩經》鄘風 君子偕老의 구절.

【加焉】'加'는 '嘉'와 같음.

참고 및 관련 자료

1. 《詩經》 鄘風 君子偕老

君子偕老, 副笄六珈. 委委佗佗, 如山如河, 象服是宜. 子之不淑, 云如之何. 玼兮玼兮, 其之翟也. 鬒髮如雲, 不屑髢也. 玉之瑱也, 象之揥也, 揚且之晳也. 胡然而天也, 胡然而帝也. 瑳兮瑳兮, 其之展也. 蒙彼縐絺, 是紲袢也. 子之淸揚, 揚且之顏也. 展如之人兮, 邦之媛也.

2. 이상의 내용은 다른 기록에는 齊 桓公이 莒를 정벌하고자 할 때 그 말하는 입의 모양을 보고 이를 알아차린 東郭牙의 고사와 아주 흡사하다.

(가) 《韓詩外傳》 卷四

齊桓公獨以管仲謀伐莒, 而國人知之. 桓公謂管仲曰:「寡人獨爲仲父言, 而國人以知之, 何也?」管仲曰:「意若國中有聖人乎! 今東郭牙安在?」桓公顧曰:「在此.」管仲曰: 「子有言乎?」東郭牙曰:「然.」管仲曰:「子何以知之?」曰:「臣聞君子有三色, 是以知之.」管仲曰:「何謂三色?」曰:「歡忻愛說, 鐘鼓之色也; 愁悴哀憂, 衰絰之色也; 猛厲充實, 兵革之色也. 是以知之.」管仲曰:「何以知其莒也?」對曰:「君東南面而指, 口張而不掩, 舌擧而不下, 是以知其莒也.」桓公曰:「善. 詩曰: 『他人有心, 予忖度之.』」東郭先生曰:「目者, 心之符也; 言者, 行之指也. 夫知者之於人也, 未嘗求知而後能知也, 觀容貌, 察氣志, 定取舍, 而人情畢矣.」詩曰:「他人有心, 予忖度之.」

(나) 《呂氏春秋》 重言篇

齊桓公與管仲謀伐莒, 謀未發而聞於國, 桓公怪之曰:「與仲父謀伐莒, 謀未發而聞於國, 其故何也?」管仲曰:「國必有聖人也.」桓公曰:「譆! 日之役者, 有執蹠痴而上視者, 意者其是邪?」乃令復役, 無得相代. 少頃, 東郭牙至. 管仲曰:「此必是已.」乃令賓者延之而上, 分級而立. 管子曰:「子邪? 言伐莒者?」對曰:「然.」管仲曰: 「我不言伐莒, 子何故言伐莒?」對曰:「臣聞君子善謀, 小人善意. 臣竊意之也.」管仲曰:「我不言伐莒, 子何以意之?」對曰:「臣聞君子有三色, 顯然喜樂者, 鐘鼓之色也; 湫然清靜者, 衰絰之色也; 艴然充盈, 手足矜者, 兵革之色也. 日者, 臣望君之在臺上也, 艴然充盈, 手足矜者, 此兵革之色也. 君吰而不唫, 所言者莒也, 君擧臂而指, 所當者莒也. 臣竊以慮諸侯之不服者, 其惟莒乎. 臣故言之.」凡耳之聞以聲也, 今不聞其聲, 而以其容與臂, 是東郭牙不以耳聽而聞也. 桓公·管仲雖善匿, 弗能隱矣.

(다) 《論衡》 知實篇

齊桓公與管仲謀伐莒, 謀未發而聞於國. 桓公怪之, 問管仲曰:「與仲甫謀伐莒, 未發, 聞於國, 其故何也?」管仲曰:「國必有聖人也.」少頃, 當東郭牙至, 管仲曰:「此必是已.」乃令賓延而上之, 分級而立. 管仲曰:「子邪, 言伐莒?」對曰:「然.」管仲曰: 「我不言伐莒, 子何故言伐莒?」對曰:「臣聞君子善謀, 小人善意, 臣竊意之.」管仲曰:「我不言伐莒, 子何以意之?」對曰:「臣聞君子有三色: 驩然喜樂者, 鍾鼓之色; 愁然清淨者, 衰絰之色; 怫然充滿, 手足矜者, 兵革之色. 君口垂不唫, 所言莒也; 君擧臂而指, 所當又莒也. 臣竊虞國小諸侯不服者, 其唯莒乎! 臣故言之.」夫管仲, 上智之人也, 其別物審事矣. 云「國必有聖人」者, 至誠謂國必有也. 東郭牙至, 云「此必是已」, 謂東郭牙聖也.

㈜《管子》小問篇

桓公與管仲闔門而謀伐莒, 未發也, 而已聞于國矣. 桓公怒謂管仲曰:「寡人與仲父闔門而謀伐莒, 未發也, 而已聞于國, 其故何也?」管仲曰:「國必有聖人.」桓公曰:「然夫日之役者, 有執席食以視上者, 必彼是邪?」于是乃令之復役, 毋復相代. 少焉, 東郭郵至, 桓公令儐者延而上, 與之分級而上, 問焉, 曰:「子言伐莒者乎?」東郭郵曰:「然, 臣也.」桓公曰:「寡人不言伐莒而子言伐莒, 其故何也?」東郭郵對曰:「臣聞之, 君子善謀, 而小人善意, 臣意之也.」桓公曰:「子奚以意之?」東郭郵曰:「夫欣然喜樂者, 鐘鼓之色也; 夫淵然清靜者, 縗絰之色也; 漻然豐滿, 而手足拇動者, 兵甲之色也. 日者, 臣視二君之在台上也, 口開而不闔, 是言莒也; 舉手而指, 勢當莒也. 且臣觀小國諸侯之不服者, 唯莒, 于是臣故曰伐莒.」桓公曰:「善哉, 以微射明, 此之謂乎! 子其坐, 寡人與子同之.」

㈣《說苑》權謀篇

齊桓公與管仲謀伐莒, 謀未發而聞於國. 桓公怪之, 以問管仲. 管仲曰:「國必有聖人也.」桓公歎曰:「歚! 日之役者, 有執柘杵而上視者, 意其是邪!」乃令復役, 無得相代. 少焉, 東郭垂至. 管仲曰:「此必是也.」乃令儐者延而進之, 分級而立. 管仲曰:「子言伐莒者也?」對曰:「然.」管仲曰:「我不言伐莒, 子何故言伐莒?」對曰:「臣聞君子善謀, 小人善意, 臣竊意之也.」管仲曰:「我不言伐莒, 子何以意之?」對曰:「臣聞君子有三色; 優然喜樂者, 鐘鼓之色; 愀然清靜者, 縗絰之色; 勃然充滿者, 此兵革之色也. 日者, 臣望君之在臺上也, 勃然充滿, 此兵革之色也, 君吁而不吟, 所言者莒也, 君舉臂而指所當者莒也. 臣竊慮小諸侯之未服者, 其惟莒乎? 臣故言之.」君子曰:「凡耳之聞, 以聲也. 今不聞其聲而以其容與臂, 是東郭垂不以耳聽而聞也. 桓公 管仲雖善謀, 不能隱聖人之聽於無聲, 視於無形, 東郭垂有之矣. 故桓公乃尊祿而禮之.」

3. 기타 참고자료

《金樓子》志怪篇

017(2-3) 晉文齊姜
진나라 문공의 부인 제강

제강齊姜은 제齊나라 환공桓公의 종실 딸이며 진晉나라 문공文公의 부인이다.

처음 문공의 아버지 헌공獻公이 여희驪姬를 궁중으로 들여 아내로 맞이하자, 그는 태자 신생申生을 죽이고자 참언을 하였다. 문공은 당시 공자公子 중이重耳로 불렸는데, 그는 이 일로 외숙 구범舅犯과 함께 적狄 땅으로 달아났다. 다시 그들이 제나라에 이르자 제나라 환공은 종족의 딸을 중이의 처로 삼아 주고 그들 일행을 잘 대우해 주었으며 말 20승까지 주었다. 이에 중이는 제나라에서 살다가 죽으리라 여기고 이렇게 말하였다.

"사람이란 살면서 안락하면 그뿐이니 그 외 다른 무엇을 알고자 하랴?"

구범은 문공이 제나라에서 안주하려는 것을 알고 진晉나라로 데리고 가고 싶었지만 걱정만 할 뿐이었다. 그리하여 구범은 은밀히 종자從者들과 뽕나무밭에서 문공을 진나라로 데려갈 것을 모의하고

진문제강(晉文齊姜)

있었다. 이 때 뽕나무밭에서 일하던 여자가 이를 엿듣고 제강에게 이 사실을 알렸다. 그러자 제강은 그녀를 죽여 버리고 공자 중이에게 이렇게 말하였다.

"종자들이 당신을 데려가려 합니다. 그 계획을 엿들은 자는 내가 이미 죽였습니다. 공자께선 반드시 그들을 따라가십시오. 두 가지 마음을 가져서는 안 됩니다. 두 마음을 가지고는 천명을 이룰 수 없습니다. 당신이 진나라를 떠나온 후로 진나라는 한 해도 평온하지 못하였습니다. 하늘이 진나라를 망하게 하지 않는다면 진나라를 가질 사람은 당신이 아니고 누구이겠습니까? 당신은 힘쓰십시오. 하느님이 당신에게 임하셨는데 당신이 두 마음을 가지면 틀림없이 재앙이 생길 것입니다!"

중이가 말하였다.

"나는 가지 않겠소. 반드시 이 땅에서 살다 죽을 것입니다."

제강은 이렇게 말하였다.

"안 됩니다. 주시周詩에 '힘차게 달리는 저 정벌의 군사들, 급히 말을 몰면서도 미치지 못할까 언제나 서두르네'라 하였습니다. 밤을 새워 급히 가더라도 오히려 도착하지 못할까 걱정인데 하물며 여기에서 편안함만 꿈꾸고 있으면 어찌 도착하겠습니까? 사람이 도달하기를 구하지 않고 있는데 어찌 도달할 수 있겠습니까? 진나라의 난은 오래 가지 않을 것입니다. 공자께서는 틀림없이 진나라를 갖게 될 것입니다."

그래도 중이가 듣지 않자 제강은 구범과 모의하여 술에 취하도록 하여 수레에 싣고 떠나보냈다. 술에서 깨자 중이는 구범에게 창을 들이대며 말하였다.

"만약 일이 잘 되면 모르거니와 잘못된 내가 당신의 고기를 씹어먹는 것에 내 어찌 싫증을 내겠소?"

마침내 길을 떠나 조曹·송宋, 주邾·정鄭·초楚나라를 거쳐 진秦나라로 들어갔다. 진秦나라 목공穆公은 이에 군사를 내주며 진晉나라로 들어가도록 도와 주었다. 진나라 사람들은 회공懷公을 죽이고 공자 중이를 왕으로 세웠다. 이가 바로 문공이다. 그는 제강을 맞이하여 부인으로 삼고 드디어 천하의 패자가 되었고 제후들의 맹주가 되었다.

군자가 말하였다.

"제강은 깨끗하고 때가 묻지 않았으며 능히 군자를 훌륭한 선善으로 길렀도다."

《시詩》에 "저 아름다운 맹강孟姜이여, 가히 더불어 말을 나눌 만하도다"라 하였으니 이를 두고 한 말이다.

송頌:

"제강은 공정한데다 언행도 또한 흐트러짐이 없었네.
진 문공에게 나라로 되돌아갈 것을 강하게 권하였으나
공자가 이를 듣지 않자 구범과 모의하여
술을 먹여 수레에 태워 보내 마침내 패업의 기반을 닦았다네."

齊姜, 齊桓公之宗女, 晉文公之夫人也.

初, 文公父獻公納驪姬, 譖殺太子申生. 文公號公子重耳, 與舅犯奔狄. 適齊, 齊桓公以宗女妻之, 遇之甚善, 有馬二十乘. 將死於齊, 曰:「人生安樂而已, 誰知其他?」

子犯知文公之安齊也, 欲行而患之. 與從者謀於桑下, 蠶妾在焉, 妾告姜氏, 姜殺之, 而言於公子曰:「從者將以子行, 聞者吾已除之矣. 公子必從, 不可以貳, 貳無成命. 自子去晉, 晉無寧歲, 天未亡晉, 有晉國者, 非子而誰? 子其勉之, 上帝臨子, 貳必有咎!」

公子曰:「吾不動, 必死於此矣.」

姜曰「不可. 周詩曰:『莘莘征夫, 每懷靡及.』夙夜征行, 猶恐無及, 況欲懷安, 將何及矣? 人不求及, 其能及乎? 亂不長世, 公子必有晉.」

公子不聽, 姜與舅犯謀, 醉載之以行, 酒醒, 以戈逐舅犯曰:
「若事有濟則可; 無所濟, 吾食舅氏之肉, 豈有饜哉?」

遂行, 過曹・宋・鄭・楚, 而入秦. 秦穆公乃以兵內之於晉, 晉人殺懷公而立公子重耳, 是爲文公. 迎齊姜以爲夫人, 遂霸天下, 爲諸侯盟主.

君子謂:「齊姜潔而不瀆, 能育君子於善.」

詩曰:『彼美孟姜, 可以寤言.』此之謂也.

頌曰:『齊姜公正, 言行不怠.
　　　　勸勉晉文, 反國無疑.
　　　　公子不聽, 姜與犯謀,
　　　　醉而載之, 卒成霸基.』

【宗女】 같은 종실의 여자.
【晉文公】 춘추오패의 하나이며 姬姓, 이름은 重耳. 국내 내란으로 오랜 망명생활 끝에 귀국하여 임금이 되었으며 나라를 강국으로 만들었음. 망명 중 介子推와의 '寒食'의 고사를 남기기도 하였음. B.C.636~628년까지 9년간 재위.
【驪姬】 晉 獻公(B.C.676~651)의 부인으로, 자기 소생의 서자 奚齊를 세우고자 욕심과 간계를 부려 태자 申生을 모함하여 자살토록 하였으며, 重耳와 夷吾 등 公子를 축출함. 헌공이 죽자 해제가 왕위에 올랐으나, 대부 里克에게 피살되었으며 여희 자신도 죽음을 당함.
【申生】 진 헌공의 장자로 태자에 올랐으나 여희의 핍박으로 자살함.
【舅犯】 咎犯으로도 쓰며 진나라의 경. 이름은 狐偃, 자는 子犯. 공자 중이의 외삼촌이었으며 중이를 적극 도왔던 인물.
【狄】 당시 북쪽 이민족을 말함. 匈奴의 전신이며 중이 어머니의 출신지.《史記》〈晉世家〉에 "重耳遂奔狄. 狄, 其母國也"라 함.

【蠶妾】양잠에 종사하는 여종.

【貳】'疑'와 같음. 혹 '두 가지'의 뜻으로 보기도 함.

【上帝臨子】《詩經》大雅 大明에 "上帝臨女, 無貳爾心"이라 하였음.

【周詩】《詩經》을 가리킴. '周代의 시'라는 뜻.

【莘莘征夫】《詩經》小雅 皇皇者華의 구절. 莘莘은 '駪駪', '侁侁'으로도 쓰며 많은 무리가 한꺼번에 내닫는 모습.

【況欲懷安】《國語》晉語(4)에는 "況其順身縱欲懷安"으로 되어 있음.

【亂不長世】난은 오래 지속되지 않을 것임을 말한 것.

【宋】원문에는 邾로 되어 있으나《國語》에 의해 고침.

【懷公】진(晉)나라 懷公. 이름은 子圉.

【彼美孟姜】《詩經》陳風 東門之池의 구절. '孟姜'은 원시에는 '淑姬'로 되어 있으며 '아름다운 여자'라는 뜻.

【寤語】'晤語'와 같음. 직언을 뜻함.

【霸基】패업의 기초.

참고 및 관련 자료

1. 《詩經》 大雅 大明 →007 참조

2. 《詩經》 小雅 皇皇者華

皇皇者華, 于彼原隰. 駪駪征夫, 每懷靡及. 我馬維駒, 六轡如濡. 載馳載驅, 周爰咨諏. 我馬維駱, 六轡沃若. 載馳載驅, 周爰咨謀. 我馬維駰, 六轡既均. 載馳載驅, 周爰咨詢.

3. 《詩經》 陳風 東門之池

東門之池, 可以漚麻. 彼美淑姬, 可與晤歌. 東門之池, 可以漚紵. 彼美淑姬, 可與晤語. 東門之池, 可以漚菅. 彼美淑姬, 可與晤言.

4. 《國語》 晉語(4)

齊侯妻之, 甚善焉. 有馬二十乘, 將死於齊而已矣. 曰:「民生安樂, 誰知其他?」桓公卒, 孝公卽位. 諸侯叛齊. 子犯知齊之不可以動, 而知文公之安齊而有終焉之志也, 欲行, 而患之, 與從者謀於桑下. 蠶妾在焉, 莫知其在也. 妾告姜氏, 姜氏殺之,而言於公子曰：「從者將以子行，其聞之者吾以除之矣．子必從之，不可以貳，貳無成命．《詩》云：『上帝臨女，無貳爾心．』先王其知之矣，貳將可乎？子去晉難而極於此．自子之行，晉無寧歲，民無成君．天未喪晉，無異公子，有晉國者，非子而誰？子其勉之！上帝臨子，貳必有咎．」公子曰：「吾不動矣，必死於此．」姜曰：「不然．〈周詩〉曰：『莘莘征夫，每懷靡及．』夙夜征行，不遑啓處，猶懼無及．況其順身縱欲懷安，將何及矣！人不求及，其能及乎？日月不處，人誰獲安？西方之書有之曰：『懷與安，實疚大事．』〈鄭詩〉云：『仲可懷也，人之多言，亦可畏也．』昔管敬仲有言，小妾聞之曰：『畏威如疾，民之上也．從懷如流，民之下也．見懷思威，民之中也．畏威如疾，乃能威民．威在民上，弗畏有刑．從懷如流，去威遠矣，故謂之下．其在辟也，吾從中也．〈鄭詩〉之言，吾其從之．』此大夫管仲之所以紀綱齊國，裨輔先君而成霸者也．子而葉之，不亦難乎？齊國之政敗矣，晉之無道久矣，從者之謀忠矣，時日及矣，公子幾矣．君國可以濟百姓，而釋之者，非人也．敗不可處，時不可失，忠不可棄，懷不可從，子必速行．吾聞晉之始封也，歲在大火，閼伯之星也，實紀商人．商之饗國三十一王．瞽史之紀曰：『唐叔之世，將如商數．』今未半也．亂不長世，公子唯子，子必有晉．若何懷安？」公子弗聽．

姜與子犯謀，醉而載之以行．醒，以戈逐子犯，曰：「若無所濟，吾食舅氏之肉，其知饜乎！」舅犯走，且對曰：「若無所濟，余未知死所，誰能與豺狼爭食？若克有成，公子無亦晉之柔嘉，是以甘食．偃之肉腥臊，將焉用之？」遂行．

018(2-4) 秦穆公姬
진나라 목공의 부인 공희

목희穆姬는 진秦나라 목공穆公의 부인이며 진晉나라 헌공獻公의 딸이다. 태자 신생申生의 동모同母 누님이기도 하며 혜공惠公의 배다른 누이였다. 목희는 어질고 법도가 있었다. 헌공이 태자 신생을 죽이고 여러 공자公子를 나라 밖으로 추방하였다. 혜공은 공자 이오夷吾였는데 양梁나라로 달아났다가 헌공이 세상을 떠나자 진秦나라의 도움으로 돌아와 즉위하게 되었다.

목희는 혜공에게 공자들을 받아주기를 청하면서 이렇게 말하였다. "공족이란 그대의 근본입니다."

그러나 혜공은 이를 듣지 아니하였고 게다가 자신을 세워준 진秦나라와의 약속까지 배신하였다. 진晉나라가 흉년이 들어 진秦나라에게 식량 원조를 요청하였을 때 진秦은 도와 주었다. 그러나 진秦나라가 흉년이 들어 진晉나라에게 도움을 청하자 진晉나라는 이에 응하지 않았다. 진秦나라는 드디어 군사를 일으켜 진晉과 전쟁을 벌여 진晉나라 군주인 혜공을 사로잡아

진목공희(秦穆公姬)

가 버렸다.

진秦나라 목공이 신하들에게 이렇게 말하였다.

"선조의 사당을 청소하라. 나는 진왕晉王을 제물로 바치리라."

목희가 이를 듣고 태자 앵罃과 공자 굉宏, 딸 간벽簡璧을 데리고 스스로 최질衰絰에 장작더미에 올라 목공을 맞이하였다. 그리고는 진나라 목공에게 말하였다.

"하늘이 재앙을 내려 두 나라의 군주가 옥백玉帛을 주고받는 정식의 예로는 만나지 못하고 군사를 일으키게 한 것입니다. 저의 형제자매들이 서로 이끌어 주지 못하여 군명君命을 욕되게 한 것입니다. 진晉나라 군주가 아침에 도착한다면 저는 저녁에는 죽어 있을 것입니다. 군께서는 도모해 주시기 바랍니다."

목공이 두려워 진晉나라 군주를 영대靈臺에 머무르게 하였다. 대부들이 혜공을 잡아들이기를 청하자 공이 말하였다.

"진晉나라 군주를 잡아 이미 공을 이루고 돌아왔는데 지금 초상을 치를 일이 돌아온다면 그를 장차 무엇에 쓰겠는가?"

그리고 드디어 진晉나라 군주를 손님으로 대접하여 객관客館에 모시고 먹는 음식도 칠뢰七牢로써 대접한 다음 혜공을 본국으로 돌려보내 주었다.

목희가 세상을 떠나고 목희의 아우 중이重耳가 진秦나라로 들어오자, 진나라에서는 그를 진晉으로 들어갈 수 있게 군사를 원조해 주었다. 그렇게 하여 왕위에 오른 사람이 바로 진晉 문공文公이다. 태자 앵은 어머니의 은혜를 생각하여 그의 외삼촌을 고국으로 보내 드리며 이렇게 《시詩》를 지었다.

"내가 외삼촌을 고국으로 보내 드리오니
위수渭水 북쪽으로 가야 한다고 하시네.
무엇을 선물로 드릴까?
제후가 타는 노거路車를 누런 네 필의 말이 끌도록 하리라."

군자가 말하였다.

"자애로운 어머니는 효자를 낳는다."

《시》에 "공경하고 삼가는 훌륭한 모습, 오직 백성의 모범이 되도다"라 하였으니 이는 목희를 두고 한 말이다.

송頌:

"진秦 목공의 부인은 진晉 혜공의 누님이라네.

진秦나라가 진晉나라의 군주를 잡아가니 부인이 눈물을 흘렸네.

구해낼 수 없음을 애통해 하다가 이에 장차 죽으리라 하였네.

목공이 부인을 의롭다 여겨 처남을 풀어 주었네."

穆姬者, 秦穆公之夫人, 晉獻公之女, 太子申生之同母姊, 與惠公異母, 賢而有義. 獻公殺太子申生, 逐群公子, 惠公號公子夷吾, 奔梁, 及獻公卒, 得因秦立, 始卽位, 穆姬使納群公子, 曰:「公族者, 君之根本.」

惠公不用. 又背秦賂: 晉饑, 請粟於秦, 秦與之; 秦饑, 請粟於晉, 晉不與, 秦遂興兵與晉戰, 獲晉君以歸.

秦穆公曰:「掃除先人之廟, 寡人將以晉君見.」

穆姬聞之, 乃與太子罃·公子宏, 與女簡璧, 衰絰履薪以迎.

且告穆公曰:「上天降災, 使兩君匪以玉帛相見, 乃以興戎, 婢子娣姒不能相敎, 以辱君命. 晉君朝以入, 婢子夕以死, 惟君其圖之.」

公懼, 乃舍諸靈臺. 大夫請以入, 公曰:「獲晉君以功歸, 今以喪歸, 將焉用?」

遂改館晉君, 饋以七牢而遣之.

穆姬死, 穆姬之弟重耳入秦, 秦送之晉, 是爲晉文公. 太子罃思母之恩而送其舅氏也, 作詩曰:『我送舅氏, 曰至渭陽, 何以贈之? 路車乘黃.』

君子曰:「慈母生孝子.」

詩云:『敬愼威儀, 維民之則.』穆姬之謂也.

頌曰:『秦穆夫人, 晉惠之姊.
　　　　秦執晉君, 夫人流涕.
　　　　痛不能救, 乃將赴死.
　　　　穆公義之, 遂釋其弟.』

【秦穆公】 '秦繆公'으로도 표기하며 춘추시대 진나라 군주로 춘추오패의 하나. 嬴姓으로 이름은 任好. 39년간(B.C.659~621) 재위함. 秦 德公의 아들로 12개 나라를 병합하여 西戎의 패권을 차지함. 한편 진나라는 周나라 제후국으로 처음 雍(지금의 陝西 鳳翔縣)에 도읍하였다가 전국시대 孝公에 이르러 商鞅의 변법을 채택하여 咸陽(지금의 섬서 함양)으로 옮기고 전국칠웅의 가장 강력한 나라로 발전하였으며 秦始皇(嬴政)에 이르러 중국을 통일하였음.
【穆姬】 진 목공의 아내로 晉나라 태자 申生의 누나였음.
【惠公】 晉 혜공. 이름은 夷吾. 진 獻公의 서자로 태자 申生이 자살하자 임금 자리에 오름. B.C.650~637년까지 14년간 재위. 그 뒤를 이은 왕이 文公(重耳)이었음.
【群公子】 진 헌공에게는 9명의 아들이 있었음.
【梁】 나라 이름으로 지금의 陝西 韓城縣 남쪽에 있었음.《國語》晉語(3)와《史記》〈秦本紀〉에 의하면 驪姬가 태자 申生을 자살토록 하고 여러 공자들을 축출할 때 夷吾는 梁으로 피신하였다. 晉 獻公이 죽고 내란이 일어나자, 공자 夷吾는 秦나라에게 자신을 진나라로 보내 주어 왕이 되도록 도움을 요청하였다. 이 때 秦 穆公이 이를 허락하여 돌아와 왕이 되었음.

【公族大夫】《國語》晉語(2)에 의하면 여희로 인한 내란 때 진나라에는 公族이 없었으며 이로 인해 이러한 관직도 폐지되었다 하였음.

【背秦賂】공자 夷吾가 秦나라의 도움으로 귀국하여 왕위에 오를 때 진나라에게 토지를 헌납할 것을 약속하였으나, 왕이 되고 나서 이를 지키지 않음.《左傳》僖公 15년에 "(晉侯)賂秦伯以河外列城五, 東盡虢略, 南及華山, 內及解梁城, 既而不與"라 함.

【晉饑】秦 穆公 13년에 晉나라에 기근이 들자 秦나라에서 곡식을 보내 주었음.《左傳》僖公 15년 "晉饑, 秦輸之粟"이라 함.

【秦饑】이듬해(목공 14년) 秦나라에 기근이 들자 晉나라에서 식량을 보내 주지 않았음. 역시《左傳》僖公 15년 "秦饑, 晉閉之糴"이라 함.

【晉君】晉 惠公을 가리킴.

【掃除先人之廟】장차 진 혜공을 죽이고 자신의 사당에서 축하 제사를 지낼 것이라는 뜻.《史記》〈秦本紀〉에 "於是穆公擄晉君以歸, 令於國: '齊宿, 吾將以晉君祠上帝.'"라 함.

【與太子罃·公子宏與女簡璧】罃은 秦나라 康公의 이름. '宏'은 '弘'으로도 표기하며 簡璧은 딸 이름.《左傳》僖公 15년에 "以太子罃·弘與女簡璧"이라 함.

【衰絰履薪以迎】최질(衰絰, 縗絰)은 상복을 뜻하며 履薪은 직접 장작을 밟고 올라가 분신하겠다는 뜻.

【兩君】秦 穆公과 晉 惠公을 가리킴.

【玉帛】옥과 비단. 고대 서로 만나거나 會盟, 朝聘 등에 교환하는 예물.

【娣姒】남매 사이를 말함. 娣는 惠公을, 姒는 穆姬를 두고 이른 것.

【靈臺】임금의 놀이나 천문을 살피기 위한 누대.

【喪歸】장차 喪事가 발생하리라는 협박.

【改館】더 좋은 숙소로 바꾸어 줌.

【牢】고대 제사나 잔치에 양·소·돼지를 잡아 갖추는 음식. '七牢'는 이의 일곱 배를 말함. 큰 잔치나 제사를 뜻함.

【我送舅氏】《詩經》秦風 渭陽의 구절.

【敬愼威儀】《詩經》大雅 抑과 小雅 泮水에 나오는 구절.

1. 《詩經》 秦風 渭陽

我送舅氏, 曰至渭陽. 何以贈之, 路車乘黃. 我送舅氏, 悠悠我思. 何以贈之, 瓊瑰玉佩.

2. 《詩經》 小雅 泮水

思樂泮水, 薄采其芹. 魯侯戾止, 言觀其旂. 其旂茷茷, 鸞聲噦噦. 無小無大, 從公于邁. 思樂泮水, 薄采其藻. 魯侯戾止, 其馬蹻蹻. 其馬蹻蹻, 其音昭昭. 載色載笑, 匪怒伊教. 思樂泮水, 薄采其茆. 魯侯戾止, 在泮飲酒. 既飲旨酒, 永錫難老. 順彼長道, 屈此群醜. 穆穆魯侯, 敬名其德. 敬愼威儀, 維民之則. 允文允武, 昭假烈祖. 靡有不孝, 自求伊祜. 明明魯侯, 克明其德. 既作泮宮, 淮夷攸服. 矯矯虎臣, 在泮獻馘. 淑問如皐陶, 在泮獻囚. 濟濟多士, 克廣德心. 桓桓于征, 狄彼東南. 烝烝皇皇, 不吳不揚. 不告于訩, 在泮獻功. 角弓其觩, 束矢其搜. 戎車孔博, 徒御無斁. 既克淮夷, 孔淑不逆. 式固爾猶, 淮夷卒獲. 翩彼飛鴞, 集于泮林. 食我桑黮, 懷我好音. 憬彼淮夷, 來獻其琛. 元龜象齒, 大賂南金.

3. 《左傳》 僖公 15년

晉侯之入也, 秦穆姬屬賈君焉, 且曰:「盡納羣公子.」晉侯烝於賈君, 又不納羣公子, 是以穆姬怨之. 晉侯許賂中大夫, 既而皆背之. 賂秦伯以河外列城五, 東盡虢略, 南及華山, 內及解梁城, 既而不與. 晉饑, 秦輸之粟; 秦饑, 晉閉之糴, 故秦伯伐晉. 卜徒父筮之, 吉, 「涉河, 侯車敗.」詰之. 對曰:「乃大吉也. 三敗, 必獲晉君. 其卦遇《蠱》, 曰:‘千乘三去, 三去之餘, 獲其雄狐.’夫狐蠱, 必其君也. 蠱之貞, 風也; 其悔, 山也. 歲云秋矣, 我落其實, 而取其材, 所以克也. 實落·材亡, 不敗, 何待?」三敗乃韓. 晉侯謂慶鄭曰:「寇深矣, 若之何?」對曰:「君實深之, 可若何?」公曰:「不孫!」卜右, 慶鄭吉. 弗使. 步揚御戎, 家僕徒爲右. 乘小駟, 鄭入也. 慶鄭曰:「古者大事, 必乘其產. 生其水土, 而知其人心; 安其教訓, 而服習其道; 唯所納之, 無不如志. 今乘異產, 以從戎事, 及懼而變, 將與人易. 亂氣狡憤, 陰血周作, 張脈僨興, 外彊中乾. 進退不可, 周旋不能, 君必悔之.」弗聽.

九月, 晉侯逆秦師, 使韓簡視師, 復曰:「師少於我, 鬥士倍我.」公曰:「何故?」對曰:「出因其資, 入用其寵, 饑食其粟, 三施而無報, 是以來也. 今又擊之, 我怠秦奮, 倍猶未也.」公曰:「一夫不可狃, 況國乎?」遂使請戰, 曰:「寡人不佞, 能合其衆而不能離也. 君若不還, 無所逃命.」秦伯使公孫枝對曰:「君之未入, 寡人懼之; 入而未定列, 猶吾憂也. 若列定矣, 敢不承命.」韓簡退曰:「吾幸而得囚.」

壬戌, 戰于韓原. 晉戎馬還濘而止. 公號慶鄭. 慶鄭曰:「愎諫·違卜, 固敗是求, 又何逃焉?」遂去之. 梁由靡御韓簡, 虢射爲右, 輅秦伯, 將止之. 鄭以救公誤之, 遂失秦伯. 秦獲晉侯以歸. 晉大夫反首拔舍從之. 秦伯使辭焉, 曰:「二三子何其慼也! 寡人之從晉君而西也, 亦晉之妖夢是踐, 豈敢以至?」晉大夫三拜稽首曰:「君履后土而戴皇天, 皇天后土實聞君之言, 羣臣敢在下風.」

穆姬聞晉侯將至, 以大子罃·弘與女簡璧登臺而履薪焉. 使以免服衰絰逆, 且告曰:「上天降災, 使我兩君匪以玉帛相見, 而以興戎. 若晉君朝以入, 則婢子夕以死; 夕以入, 則朝以死. 唯君裁之!」乃舍諸靈臺. 大夫請以入. 公曰:「獲晉侯, 以厚歸也; 旣而喪歸, 焉用之? 大夫其何有焉? 且晉人慼憂以重我, 天地以要我. 不圖晉憂, 重其怒也; 我食吾言, 背天地也. 重怒, 難任; 背天, 不祥, 必歸晉君.」公子縶曰:「不如殺之, 無聚慝焉.」子桑曰:「歸之而質其大子, 必得大成. 晉未可滅, 而殺其君, 祇以成惡. 且史佚有言曰: ‘無始禍, 無怙亂, 無重怒.’ 重怒, 難任; 陵人, 不祥.」乃許晉平. 晉侯使郤乞告瑕呂飴甥, 且召之. 子金教之言曰:「朝國入而以君命賞. 且告之曰: ‘孤雖歸, 辱社稷矣, 其卜貳圉也.’」眾皆哭, 晉於是乎作爰田. 呂甥曰:「君亡之不恤, 而羣臣是憂, 惠之至也, 將若君何?」眾曰:「何爲而可?」對曰:「征繕以輔孺子. 諸侯聞之, 喪君有君, 羣臣輯睦, 甲兵益多. 好我者勸, 惡我者懼, 庶有益乎!」眾說, 晉於是乎作州兵.

初, 晉獻公筮嫁伯姬於秦, 遇《歸妹》三之《睽》三. 史蘇占之, 曰:「不吉. 其繇曰: ‘士刲羊, 亦無衁也; 女承筐, 亦無貺也. 西鄰責言, 不可償也. 歸妹之睽, 猶無相也.’ 震之離, 亦離之震. ‘爲雷爲火, 爲嬴敗姬. 車說其輹, 火焚其旗, 不利行師, 敗于宗丘. 歸妹睽孤, 寇張之弧. 姪其從姑, 六年其逋, 逃歸其國, 而棄其家, 明年其死於高梁之虛.’」及惠公在秦, 曰:「先君若從史蘇之占, 吾不及此夫!」韓簡侍, 曰:「龜, 象也; 筮, 數也. 物生而後有象, 象而後有滋, 滋而後有數. 先君之敗德, 及可數乎? 史蘇是占, 勿從何益? 詩曰: 『下民之孽, 匪降自天, 僔沓背憎, 職競由人.』」

4.《國語》晉語(2)

反自稷桑, 處五年, 驪姬謂公曰:「吾聞申生之謀愈深. 日, 吾固告君曰得眾, 眾不利, 焉能勝狄? 今矜狄之善, 其志益廣. 狐突不順, 故不出. 吾聞之, 申生甚好信而彊, 又失言於眾矣, 雖欲有退, 眾將責焉. 言不可食, 眾不可弭, 是以深謀. 君若不圖, 難將至矣!」公曰:「吾不忘也, 抑未有以致罪焉.」

驪姬告優施曰：「君既許我殺太子而立奚齊矣．吾難里克，奈何！」優施曰：「吾來里克，一日而已．子爲我具特羊之饗，吾以從之飲酒．我優也，言無郵．」驪姬許諾，乃具，使優施飲里克酒．中飲，優施起舞，謂里克妻曰：「主孟啗我，我教茲暇豫事君．」乃歌曰：「暇豫之吾吾，不如鳥烏．人皆集於苑，己獨集於枯．」里克笑曰：「何謂苑？何謂枯？」優施曰：「其母爲夫人．其子爲君，可不謂苑乎？其母既死，其子又有謗，可不謂枯乎？枯且有傷．」

優施出，里克辟莫，不飱而寢．夜半，召優施，曰：「曩而言戲乎？抑有所聞之乎？」曰：「然．君既許驪姬殺太子而立奚齊，謨既成矣．」里克曰：「吾秉君以殺太子，吾不忍．通復故交，吾不敢．中立其免乎？」優施曰：「免．」

旦而里克見丕鄭，曰：「夫史蘇之言將及矣！優施告我，君謨成矣，將立奚齊．」丕鄭曰：「子謂何？」曰：「吾對以中立．」丕鄭曰：「惜乎！不如曰不信以疏之，亦固太子以攜之，多爲之故，以變其志，志少疏，乃可間也．今子曰中立，況固其謀也，彼有成矣，難以得間．」里克曰：「往言不可及也，且人中心唯無忌也，何可敗也！子將何如？」丕鄭曰：「我無心．是故事君者，君爲我心，制不在我．」里克曰：「弒君以爲廉，長廉以驕心，因驕以制人家，吾不敢．抑撓志以從君，爲廢人以自利也，利方以求成人，吾不能．將伏也！」明日，稱疾不朝．三旬，難乃成． 驪姬以君命命申生曰：「今夕君夢齊姜，必速祠而歸福．」申生許諾，乃祭於曲沃，歸福于絳．公田，驪姬受福，乃寘鴆于酒，寘堇于肉．公至，召申生獻，公祭之地，地墳．申生恐而出．驪姬與犬肉，犬斃；飲小臣酒，亦斃．公命殺杜原款．申生奔新城．

杜原款將死，使小臣圉告于申生，曰：「款也不才，寡智不敏，不能教導，以至于死．不能深知君之心度，棄寵求廣土而竄伏焉；小心介介，不敢行也．是以言至而無所訟之也，故陷於大難．乃逮于讒．然款也不敢愛死，唯與讒人鈞是惡也．吾聞君子不去情，不反讒，讒行身死可也，猶有令名焉．死不遷情，彊也．守情說父，孝也．殺身以成志，仁也．死不忘君，敬也．孺子勉之！死必遺愛，死民之思，不亦可乎？」申生許諾．

人謂申生曰：「非子之罪，何不去乎？」申生曰：「不可．去而罪釋，必歸於君，是怨君也．章父之惡，取笑諸侯，吾誰鄉而入？內困於父母，外困於諸侯，是重困也，棄君去罪，是逃死也．吾聞之：『仁不怨君，智不重困，勇不逃死．』若罪不釋，去而必重．去而罪重，不智．逃死而怨君，不仁．有罪不死，無勇．去而厚怨，惡不可重，死不可避，吾將伏以俟命．」

驪姬見申生而哭之，曰：「有父忍之，況國人乎？忍父而求好人，人孰好之？殺父以求利人，人孰利之？皆民之所惡也，難以長生！」

驪姬退, 申生乃雉經于新城之廟. 將死, 乃使猛足言於狐突曰:「申生有罪, 不廳伯氏, 以至于死. 申生不敢愛其死, 雖然, 吾君老矣, 國家多難, 伯氏不出, 奈吾君何? 伯氏苟出而圖吾君, 申生受賜以至于死, 雖死何悔!」是以謚爲共君. 驪姬既殺太子申生, 又譖二公子曰:「重耳, 夷吾與知共君之事.」公令閹楚刺重耳, 重耳逃于狄; 令賈華刺夷吾, 夷吾逃于梁. 盡逐羣公子, 乃立奚齊焉. 始爲令, 國無公族焉.

5.《史記》秦本紀

十四年, 秦饑, 請粟於晉. 晉君謀之群臣. 虢射曰:「因其饑伐之, 可有大功.」晉君從之. 十五年, 興兵將攻秦. 繆公發兵, 使丕豹將, 自往擊之. 九月壬戌, 與晉惠公夷吾合戰於韓地. 晉君棄其軍, 與秦爭利, 還而馬鷔. 繆公與麾下馳追之, 不能得晉君, 反爲晉軍所圍. 晉擊繆公, 繆公傷. 於是岐下食善馬者三百人馳冒晉軍, 晉軍解圍, 遂脫繆公而反生得晉君. 初, 繆公亡善馬, 岐下野人共得而食之者三百餘人, 吏逐得, 欲法之. 繆公曰:「君子不以畜產害人. 吾聞食善馬肉不飲酒, 傷人.」乃皆賜酒而赦之. 三百人者聞秦擊晉, 皆求從, 從而見繆公窘, 亦皆推鋒爭死, 以報食馬之德. 於是繆公虜晉君以歸, 令於國, 齊宿, 吾將以晉君祠上帝. 周天子聞之, 曰「晉我同姓」, 爲請晉君. 夷吾姊亦爲繆公夫人, 夫人聞之, 乃衰絰跣, 曰:「妾兄弟不能相救, 以辱君命.」繆公曰:「我得晉君以爲功, 今天子爲請, 夫人是憂.」乃與晉君盟, 許歸之, 更舍上舍, 而饋之七牢. 十一月, 歸晉君夷吾, 夷吾獻其河西地, 使太子圉爲質於秦. 秦妻子圉以宗女. 是時秦地東至河.

6. 기타 참고자료

《國語》晉語(1, 3)

019(2-5) 楚莊樊姬
초나라 장왕의 부인 번희

번희樊姬는 초楚나라 장왕莊王의 부인이다. 장왕은 즉위하여 사냥을 즐겼다. 번희가 그만둘 것을 간청하였으나 그치지 않자 번희는 짐승 고기를 먹지 않았다. 이에 왕은 잘못을 바로잡아 정사에 힘썼다.

왕이 일찍이 조정에 나가 일을 보고는 늦게 돌아왔다. 번희는 전殿 아래까지 내려가 왕을 맞으며 말하였다.

"어찌 이렇게 늦으셨습니까? 시장하시고 피로하지 않으신지요?"

초장번희(楚莊樊姬)

왕이 말하였다.

"어진 자와 말을 나누다보니 배고픈 줄도 피로한 줄도 몰랐다오."

번희가 물었다.

"왕께서 말씀하시는 어진 자란 어떠한 사람을 말씀하시는 것입니까?"

왕이 말하였다.

"우구자虞丘子요."

그러자 번희가 입을 가리고 웃는 것이었다. 왕이 물었다.

"그대가 웃는 것은 무슨 이유요?"

번희가 말하였다.

"우구자는 어진 사람이기는 합니다만 아직 충성스럽지는 못합니다."

왕이 물었다.

"무슨 뜻이오?"

번희는 이렇게 대답하였다.

"제가 수건과 빗을 들고 왕을 모신 지 11년이 되었습니다. 사람을 정鄭나라, 위衛나라로 파견하여 미인을 구하여 왕에게 천거하였지요. 지금 그들 중에 지금 저보다 나은 사람은 두 명이 있고, 저와 같은 반열의 여인이 일곱 명이 있습니다. 제가 어찌 왕의 총애를 독점하고 싶지 않겠습니까? 제가 듣기로 '당상堂上에 여자를 몇 사람 두는 것은 사람의 능력을 관찰하기 위한 것이라 하더이다. 저는 따라서 사사로운 욕심으로 공公을 가릴 수 없었으며, 왕께서 그 사람의 능력을 보고 알도록 하기 위함이었습니다. 지금 우구자는 초나라에서 십여 년 동안 재상에 있으면서, 그가 추천한 사람은 자신의 자제子弟가 아니면 친척 형제들이었습니다. 현인을 추천하고 불초한 자를 물리쳤다는 말을 들어본 적이 없으니, 이로 보면 임금을 가려 어진 이의 길을 막은 것입니다. 어진 이인 줄 알면서 추천하지 않았다면 이는 충성스럽지 못한 것이요, 어떤 사람이 어진 이인 줄 몰랐다면 이는 지혜롭지 못한 것입니다. 제가 웃는 것은 역시 그럴 수 있는 것이 아닙니까?"

왕은 즐겁게 여겼다. 이튿날 우구자에게 번희의 말을 전하자, 우구자는 자리를 피하면서 대답할 바를 몰랐다. 그리고 자신은 물러나며 사람을 시켜 손숙오孫叔敖를 맞이하여 임금에게 추천하도록 하였다. 왕은 손숙오를 영윤令尹 자리에 앉혔고, 손숙오가 초나라를 다스린 지 3년만에 장왕은 패자가 되었다.

초나라 사서史書에서 이렇게 말하였다.

"장왕이 패업을 이룬 것은 번희의 힘이었다."

《시詩》에 "대부들은 일찍 출퇴근하여 임금으로 하여금 너무 힘들지 않도록 하였네"라 하였는데 이 때의 군君은 여자의 남편을 일컫는 말이다. 또 "아침저녁으로 따뜻이 공경하여 일마다 정성을 다하였네"라 한 것도 이를 두고 한 말이다.

頌頌:
"번희는 겸손과 양보로 질투함이 없었네.
미인들을 추천하여 자신과 함께 거처하였네.
우구자가 현인의 진로를 막는다고 비난하고 풍자하자,
초왕이 번희의 이 말 듣고 공업을 세워 패자가 되었네."

樊姬, 楚莊王之夫人也. 莊王卽位, 好狩獵, 樊姬諫, 不止,
乃不食禽獸之肉, 王改過, 勤於政事. 王嘗聽朝罷晏, 姬下殿迎
曰:「何罷之晏也? 得無飢倦乎?」

王曰:「與賢者語, 不知飢倦也.」

姬曰:「王之所謂賢者, 何也?」

曰:「虞丘子也.」

姬掩口而笑.

王曰:「姬之所笑何也?」

曰:「虞丘子賢則賢矣, 未忠也.」

王曰:「何謂也?」

對曰:「妾執巾櫛十一年, 遣人之鄭衛求美人進於王; 今賢
於妾者二人, 同列者七人, 妾豈不欲擅王之愛寵哉? 妾聞堂
上兼女, 所以觀人能也. 妾不能以私蔽公, 欲王多見知人能也.
今虞丘子相楚十餘年, 所薦非子弟則族昆弟, 未聞進賢退不肖,
是蔽君而塞賢路. 知賢不進是不忠, 不知其賢, 是不智也. 妾之
所笑不亦可乎?」

王悅. 明日王以姬言告虞丘子, 丘子避席, 不知所對. 於是避舍.
使人迎孫叔敖而進之, 王以爲令尹, 治楚三年, 而莊王以霸.

楚史書曰:「莊王之霸, 樊姬之力也.」

詩曰:『大夫夙退, 無使君勞.』其君者謂女君也. 又曰:『溫恭朝夕, 執事有恪.』此之謂也.

頌曰:『樊姬謙讓, 靡有嫉妒.

　　　薦進美人, 與己同處.

　　　非刺虞丘, 蔽賢之路.

　　　楚莊用焉, 功業遂伯.』

【樊姬】楚 莊王의 부인.

【楚莊王】춘추오패의 하나로 초나라 군주. 미성(羋姓)이며 이름은 旅(呂, 侶).
B.C.613~591년까지 23년간 재위. '絶纓', '三年不飛' 등의 고사를 남겼으며 남쪽
초나라를 강국으로 키운 영명한 군주.

【聽朝】조회를 열어 보고를 들음.《禮記》王制에 "天子無事, 與諸侯相見曰朝"
라 함.

【虞丘子】《韓詩外傳》에는 '沈令尹'으로 되어 있음.

【孫叔敖】춘추시대 초 장왕을 섬겼던 훌륭한 재상. 嬀氏이며 이름은 敖, 자는
孫叔. 期思(지금의 河南 淮濱) 사람. '兩頭蛇', '陰德陽報'의 고사를 남김.
(034 참조)

【大夫夙退】《詩經》衛風 碩人의 구절.

【溫恭朝夕】《詩經》商頌 那의 구절.

【靡】'無'와 같음. 雙聲互訓.

【非刺】비난하고 풍자하여 꾸짖음.

⬛ 참고 및 관련 자료

1.《詩經》衛風 碩人 → 008 참조.

2. 《詩經》商頌 那

猗與那與, 置我鞀鼓. 奏鼓簡簡, 衎我烈祖. 湯孫奏假, 綏我思成. 鞀鼓淵淵, 嘒嘒
管聲. 旣和且平, 依我磬聲. 於赫湯孫, 穆穆厥聲. 庸鼓有斁, 萬舞有奕. 我有嘉客,
亦不夷懌. 自古在昔, 先民有作. 溫恭朝夕, 執事有恪. 顧予烝嘗, 湯孫之將.

3. 《韓詩外傳》 卷二

楚莊王聽朝罷晏. 樊姬下堂而迎之, 曰:「何罷之晏也? 得無饑倦乎?」莊王曰:「今日
聽忠賢之言, 不知饑倦也.」樊姬曰:「王之所謂忠賢者, 諸侯之客歟? 中國之士歟?」
莊王曰:「則沈令尹也.」樊姬掩口而笑. 莊王曰:「姬之所笑, 何也?」姬曰:「妾得
於王, 尙湯沐, 執巾櫛, 振袵席, 十有一年矣. 然妾未嘗不遣人之梁鄭之間, 九美人而
進之於王也. 與妾同列者, 十人; 賢於妾者, 二人. 妾豈不欲擅王之寵哉? 不敢私願
蔽衆美, 欲王之多見則娛. 今沈令尹相楚數年矣, 未嘗見進賢而退不肖也, 又焉得爲
忠賢乎?」莊王旦朝, 以樊姬之言告沈令尹. 令尹避席而進孫叔敖. 叔敖治楚, 三年,
而楚國霸. 楚史援筆而書之於策, 曰:「楚之霸, 樊姬之力也.」詩曰:「百爾所思,
不如我所之.」樊姬之謂也.

4. 《新序》 雜事(一)

樊姬, 楚國之夫人也, 楚莊王罷朝而晏, 問其故? 莊王曰:「今旦與賢相語, 不知日之
晏也.」樊姬曰:「賢相爲誰?」王曰:「爲虞丘子.」樊姬掩口而笑. 王問其故. 曰:
「妾幸得執巾櫛以侍王, 非不欲專貴擅愛也, 以爲傷王之義, 故能進與妾同位者數
人矣. 今虞丘子爲相數十年, 未嘗進一賢, 知而不進, 是不忠也; 不知, 是不智也.
安得爲賢?」明日朝, 王以樊姬之言告虞丘子, 虞丘子稽首曰:「如樊姬之言.」於是
辭位, 而進孫叔敖. 孫叔敖. 相楚, 莊王卒而霸, 樊姬與有力焉.

5. 《說苑》 至公篇

楚令尹虞丘子復於莊王曰:「臣聞奉公行法, 可以得榮, 能淺行薄, 無望上位, 不名
仁智, 無求顯榮, 才之所不著, 無當其處. 臣爲令尹十年矣, 國不加治, 獄訟不息,
處士不升, 淫禍不討, 久踐高位, 妨群賢路, 尸祿素飡, 貪欲無厭, 臣之罪當稽於理,
臣竊選國俊下里之士孫叔敖, 秀羸多能, 其性無欲, 君擧而授之政, 則國可使治而
士民可使附.」莊王曰:「子輔寡人, 寡人得以長於中國, 令行於絶域, 遂霸諸侯, 非子
如何?」虞丘子曰:「久固祿位者, 貪也; 不進賢達能者, 誣也; 不讓以位者, 不廉也;
不能三者, 不忠也. 爲人臣不忠, 君王又何以爲忠? 臣願固辭.」莊王從之, 賜虞子采
地三百, 號曰「國老」, 以孫叔敖爲令尹. 少焉, 虞丘子家干法, 孫叔敖執而戮之.

虞丘子喜, 入見於王曰: 「臣言孫叔敖果可使持國政, 奉國法而不黨, 施刑戮而不骩, 可謂公平.」 莊王曰: 「夫子之賜也已!」

6.《文選》(56) 女史箴 注

列女傳曰: 楚莊樊姬者, 楚莊王之夫人. 莊王初卽位, 好狩獵畢弋, 樊姬諫不止, 乃不食禽獸之肉, 三年王改.

7.《文選》(11) 景福殿賦 注

列女傳曰: 楚莊王樊姬者, 楚莊王之夫人也. 王嘗聽朝而罷晏. 樊姬曰: 「何罷之晏也?」 王曰: 「今旦與賢者語.」 樊姬曰: 「王之所謂賢者, 諸侯之客與, 將國中士也!」 王曰: 「虞丘子也.」 樊姬掩口而笑曰: 「妾幸得充後宮, 妾所進者九人, 今賢於妾者二人, 與妾同列者七人. 今夫虞丘子之相楚十餘年矣, 其所薦者非其子孫則族昆弟, 未嘗聞其進賢而退不肖, 夫知賢而不進, 是不忠也; 若不知賢, 是無知也, 豈可謂賢哉?」

8. 기타 참고자료

《群書治要》8 ·《文選》〈文賦〉注, 曹子建〈贈白馬王彪詩〉注 ·《呂氏春秋》贊能篇 · 蔡邕《琴操》卷下

주남 대부의 아내

　　주남周南의 처는 주남 땅 대부大夫의 아내이다. 대부가 치수治水 공사의
임무를 받아 임지로 떠나야 할 시간이 넘었는데도 외출해서 돌아오지
않는 것이었다. 대부의 처는 임금의 일을 게을리할까 걱정이 되어 이웃
사람들에게 평소 자신의 남편 대부와 함께 나누었던 대화를 말해 주었다.
　　"나라에 어려움이 많을 때는 오로지 나라일에 힘써야 하지요. 불평하
거나 노하여 부모에게 근심을 남기는 일은 없도록 해야 합니다. 옛날

순舜 임금은 역산歷山에서 농사를
짓고, 뇌택雷澤에서 고기를 잡으며,
하빈河濱에서 도자기 굽는 일을 하
였습니다. 이는 자신이 할 일이 아
니었지만 그런데도 그러한 일을
한 것은 부모를 봉양하기 위해서
입니다. 집은 가난하고 어버이는
늙었을 경우 관직을 가리지 않고
벼슬을 하는 법이며, 부모가 몸소
물을 긷고 방아 찧는 일을 하는
경우라면 아내를 고르지 않고 우
선 장가를 들고 보는 법이랍니다.
그러므로 부모가 계실 때는 마땅
히 시세의 상황에 조금씩 맞추어

주남지처(周南之妻)

살아 대의大義을 어그러뜨리는 일이 없도록 하기만 하면 됩니다. 이것은 환란과 해를 입지 않으려는 것입니다. 봉황은 새 덫에 걸리지 않으며, 기린은 함정으로 기어들어가지 않으며, 교룡은 메마른 못으로 가지 않습니다. 이처럼 새와 짐승의 지혜로도 해를 피할 줄 알거늘 하물며 사람으로서야 더 말할 나위가 있겠습니까? 어지러운 세상에 태어나서 도리를 얻지 못하고, 포학한 일에 몰리면 의를 행하지 못합니다. 그럼에도 벼슬을 하는 것은 부모가 살아 계시기 때문이지요.”

이에 이렇게 시를 지었다.

“방어의 붉은 꼬리로 헤엄을 치고 나라의 위급함은 불과 같구나.

비록 세상이 불길처럼 무섭다 해도 부모님 계시니 어쩔 수 없네”라 하였으니 이는 대체로 어쩔 수 없어서였다.

군자는 이로써 주남 땅 대부의 처가 남편을 바로잡았음을 알게 된 것이다.

송頌:

“주남 땅 대부의 처 남편이 치수하러 나가게 되자

오로지 경계하여 게으름이 없이 부모 위해 힘쓰도록 일러 주었네.

모든 일에 해로운 것을 멀리함은 부모가 계시기 때문이지.

‘방어’라는 시를 지어 군자의 길을 경계시켰네.”

周南之妻者, 周南大夫之妻也. 大夫受命平治水土, 過時不來, 妻恐其懈於王事, 蓋與其隣人陳素所與大夫言.

「國家多難, 惟勉强之, 無有譴怒, 遺父母憂. 昔舜耕於歷山, 漁於雷澤, 陶於河濱, 非舜之事而舜爲之者, 爲養父母也. 家貧親老, 不擇官而仕, 親操井臼, 不擇妻而娶; 故父母在, 當與時小同, 無虧大義, 不罹患害而已. 夫鳳凰不離於蔚羅, 麒麟不入於

陷阱, 蟾龍不及於枯澤; 鳥獸之智猶知避害, 而況於人乎? 生於
亂世, 不得道理而迫於暴虐, 不得行義, 然而仕者, 爲父母在故也」

乃作詩曰:『魴魚頳尾, 王室如燬, 雖則如燬, 父母孔邇.』蓋不
得已也. 君子以是知周南之妻, 而能匡夫也.

　　頌曰:『周大夫妻, 夫出治土.
　　　　　維戒無怠, 勉爲父母.
　　　　　凡事遠周, 爲親之在.
　　　　　作詩魴魚, 以敕君子.』

【周南】 지명. 지금의 洛陽 지역을 말함.
【過時】 임지로 떠나야 할 시간을 넘김.
【舜】 순임금이 여러 곳을 떠돌며 고생하였고 널리 교화를 폈음을 말함. 《史記》
　〈五帝本紀〉에 "舜, 冀州人也. 舜耕歷山, 漁雷澤, 陶河濱, 作什器於壽丘, 就時於
　負夏"라 함.
【家貧親老, 不擇官而仕】《韓詩外傳》 권1에 "任重道遠者, 不擇地而息; 家貧親
　老者, 不擇官而仕"라 함.
【井臼】 우물물을 긷고 방아를 찧음. 늙은 부모가 며느리가 없어 힘든 일을 직접
　함을 뜻함.
【鳳凰不離於蔚羅】 '離'는 '罹'와 같음. 봉황새는 그물에 걸리지 않음.
【魴魚頳尾】《詩經》 周南 汝墳의 구절.
【遠周】 '周'자는 '害'자의 오기. 글자가 비슷하여 잘못 전해진 것. '해를 멀리하다'
　의 뜻.

1. 《詩經》周南 汝墳

遵彼汝墳, 伐其條枚. 未見君子, 惄如調飢. 遵彼汝墳, 伐其條肄. 旣見君子, 不我
遐棄. 魴魚赬尾, 王室如燬. 雖則如燬, 父母孔邇.

2. 《文選》(57) 陶徵士誄 注

列女傳曰: 周南大夫之妻謂其夫曰:「親探井臼, 不擇妻而娶. 母老子幼, 就養勤匱.」

021(2-7) 宋鮑女宗
송나라 포소의 아내 여종

여종女宗은 송宋나라 포소鮑蘇의 처이다. 그녀는 시부모를 아주 공경하여 잘 봉양하였다. 포소가 위衛나라에 벼슬길에 나선 지 3년 만에 그는 다시 다른 처를 얻어 살고 있었다. 그럼에도 여종은 시부모를 더욱 공경하며 봉양하였다. 위나라를 왕래하는 자를 통해 남편의 안부를 물었더니 포소는 밖의 그 아내에게 재물을 다 써 가면서 잘해 준다는 것이었다.

송포여종(宋鮑女宗)

여종의 동서가 이렇게 말하였다.

"이 집을 떠나도 되겠군요."

그러자 여종이 물었다.

"무슨 이유입니까?"

동서는 이렇게 말하였다.

"남편에게 좋아하는 사람이 생겼는데 그대는 무슨 이유로 더 이상 머물러 있고자 하십니까?"

여종은 이렇게 말하였다.

"부인이란 한번 혼례를 올렸으면 바꿀 수 없는 것입니다. 남편이 죽더라도 개가할 수 없는 것입니다. 또 삼과 모시풀을 가져다

실을 뽑아 천을 짜고, 누에고치를 다루어 실을 짜 옷감을 만들고, 바느질하여 의복을 만들어 공급하여 시가 식구들을 모시는 것입니다. 그리고 술을 맑게 담그고 음식을 마련하여 올려 시부모를 섬깁니다. 오로지 한 마음으로 하여 정貞으로 여기고 잘 따르는 것으로 순順으로 여깁니다. 이처럼 정순貞順은 부인으로서의 지극한 행동입니다. 그런데 어찌 남편과 시가의 사랑을 홀로 모두 차지하는 것만을 좋은 것이라 여기겠습니까? 만약 음탕한 뜻을 마음에 품고 시집의 좋은 것만 움켜 쥐려 한다면 이는 나로서는 좋은 것이라 여기지 않습니다. 무릇 예에 천자天子는 열두 부인, 대부大夫는 아홉 부인, 경대부卿大夫에게는 세 부인, 그리고 사士는 두 부인을 둘 수 있다고 하였습니다. 지금 내 남편은 진실로 사士이기 때문에 두 명의 처를 둔 것이니, 이 역시 당연한 것 아니겠습니까? 또 부인에게는 일곱 가지 쫓겨날 이유가 있습니다. 그 가운데 하나라도 쫓겨나지 않을 수 있는 의義는 없습니다. 일곱 가지 쫓겨날 이유 중에 질투가 제일 큽니다. 음탕한 짓, 도적질, 말이 많은 것, 교만하고 남을 깔보는 것, 자식을 낳지 못하는 것, 나쁜 병이 있는 것, 이 모두는 질투에 비하면 그 다음입니다. 그대 동서께서는 나에게 집 안에서 행해야 할 예를 가르쳐 주지 않으시고, 도리어 나로 하여금 그러한 행동을 포기하도록 시키시니 장차 그러한 덕목을 어디에 쓰려 하십니까?"

그리고 나서 그의 말을 듣지 않고 시부모 모시는 일에 더욱 공경을 다하였다.

송공宋公이 이를 듣고 그 마을에 표식을 세우고, '여종女宗'이라 호를 지어 주었다.

군자가 말하였다.

"여종은 겸손하고 또 예를 알았다."

《시詩》에 "훌륭한 의표에 아리따운 모습, 조심하고 공경하여 옛 교훈을 본받았으니 그 위의가 곧 힘이었네"라 하였으니 이를 두고 한 말이다.

송頌:

"송나라 포소의 여종女宗은 예를 좋아하고 도리를 알았다네.
남편이 밖에서 다른 처를 들였지만 자신은 변함이 없었다네.
부도婦道에 인용하며 동서의 권유마저 듣지 않아
송공이 어질다 여겨 그 마을에 표목을 세워 칭송하였네."

女宗者, 宋鮑蘇之妻也. 養姑甚謹. 鮑蘇仕衛三年, 而娶外妻. 女宗養姑愈敬, 因往來者, 請問其夫, 賂遺外妻甚厚.

女宗姒謂曰:「可以去矣.」

女宗曰:「何故?」

姒曰:「夫人旣有所好, 子何留乎?」

女宗曰:「婦人一醮不改, 夫死不嫁. 執麻枲, 治絲繭, 織紝組紃, 以供衣服, 以事夫室, 澂漠酒醴, 羞饋食以事舅姑. 以專一爲貞, 以善從爲順. 貞順, 婦人之至行也, 豈以專夫室之愛爲善哉? 若以其淫意爲心, 而扼夫室之好, 吾未知其善也. 夫禮: 天子十二, 諸侯九, 卿大夫三, 士二, 今吾夫誠士也, 有二, 不亦宜乎? 且婦人有七見去, 夫無一去義. 七去之道, 妒正爲首, 淫僻·竊盜·長舌·驕侮·無子·惡病, 皆在其後. 吾姒不敎吾以居室之禮, 而反欲使吾爲見棄之行, 將安所用此?」

遂不聽, 事姑愈謹.

宋公聞之, 表其閭, 號曰「女宗」.

君子謂:「女宗謙而知禮.」

詩云:『令儀令色, 小心翼翼, 故訓是式, 威儀是力.』此之謂也.

頌曰:『宋鮑女宗, 好禮知理.

夫有外妻, 不爲變己.

稱引婦道, 不聽其姒.

宋公賢之, 表其閭里.』

【宋】 子姓이며 周 武王이 殷을 멸하고 그 후손으로 하여금 제사를 잇도록 하기
위하여 세워 준 나라. 商丘(지금의 河南 상구)에 도읍하였으며 전국시대 齊나라
에게 망함.

【女宗】 여자로서의 으뜸이라는 뜻. ‘宗’은 시종(詩宗)・유종(儒宗)처럼 사람들이
우러러 존경한다는 뜻이 담겨 있음.

【養姑】 시어머니를 봉양함.《禮記》內則에 “婦事舅姑, 如事父母”라 함.

【醮】 여자가 출가할 때의 예. 혼례식에서 술을 따라 신랑에게 올리는 예. 이를
醮禮라 함.

【麻枲】 삼, 대마.

【夫室】 남편. 丈夫.

【天子十二】《白虎通》嫁娶에 “天子・諸侯一娶九女. 或曰: 天子娶十二女; 卿大夫
一妻二妾; 士一妻一妾”이라 함.

【七見去】 七去之惡을 뜻하며 혹 ‘七出’, ‘七棄’라고도 함.《大戴禮記》本命에
“婦有七去: 不順父母去, 無子去, 淫去, 妬去, 惡疾去, 多言去, 竊盜去”라 하였으며
《公羊傳》莊公 27년 何休 주에 “夫人有七棄: 無子棄, 淫佚棄, 不事舅姑棄, 口舌棄,
竊盜棄, 疾妬棄, 惡疾棄”라 함.

【宋公】 송나라 임금.

【表其閭】 그 마을에 忠孝, 節義, 혹 효부, 효자가 있을 때 이를 기리기 위하여
조정에서 旌表나 旌門을 세워 주는 것.

【令儀令色】《詩經》大雅 烝民의 구절.

【變己】 變化와 같은 뜻임.

1. 《詩經》 大雅 烝民

天生烝民, 有物有則. 民之秉彝, 好是懿德. 天監有周, 昭假于下, 保茲天子, 生仲山甫. 仲山甫之德, 柔嘉維則. 令儀令色, 小心翼翼. 古訓是式, 威儀是力. 天子是若, 明命使賦. 王命仲山甫, 式是百辟. 纘戎祖考, 王躬是保. 出納王命, 王之喉舌. 賦政于外, 四方爰發. 肅肅王命, 仲山甫將之. 邦國若否, 仲山甫明之. 旣明且哲, 以保其身. 夙夜匪解, 以事一人. 人亦有言, 柔則茹之, 剛則吐之. 維仲山甫, 柔亦不茹, 剛亦不吐, 不侮矜寡, 不畏彊禦. 人亦有言, 德輶如毛, 民鮮克擧之. 我儀圖之, 維仲山甫擧之, 愛莫助之. 袞職有闕, 維仲山甫補之. 仲山甫出祖, 四牡業業, 征夫捷捷, 每懷靡及. 四牡彭彭, 八鸞鏘鏘. 王命仲山甫, 城彼東方. 四牡騤騤, 八鸞喈喈. 仲山甫徂齊, 式遄其歸. 吉甫作誦, 穆如淸風. 仲山甫永懷, 以慰其心.

2. 《文選》(49) 晉紀總論 注
列女傳: 宋鮑女宗曰:「貞順, 婦人之至行也.」

3. 《文選》(59) 劉先生夫人墓誌 注
列女傳: 鮑蘇妻曰: 如不教吾以居室之行.

4. 《蒙求》 卷下 宋女愈謹
古列女傳: 宋鮑女宗者, 鮑蘇妻也. 養姑甚謹. 蘇去仕衛, 三年而娶外妻. 女宗因往來者, 請問其夫不輟, 賂遺外妻甚厚. 女宗之姒曰:「可以去矣.」女宗曰:「婦人固以一醮不改, 夫死不嫁爲分者也. 吾姒不教吾以居室之禮, 而反欲使吾爲見棄之行, 將安用此?」遂不聽, 事姑愈謹. 宋公聞而美之, 表其閭號曰女宗. 君子謂:「女宗謙而知禮.」

022(2-8) 晉趙衰妻
진나라 조최의 아내 조희

　진晉나라 조최趙衰의 처는 진晉나라 문공文公의 딸로서 호를 조희趙姬라 하였다.

　처음 문공이 공자公子로 있을 때, 아버지 헌공獻公에게 추방되어 조최와 함께 적狄 땅으로 도망을 갔다. 적 땅에 있을 때 적인狄人이 그의 두 딸 숙외叔隗와 계외季隗를 공자의 처로 삼게 해 주자 공자는 계외는 자신의 처로 삼고, 숙외를 조최의 처로 삼게 하여 조최는 숙외에게서 아들 돈盾을 낳았다.

　뒤에 본국으로 돌아와 문공은 자신의 딸 조희를 조최에게 주어 조희는 원동原同과 병괄屏括, 누영樓嬰을 낳았다. 조희는 남편에게 적 땅에 있을 때 낳은 아들 돈과 그의 어머니 숙외를 데려오도록 청하였다. 조최는 사양하면서 감히 그렇게 할 수 없다고 하였다. 그러자 조희가 이렇게 말하였다.

　"그렇게 해서는 안 됩니다. 무릇 은총을 얻었다고 옛일을 잊는 것은 의를 저버리는 것이며, 새로운 사람을 좋아하며 옛 사람에게 소홀히

진조최처(晉趙衰妻)

하는 것은 은혜를 저버리는 것이며, 곤궁한 처지에서 함께 힘써 노력하여 헤쳐 나온 사람을 부귀해졌다고 돌아보지 않는 것은 예가 아닙니다. 당신이 이 세 가지를 버리고 어떻게 다른 사람을 부릴 수 있겠습니까? 비록 저라 할지라도 역시 건즐巾櫛을 잡고 모시는 일을 하지 않으려 할 것입니다. 《시詩》에 이르지 않았습니까? '무를 뽑는데 어찌 큰 뿌리는 뽑지 않는가? 남의 은혜 잊지 말아야지. 죽을 때까지 그와 함께 해야지'라고 말입니다. 남과 더불어 추위와 고통을 함께 하였다면 비록 그에게 작은 잘못이 있어 그와 함께 죽을지라도 버릴 수 없는 것인데, 하물며 새로운 사람을 편안히 여겨 옛 사람을 잊을 수 있겠습니까? 또 '그대는 신혼 재미에 푹 빠져 나를 거들떠보지도 않는군요'라 하였는데 이는 그러한 사람의 슬픔을 말한 것입니다. 그대는 그들을 맞이하여 새로 장가들었다는 이유로 옛 사람을 버리는 일이 없도록 해야 할 것입니다."

조최가 허락하여 이에 숙외와 돈을 맞이하였다.

그들이 오자 조희는 돈을 똑똑한 인물이라 여겨 그를 적자嫡子로 세울 것을 청하고 자신의 세 자녀로 하여금 그 아래에서 받들도록 하였다. 그리고 숙외는 내부內婦로 삼고, 조희 자신은 스스로 그 아래로 처신하였다.

나중에 돈이 정경正卿이 되자, 돈은 조희가 자신에게 은혜와 양보를 베풀었음을 생각하여, 조희 소생의 둘째 아들 병괄을 공족대부公族大夫로 세울 것을 청하면서 이렇게 말하였다.

"조희께서 아끼는 아들입니다. 그 어머니 조희가 아니었다면 저는 적인에 불과하였을 것입니다. 어떻게 이러한 지위에 이를 수 있었겠습니까?"

성공成公이 이를 허락하여 병괄은 마침내 그를 그 일족을 통솔하는 공족대부로 삼았다.

군자가 말하였다.

"조희는 공손하고 겸양의 태도가 있었다."

《시詩》에서 "온화하고 공손하여 예가 있으니, 현명한 품덕의 바탕이었네"라 하였으니 조희 같은 이를 두고 한 말이다.

송頌:
"조최의 부인 조희는 행동이 분명하였네.
 자신은 존귀한 몸이지만 측실을 시기하지 않았네.
 몸소 숙외를 섬기고 그의 아들 돈을 적자로 삼으니,
 군자가 그를 훌륭하다 칭송하고 그의 행동 또한 완전함을 갖추었네."

晉趙衰妻者, 晉文公之女也, 號趙姬.

初, 文公爲公子時, 與趙衰奔狄, 狄人入其二女叔隗・季隗於公子, 公以叔隗妻趙衰, 生盾.

及反國, 文公以其女趙姬妻趙衰, 生原同・屛括・樓嬰. 趙姬請迎盾與其母而納之, 趙衰辭而不敢.

姬曰:「不可. 夫得寵而忘舊, 舍義; 好新而嫚故, 無恩; 與人勤於隘厄, 富貴而不顧, 無禮, 君棄此三者, 何以使人? 雖妾亦無以侍執巾櫛. 詩不云乎?『采葑采菲, 無以下體, 德音莫違, 及爾同死.』與人同寒苦, 雖有小過, 猶與之同死而不去, 況於安新忘舊乎? 又曰:『讌爾新婚, 不我屑以.』蓋傷之也. 君其逆之, 無以新廢舊.」

趙衰許諾, 乃逆叔隗與盾. 來, 姬以盾爲賢, 請立爲嫡子, 使三子下之. 以叔隗爲內婦, 姬親下之.

及盾爲正卿, 思趙姬之讓恩, 請以姬之中子屛括爲公族大夫, 曰:「君姬氏之愛子也. 微君姬氏, 則臣狄人也, 何以至此?」

成公許之, 屛括遂以其族爲公族大夫.

君子謂:「趙姬恭而有讓.」
詩曰:『溫溫恭人, 維德之基.』趙姬之謂也.

頌曰:『趙衰姬氏, 制行分明.
　　　　身雖尊貴, 不妒偏房.
　　　　躬事叔隗, 子盾爲嗣,
　　　　君子美之, 厥行孔備.』

【趙衰】晉나라 趙夙의 손자이며 趙盾의 아버지. 趙成子. 자는 子餘. 춘추시대 晉나라 正卿. 일찍이 공자 重耳를 따라 狄으로 갔던 重耳五賢의 하나. 그 후손이 趙나라를 세웠음. '조최'로 읽음.《左傳》僖公 23년에 "狄人伐廧咎如, 獲其二女 叔隗·季隗, 納諸公子. 公子娶季隗, 生伯儵·叔劉; 以叔隗妻趙衰, 生盾"이라 하였으나《史記》〈晉世家〉에는 "狄伐咎如, 得二女; 以長女妻重耳, 生伯儵·叔劉, 以少女妻趙衰, 生盾"이라 하여 기록이 다름.

【趙盾】趙宣子. 자는 宣孟. 趙衰와 叔隗 사이에 난 아들로 춘추시대 晉나라 正卿으로 실권을 잡아 晉六卿(趙·韓·魏·范·智·中行)의 하나가 됨. '조돈', '조둔'으로 읽음.

【生原同屛括樓嬰】조최의 처(趙姬)가 진(晉)나라에 있을 때 이미 趙同·趙括·趙嬰齊를 낳았으며 이들 모두 각기 原·屛·樓 세 곳의 식읍을 가지고 있었음.《史記》〈趙世家〉에 "初, 重耳在晉時, 趙衰妻亦生趙同·趙括·趙嬰齊"라 함.

【采葑采菲·讌爾新婚】《詩經》邶風 谷風의 구절.

【來, 姬以盾爲賢~姬親下之】《左傳》僖公 24년과《史記》〈趙世家〉에도 보임.

【請以姬之中子~成公許之】《左傳》宣公 2년에 실려 있음.

【君姬氏】趙盾의 趙姬에 대해 존칭.

【成公】晉 成公. B.C.606~600 재위. 이름은 黑臀. 文公(B.C.636~628)의 막내아들이며 襄公(B.C.627~621)의 아우.

【屛括遂以其族爲公族大夫】《左傳》宣公 3년에 "使屛季以其故族爲公族大夫"라 함. 趙盾은 그 선조 趙夙이래 嫡子이며 大宗으로 여러 공족을 통솔하여야 함.

그러나 그 임무를 屛括에게 맡김을 뜻함. 公族大夫는 공족을 통솔하는 임무를 맡은 관직의 명칭.

【溫溫恭人】《詩經》大雅 抑의 구절.

【制行】 禮法과 항렬.

【偏房】 첩의 다른 말. ‘側室’이라고도 함.

참고 및 관련 자료

1. 《詩經》 邶風 谷風

習習谷風, 以陰以雨. 黽勉同心, 不宜有怒. 采葑采菲, 無以下體. 德音莫違, 及爾同死. 行道遲遲, 中心有違. 不遠伊邇, 薄送我畿. 誰謂荼苦, 其甘如薺. 宴爾新昏, 如兄如弟. 涇以渭濁, 湜湜其沚. 宴爾新昏, 不我屑以. 毋逝我梁, 毋發我笱. 我躬不閱, 遑恤我後. 就其深矣, 方之舟之. 就其淺矣, 泳之游之. 何有何亡, 黽勉求之. 凡民有喪, 匍匐救之. 不我能慉, 反以我爲讎. 旣阻我德, 賈用不售. 昔育恐育鞫, 及爾顚覆. 旣生旣育, 比予于毒. 我有旨蓄, 亦以御冬. 宴爾新昏, 以我御冬. 有洸有潰, 旣詒我肄. 不念昔者, 伊余來塈.

2. 《詩經》 大雅 抑

抑抑威儀, 維德之隅. 人亦有言, 靡哲不愚. 庶人之愚, 亦職維疾. 哲人之愚, 亦維斯戾. 無競維人, 四方其訓之. 有覺德行, 四國順之. 訏謨定命, 遠猶辰告. 敬愼威儀, 維民之則. 其在于今, 興迷亂于政. 顚覆厥德, 荒湛于酒. 女雖湛樂從, 弗念厥紹. 罔敷求先王, 克共明刑. 肆皇天弗尙, 如彼泉流, 無淪胥以亡. 夙興夜寐, 洒掃庭內, 維民之章. 脩爾車馬, 弓矢戎兵. 用戒戎作, 用逷蠻方. 質爾人民, 謹爾侯度, 用戒不虞. 愼爾出話, 敬爾威儀, 無不柔嘉. 白圭之玷, 尙可磨也. 斯言之玷, 不可爲也. 無易由言, 無曰苟矣. 莫捫朕舌, 言不可逝矣. 無言不讎, 無德不報. 惠于朋友, 庶民小子, 子孫繩繩, 萬民靡不承. 視爾友君子, 輯柔爾顔, 不遐有愆. 相在爾室, 尙不愧于屋漏. 無曰不顯, 莫予云覯. 神之格思, 不可度思, 矧可射思. 辟爾爲德, 俾臧俾嘉. 淑愼爾止, 不愆于儀. 不僭不賊, 鮮不爲則. 投我以桃, 報之以李. 彼童而角, 實虹小子. 荏染柔木, 言緡之絲. 溫溫恭人, 維德之基. 其維哲人, 告之話言, 順德之行. 其維愚人, 覆謂我僭, 民各有心. 於乎小子, 未知臧否. 匪手攜之, 言示之事. 匪面命之, 言提其耳. 借曰未知, 亦旣抱子. 民之靡盈, 誰夙知而莫. 昊天孔昭, 我生靡樂.

視爾夢夢, 我心慘慘. 誨爾諄諄, 聽我藐藐. 匪用爲教, 覆用爲虐. 借曰未知, 亦聿
旣耄. 於乎小子, 告爾舊止. 聽用我謀, 庶無大悔. 天方艱難, 曰喪厥國. 取譬不遠,
昊天不忒. 回遹其德, 俾民大棘.

3. 《左傳》 僖公 23년, 24년

晉公子重耳之及於難也, 晉人伐諸蒲城. 蒲城人欲戰, 重耳不可, 曰:「保君父之命而
享其生祿, 於是乎得人. 有人而校, 罪莫大焉. 吾其奔也」遂奔狄. 從者狐偃·趙衰·
顚頡·魏武子·司空季子. 狄人伐廧咎如, 獲其二女, 叔隗·季隗, 納諸公子. 公子取
季隗, 生伯儵·叔劉, 以叔隗妻趙衰, 生盾. 將適齊, 謂季隗曰:「待我二十五年, 不來
而後嫁」對曰:「我二十五年矣, 又如是而嫁, 則就木焉. 請待子」處狄十二年而行.
過衛, 衛文公不禮焉. 出於五鹿, 乞食於野人, 野人與之塊. 公子怒, 欲鞭之. 子犯曰:
「天賜也」稽首受而載之.

及齊, 齊桓公妻之, 有馬二十乘. 公子安之. 從者以爲不可. 將行, 謀於桑下. 蠶妾在
其上, 以告姜氏. 姜氏殺之, 而謂公子曰:「子有四方之志, 其聞之者, 吾殺之矣」
公子曰:「無之」姜曰:「行也! 懷與安, 實敗名」公子不可. 姜與子犯謀, 醉而遣之.
醒, 以戈逐子犯.

及曹, 曹共公聞其駢脅, 欲觀其裸. 浴, 薄而觀之. 僖負羈之妻曰:「吾觀晉公子之
從者, 皆足以相國. 若以相, 夫子必反其國. 反其國, 必得志於諸侯. 得志於諸侯,
而誅無禮, 曹其首也. 子盍蚤自貳焉!」乃饋盤飧, 寘璧焉. 公子受飧反璧.

及宋, 宋襄公贈之以馬二十乘.

及鄭, 鄭文公亦不禮焉. 叔詹諫曰:「臣聞天之所啓, 人弗及也. 晉公子有三焉, 天其
或者將建諸, 君其禮焉! 男女同姓, 其生不蕃. 晉公子, 姬出也, 而至於今, 一也.
離外之患, 而天不靖晉國, 殆將啓之, 二也. 有三士, 足以上人, 而從之, 三也. 晉·鄭
同儕, 其過子弟固將禮焉, 況天之所啓乎!」弗聽.

及楚, 楚子饗之, 曰:「公子若反晉國, 則何以報不穀?」對曰:「子·女·玉·帛, 則君
有之; 羽·毛·齒·革, 則君地生焉. 其波及晉國者, 君之餘也; 其何以報君?」曰:
「雖然, 何以報我?」對曰:「若以君之靈, 得反晉國. 晉·楚治兵, 遇于中原, 其辟君
三舍. 若不獲命, 其左執鞭·弭, 右屬櫜·鞬, 以與君周旋」子玉請殺之. 楚子曰:
「晉公子廣而儉, 文而有禮. 其從者肅而寬, 忠而能力. 晉侯無親, 外內惡之. 吾聞姬
姓唐叔之後, 其後衰者也, 其將由晉公子乎! 天將興之, 誰能廢之? 違天, 必有大咎」
乃送諸秦. 秦伯納女五人, 懷嬴與焉. 奉匜沃盥, 旣而揮之. 怒, 曰:「秦·晉, 匹也,
何以卑我?」公子懼, 降服而囚.

他日, 公享之. 子犯曰:「吾不如衰之文也, 請使衰從.」公子賦河水. 公賦六月.
趙衰曰:「重耳拜賜!」公子降, 拜, 稽首, 公降階一級而辭焉. 衰曰:「君稱所以佐天子
者命重耳, 重耳敢不拜?」

二十四年春王正月, 秦伯納之. 不書, 不告入也. 及河, 子犯以璧授公子, 曰:「臣負羈
絏從君巡於天下, 臣之罪甚多矣, 臣猶知之, 而況君乎? 請由此亡.」公子曰:「所不
與舅氏同心者, 有如白水!」投其璧于河. 濟河, 圍令狐, 入桑泉, 取臼衰.

二月甲午, 晉師軍于廬柳. 秦伯使公子縶如晉師. 師退, 軍于郇. 辛丑, 狐偃及秦·晉
之大夫盟于郇. 壬寅, 公子入于晉師. 丙午, 入于曲沃. 丁未, 朝于武宮. 戊申, 使殺懷
公于高梁. 不書, 亦不告也. 呂·郤畏偪, 將焚公宮而弑晉侯. 寺人披請見. 公使讓之,
且辭焉, 曰:「蒲城之役, 君命一宿, 女即至. 其後余從狄君以田渭濱, 女爲惠公來求
殺余, 命女三宿, 女中宿至. 雖有君命, 何其速也? 夫袪猶在. 女其行乎!」對曰:
「臣謂君之入也, 其知之矣. 若猶未也, 又將及難. 君命無二, 古之制也. 除君之惡,
唯力是視. 蒲人·狄人, 余何有焉? 今君即位, 其無蒲·狄乎! 齊桓公置射鉤, 而使管
仲相. 君若易之, 何辱命焉? 行者甚衆, 豈唯刑臣?」公見之, 以難告. 三月, 晉侯潛會
秦伯于王城. 己丑晦, 公宮火. 瑕甥·郤芮不獲公, 乃如河上, 秦伯誘而殺之. 晉侯逆
夫人嬴氏以歸. 秦伯送衛於晉三千人, 實紀綱之僕.

初, 晉侯之豎頭須, 守藏者也, 其出也, 竊藏以逃, 盡用以求納之. 及入, 求見. 公辭焉
以沐. 謂僕人曰:「沐則心覆, 心覆則圖反, 宜吾不得見也. 居者爲社稷之守, 行者爲羈
絏之僕, 其亦可也, 何必罪居者? 國君而讎匹夫, 懼者甚衆矣.」僕人以告, 公遽見之.
狄人歸季隗于晉, 而請其二子. 文公妻趙衰, 生原同·屛括·樓嬰. 趙姬請逆盾與
其母, 子餘辭. 姬曰:「得寵而忘舊, 何以使人? 必逆之!」固請, 許之. 來, 以盾爲才,
固請於公, 以爲嫡子, 而使其三子下之; 以叔隗爲内子, 而己下之.

晉侯賞從亡者, 介之推不言祿, 祿亦弗及. 推曰:「獻公之子九人, 唯君在矣. 惠·懷
無親, 外内弃之. 天未絶晉, 必將有主. 主晉祀者, 非君而誰? 天實置之, 而二三子以
爲己力, 不亦誣乎? 竊人之財, 猶謂之盜, 況貪天之功以爲己力乎? 下義其罪, 上賞
其姦; 上下相蒙, 難與處矣.」其母曰:「盍亦求之? 以死, 誰懟?」對曰:「尤而效之,
罪又甚焉? 且出怨言, 不食其食.」其母曰:「亦使知之, 若何?」對曰: 言, 身之文也.
身將隱, 焉用文之? 是求顯也.」其母曰:「能如是乎? 與女偕隱.」遂隱而死. 晉侯求
之不獲. 以緜上爲之田, 曰:「以志吾過, 且旌善人.」

도 땅 대부 답자의 아내

    도陶 땅의 대부 답자荅子의 처이다. 답자가 도 땅을 다스린 지 3년 만에 그의 명성은 높아지지 않았는데도 집에 살림은 세 배나 불어났다. 그의 처가 여러 차례 간하였지만, 답자는 받아들이지 않았다.

    5년이 되어서는 수레 백 승을 끌고 휴가차 귀향하게 되자, 친척들은 소를 잡아 그를 축하하였지만, 그의 처만은 아이를 안고 울고 있었다.

도답자처(陶荅子妻)

    시어머니가 화를 내며 물었다. "무엇이 그리 상서롭지 못한 짓을 하느냐!"

    이에 그 부인이 이렇게 말하였다. "남편은 능력은 없으면서 벼슬은 크니 이를 두고 해를 부른다는 것입니다. 또 공적은 없으면서 집안 살림만 번창하니 이를 두고 재앙을 쌓는다고 말하는 것입니다. 옛날 초楚나라의 영윤令尹 자문子文이 나라를 다스릴 때, 자신의 집은 가난하면서도 나라는 부유하였고, 임금은 그를 공경하였으며, 백성은 그를 추대였습니다. 그래서 복이 자손에게 연결되었고, 명예가 후세에까지 전해진 것입니다. 지금 남편은 그렇지가 못합니다. 부를 탐내고 크게 되기에 힘을 쓰면서 뒤에 올 재앙은 돌아보지 않습니다. 제가 듣기로 '남산에 검은 표범이 안개가 끼고 비 오는 날이 이레나 계속 되어도 먹이 구하러 산에서 내려오지 않는다는 것은 무슨 까닭이겠는가? 그 털을 아껴 좋은 무늬를 그대로 유지하기 위해서이다. 그러므로 몸을 숨기고 해로움에서 멀리 떨어져 있는 것이다. 개나 돼지는 먹이를 가리지 않아 몸이 비대해지니 가만히 앉아 죽음을 기다릴 뿐이다'라고 하더이다. 지금 남편이 도 땅을 맡아 다스리면서부터 집안 살림은 부유해졌으나, 나라는 가난해졌고, 임금은 그를 존경하지 않으며 백성들도 그를 추대하려 하지 않습니다. 패망의 징조가 보입니다. 원컨대 이 아이와 함께 몸을 빠져나갈 수 있도록 해 주십시오."

그러자 시어머니가 화를 내며 며느리를 내쫓아 버렸다.

그 후 일 년이 되어 답자의 집안은 과연 도둑으로 몰려 주벌을 받게 되었으며, 오직 그의 모친만이 늙었다는 이유로 화를 면하게 되었다. 부인은 어린아이를 데리고 돌아와 시어머니를 봉양하며 끝내 천수를 누리게 되었다.

군자가 말하였다.

"답자의 처는 능히 의로써 이익을 바꾸었다. 예를 어기고 시어머니에게서 떠났지만, 마침내 몸을 온전히 하고 예를 복구하였다. 가히 식견이 원대하였다고 말할 수 있으리라."

《시詩》에 "그대들 수많은 이들이 생각하는 것, 나의 생각에 미치지 못하는구나"라 하였는데 이를 두고 한 말이다.

송頌:
"답자가 도 땅을 다스린 지 삼년 만에 집안 살림이 세 배나 불어났네.
처가 간언을 해도 듣지 않아 고칠 수 없음을 알게 되었다네.
홀로 흐느껴 울자, 시어머니는 화를 내며 친정으로 내쫓아 버렸네.
답자가 화를 당하자, 다시 돌아와 시어머니를 봉양하였네."

陶大夫荅子之妻也. 荅子治陶三年, 名譽不興, 家富三倍, 其妻數諫不用.

居五年, 從車百乘. 歸休, 宗人擊牛而賀之, 其妻獨抱兒而泣.

姑怒曰:「何其不祥也!」

婦曰:「夫子能薄而官大, 是謂嬰害; 無功而家昌, 是謂積殃. 昔楚令尹子文之治國也: 家貧國富, 君敬民戴, 故福結於子孫, 名垂於後世. 今夫子不然, 貪富務大, 不顧後害. 妾聞:『南山有玄豹, 霧雨七日而不下食者, 何也? 欲以澤其毛而成其文章也, 故藏而遠害. 犬彘不擇食以肥其身. 坐而須死耳.』今夫子治陶, 家富國貧, 君不敬, 民不戴, 敗亡之徵見矣. 願與少子俱脫.」

姑怒遂棄之.

處期年, 荅子之家, 果以盜誅, 唯其母老以免. 婦乃與少子歸養姑, 終卒天年.

君子謂:「荅子妻能以義易利, 雖違禮求去, 終以全身復禮, 可謂遠識矣.」

詩曰:『百爾所思, 不如我所之.』此之謂也.

頌曰:『荅子治陶, 家富三倍.
　　　妻諫不聽, 知其不改.
　　　獨泣姑怒, 送厥母家.
　　　荅子逢禍, 復歸養姑.』

【陶】 지명. 陶丘. 지금의 山東 定陶縣.
【荅子】 邑의 대부. '荅'은 '答'으로도 씀.

【嬰害】 '嬰'은 '攖'의 가차자. 재앙을 촉발시킴. 만져서는 안 될 것을 만져 화를
 불러옴.
【令尹子文】 초나라 고유의 재상직. 子文은 鬪子文. 鬪比伯의 아들 누오도(耨於菟).
 《國語》 楚語(下)에 "昔鬪子文三舍令尹, 無一日之積, 恤民之故也"라 함.
【成文章】 文章은 무늬를 뜻함.
【百爾所思】 《詩經》 鄘風 載馳의 구절.

참고 및 관련 자료

1. 《詩經》 鄘風 載馳

載馳載驅, 歸唁衛侯. 驅馬悠悠, 言至於漕. 大夫跋涉, 我心則憂. 旣不我嘉, 不能
旋反. 視爾不臧, 我思不遠. 旣不我嘉, 不能旋濟. 視爾不臧, 我思不閟. 陟彼阿丘,
言采其蝱. 女子善懷, 亦各有行. 許人尤之, 衆稚且狂. 我行其野, 芃芃其麥. 控于
大邦, 誰因誰極. 大夫君子, 無我有尤. 百爾所思, 不如我所之.

2. 《文選》(27) 之宣城出新林浦向版橋 注

列女傳曰: 陶答子治陶三年, 名譽不興, 家富三倍, 其妻抱兒而泣, 姑怒, 以爲不祥.
妻曰: 「妾聞南山有玄豹, 隱霧而七日不食, 欲以澤其衣毛, 成其文章. 至於犬豕,
肥以取之, 逢禍必矣.」 期年, 答子之家, 果被盜誅.

3. 《文選》(28) 樂府 (苦熱行) 注

列女傳, 陶答子妻曰: 「玄豹霧雨, 七日不下食.」

노나라 유하혜의 아내

　노魯나라 대부 유하혜柳下惠의 처이다. 유하혜가 노나라에서 세 번
이나 축출당하였는데도 노나라를 떠나지 않은 채 도리어 그는
백성을 걱정하여 혼란에서 구해 내고자 하였다. 그러자 그의 처가
말하였다.

　"모독을 느끼지도 않으십니까? 군자에게는 두 가지 부끄러움이
있습니다. 나라에 도가 없는데도 귀한 자리에 있는 것이 부끄러움

유하혜처(柳下惠妻)

이요, 나라가 도가 있는데도 천하
게 사는 것이 역시 부끄러움입
니다. 지금과 같은 난세를 당하여
세 번을 축출을 당하고서도 이 나
라를 떠나지 않는 것 역시 치욕에
가깝습니다."

　그러자 유하혜는 이렇게 말하
였다.

　"많고 많은 백성들이 장차 해악
의 함정으로 빠지려 하는데 내 능
히 그만둘 수가 있겠소? 또 저들은
저들이고 나는 나요. 저들이 비록
벌거벗고 나선다 해도 어찌 나를
능히 더럽힐 수 있겠소?"

그는 유유히 백성들과 함께 어울려 살며 낮은 직위에서 일을 하였다.

유하혜가 죽어 문인門人들이 그를 위해 뇌문誄文을 지으려 하자 그의 처가 말하였다.

"선생이 생전에 행하였던 덕을 뇌문으로 쓰고자 하십니까? 그렇다면 당신들은 내가 아는 만큼 그를 알지 못할 것입니다."

그리고는 이렇게 뇌문을 지었다.

"선생의 자랑하지 않음이여! 선생의 다함 없는 덕택이여! 선생께서는 진실로 성실하고 다른 사람에게 해를 끼치지 않으셨도다. 부드럽게 굴복하고 풍속을 따르되 억지로 감찰하지도 않으셨네. 치욕을 무릅쓰고 백성을 구제하였으니 그 덕이 더욱 큽니다. 비록 세 번을 축출을 당하였으나 끝내 자신을 은폐하지 않으셨도다. 훌륭한 군자시여! 영원히 능히 힘을 다하셨네. 아! 안타깝도다. 이에 세상을 버리고 떠나시다니. 오래도록 사시기를 바랐더니 지금 드디어 가시었구려. 아! 슬프도다. 넋이 흩어져 떠나셨구나. 선생의 시호는 의당 '혜惠'자로 하리로다."

문인들은 그녀가 쓴 뇌문대로 하였으며 한 글자도 고칠 수가 없었다.

군자가 말하였다.

"유하혜의 처는 그 남편을 빛나게 하였다."

《시詩》에 "사람들은 하나는 알지만 그 밖의 것은 알지 못하네"라 하였는데 이를 두고 한 말이다.

송頌:

"유하혜의 처는 현명하고 문장 또한 훌륭하였네.
유하혜가 죽고 나자 문인들의 가슴에는 남아 있어
장차 그의 뇌문을 지으려 하자 그 처가 사양하였네.
유하혜의 처가 글을 지어 펼치자 누구도 그 글을 고칠 수 없었네."

魯大夫柳下惠之妻也. 柳下惠處魯, 三黜而不去, 憂民救亂,
妻曰:「無乃瀆乎? 君子有二恥: 國無道而貴, 恥也; 國有道
而賤, 恥也. 今當亂世, 三黜而不去, 亦近恥也.」

柳下惠曰:「油油之民, 將陷於害, 吾能已乎? 且彼爲彼, 我爲
我, 彼雖裸裎, 安能污我?」

油油然與之處, 仕於下位.

柳下旣死, 門人將誄之. 妻曰:「將誄夫子之德耶? 則二三子
不如妾知之也.」

乃誄曰:「夫子之不伐兮, 夫子之不竭兮, 夫子之信誠而與人
無害兮, 屈柔從俗不强察兮, 蒙恥救民, 德彌大兮, 雖遇三黜,
終不蔽兮, 愷悌君子, 永能厲兮, 嗟乎惜哉, 乃下世兮, 庶幾
遐年, 今遂逝兮, 嗚呼哀哉, 魂神泄兮, 夫子之諡, 宜爲惠兮.」

門人從之以爲誄, 莫能竄一字.

君子謂:「柳下惠妻能光其夫矣.」

詩曰:『人知其一, 莫知其他.』此之謂也.

頌曰:『下惠之妻, 賢明有文.
　　　柳下旣死, 門人必存.
　　　將誄下惠, 妻爲之辭,
　　　陳列其文, 莫能易之.』

【柳下惠】 柳下季라고도 부르며 성은 展, 이름은 獲, 자는 禽. 시호는 惠. 춘추시대
魯나라 대부로 士師와 刑獄의 일을 관장하였음. 식읍이 柳下(지금의 河南 濮陽
동쪽)에 있어 유하혜라 부름.

【三黜而不去】세 번 퇴출을 당하고도 그 나라를 떠나지 않음.《論語》微子篇
　참조.

【油油】매우 많은 모습.

【裸裎】옷을 벗고 있음. 벌거벗은 모습.

【由由然】매우 득의한 모습. 아무렇지도 아니하게 느끼는 모습.

【誄】誄文. 죽은 이의 덕행을 기리며 추모하는 글.

【遐年】長壽를 뜻함.

【泄】'去'의 뜻.

【竄】'改'의 뜻.

【人知其一】《詩經》小雅 小旻의 구절.

【必存】'必'은 '畢'과 같음.

1.《詩經》小雅 小旻

旻天疾威, 敷于下土. 謀猶回遹, 何日斯沮. 謀臧不從, 不臧覆用. 我視謀猶, 亦孔
之邛. 潝潝訿訿, 亦孔之哀. 謀之其臧, 則具是違. 謀之不臧, 則具是依. 我視謀猶,
伊于胡底. 我龜旣厭, 不我告猶. 謀夫孔多, 是用不集. 發言盈庭, 誰敢執其咎. 如匪
行邁謀, 是用不得于道. 哀哉爲猶, 匪先民是程, 匪大猶是經, 維邇言是聽, 維邇言
是爭. 如彼築室于道謀, 是用不潰于成. 國雖靡止, 或聖或否. 民雖靡膴, 或哲或謀,
或肅或艾. 如彼泉流, 無淪胥以敗. 不敢暴虎, 不敢馮河. 人知其一, 莫知其它. 戰戰
兢兢, 如臨深淵, 如履薄冰.

2.《論語》微子篇

柳下惠爲士師, 三黜. 人曰:「子未可以去乎?」曰:「直道而事人, 焉往而不三黜?
枉道而事人, 何必去父母之邦?」

3.《孟子》公孫丑(上)

孟子曰:「柳下惠不羞汙君, 不卑小官. 進不隱賢, 必以其道. 遺佚而不怨, 阨窮而
不憫. 故曰:『爾爲爾, 我爲我. 雖袒裼裸裎於我側, 爾焉能浼我哉?』故由由然與之
偕而不自失焉; 援而止之而止. 援而止之而止者, 是亦不屑去已.」

4. 《**說苑**》逸文(《**北堂書鈔**》102)

柳下惠死, 人將誄之. 妻曰:「將述夫子之德, 二三子不若妾之知.」爲誄曰:「夫子之不伐, 夫子之不竭, 諡宜爲惠.」弟子聞而從之.

5. 《**後漢書**》逸民傳序 注

列女傳曰: 柳下惠死, 其妻誄之曰:「蒙恥救人, 德彌大兮. 雖遇三黜, 終不敝兮.」

6. 《**文選**》(19) 述德 注

劉向列女傳曰: 柳下惠妻誄之曰:「蒙恥救人, 德彌大兮. 遂諡曰惠.」

7. 《**文選**》(50) 逸民傳論 注

列女傳曰: 柳下惠死, 妻誄之曰:「蒙恥救民, 德彌大兮. 雖過三黜, 終不獎兮.」

8. 《**蒙求**》卷上 柳下直道

論語曰: 柳下惠爲士黜. 人曰:「子未可以去乎?」曰:「直道而事人, 焉往以不三黜. 枉道而事人, 何必去父母之邦?」

美人圖

025(2-11) 魯黔婁妻
노나라 검루의 아내

　노魯나라 검루黔婁 선생의 처이다. 선생이 돌아가시자 증자曾子가 문인들과 함께 조문을 갔다. 그의 처가 방을 나오자 증자는 조문을 하기 위하여 당에 올라가 선생의 시신을 보았더니 창문 아래에 눕혀져 있는데 기왓장으로 베개를 삼고 짚으로 자리를 깔고 있었으며 솜으로 누빈 것으로 한 벌을 이루지 못한 모습이었다. 게다가 덮여 있는 이불은 베 조각으로 만든 것으로 머리와 손발을 온전히 감쌀 수 없이 작은 것이었다. 그 이불로 머리를 덮으면 발이 드러나고 발을 가리면 머리가 드러났다.

　그러자 증자가 이렇게 말하였다.

　"비스듬히 덮으면 모두 감쌀 수 있겠습니다."

　그러자 검루의 처가 이렇게 말하였다.

　"비스듬히 덮어 여유가 있는 것보다는 반듯하게 덮어 부족한 편이 낫습니다. 선생은 비스듬히 행동한 적이 없기 때문에 능히 이러한 경지에 이른 것입니다. 살아서 비스듬한 행동을 한 적이 없으니

노검루처(魯黔婁妻)

죽어서 비스듬히 하는 것은 선생의 뜻이 아닐 것입니다."

증자는 능히 응답을 하지 못한 채 드디어 이렇게 곡을 하였다.

"아! 선생께서 돌아가시다니! 무엇으로 시호를 지어 드려야 할까요?"

그 처가 말하였다.

"'강康'으로 시호를 삼으십시오."

그러자 증자는 이렇게 말하였다.

"선생께서 살아 계실 때는 먹을 것도 부족하였고, 의복도 제대로 몸을 덮을 수 없었습니다. 그런데 세상을 떠나서조차 손발도 제대로 덮을 수 없고 장례에 쓸 술과 고기마저 곁에 없습니다. 살아 계실 때 좋은 것을 갖지 못하였는데 죽어서도 그 영화를 얻지 못하고 있군요. 그런데 무슨 즐거움이 있었다고 시호를 강康이라 하겠습니까?"

그 처는 이렇게 말하였다.

"생전에 선생께서 임금이 정사를 맡기고 상국相國으로 삼고자 하였지만 사양하고 나서지 않으셨습니다. 이것은 귀함이 남아돌았다는 것입니다. 그리고 또 임금께서 일찍이 곡식 30종鍾을 내렸으나 선생은 사양하고 받지 않았습니다. 이것은 부에 남음이 있었다는 것입니다. 저 선생은 세상의 담백한 맛을 달게 여기고, 천하의 낮은 지위를 편안히 여기셨습니다. 빈천에 대하여 슬퍼하지 않았고 부귀에 대하여 기뻐하지 않았습니다. 인仁을 구하여 인을 얻었고 의義를 구하여 의를 얻었습니다. 그러니 시호를 강康으로 함이 역시 마땅하지 않겠습니까?"

증자는 이렇게 말하였다.

"이러한 사람에게 바로 이러한 부인이 있었구려."

군자가 말하였다.

"검루의 처는 가난도 즐겁게 여기면서 도를 실행하였다."

《시詩》에 "저 아름다운 여인이여, 가히 더불어 이야기를 나눌 만하도다"라 하였으니 이를 두고 한 말이다.

송頌:

"검루가 세상을 뜨자 처 혼자서 상을 치렀네.

증자가 조문 갔더니 낡은 베옷에 거친 조각 이불뿐.

가난을 편히 여기고 담백함을 달게 여겨 화려한 맛 구하지 않았네.

시신도 제대로 덮을 수 없었건만 오히려 시호를 '강康'이라 하였다네."

魯黔婁先生之妻也. 先生死, 曾子與門人往弔之.

其妻出戶, 曾子弔之. 上堂, 見先生之尸在牖下, 枕墼席稾·縕袍不表. 覆以布被, 首足不盡斂. 覆頭則足見, 覆足則頭見.

曾子曰:「邪引其被則斂矣.」

妻曰:「邪而有餘, 不如正而不足也. 先生以不邪之故, 能至於此. 生時不邪, 死而邪之, 非先生意也.」

曾子不能應. 遂哭之曰:「嗟乎! 先生之終也, 何以爲諡?」

其妻曰:「以康爲諡.」

曾子曰:「先生在時, 食不充虛, 衣不蓋形, 死則手足不斂, 旁無酒肉. 生不得其美, 死不得其榮, 何樂於此? 而諡爲康乎?」

其妻曰:「昔先生, 君嘗欲授之政, 以爲國相, 辭而不爲, 是有餘貴也; 君嘗賜之粟三十鍾, 先生辭而不受, 是有餘富也. 彼先生者, 甘天下之淡味, 安天下之卑位; 不戚戚於貧賤, 不忻忻於富貴, 求仁而得仁, 求義而得義, 其諡爲康, 不亦宜乎?」

曾子曰:「唯斯人也而有斯婦.」

君子謂:「黔婁妻爲樂貧行道.」

詩曰:『彼美淑姬, 可與寤言.』此之謂也.

頌曰:『黔婁旣死, 妻獨主喪,
　　　曾子弔焉, 布衣褐衾,
　　　安賤甘淡, 不求豐美,
　　　尸不揜蔽, 猶諡曰康.』

【黔婁】春秋末 戰國初의 隱者. 皇甫謐《高士傳》참조.
【曾子】曾參. 자는 子輿. 魯나라 사람으로 孔子의 제자이며 효성으로 이름이
　났었음.
【墼】흙벽돌. 土墼.
【不表】옷이 한 벌을 이루지 못함.《禮記》雜記에 "爲屍體所襲之衣, 衣必有裳,
　袍必有表"라 함.
【邪】'斜'와 '邪'의 두 가지 뜻을 함께 이용한 重義字.
【鍾】고대 곡식의 양을 재는 단위. 六石四斗를 一鍾이라 함.
【不戚戚於貧賤】陶淵明의〈五柳先生傳〉에도 인용되어 있음.
【求仁而得仁】《論語》述而篇에 "冉有曰:「夫子爲衛君乎?」子貢曰:「諾; 吾將
　問之.」入, 曰:「伯夷·叔齊何人也?」曰:「古之賢人也.」曰:「怨乎?」曰:「求仁而
　得仁, 又何怨?」出, 曰:「夫子不爲也.」"라 함.
【彼美淑姬】《詩經》陳風 東門之池의 구절.
【主喪】장례를 주관하여 치름.《禮記》喪大記에 "其無女主, 則男主拜女賓於寢
　門內; 其無男主, 則女主拜男賓於阼階下"라 함.

参고 및 관련 자료

1.《詩經》陳風 東門之池 →017 참조.

2.《高士傳》(皇甫謐) 卷中

黔婁先生者, 齊人也. 修身淸節, 不求進於諸侯. 魯恭公聞其賢, 遣使致禮賜粟
三千鍾, 欲以爲相, 辭不受. 齊王又禮之以黃金百斤聘爲卿, 又不就. 著書四篇, 言道
家之務, 號黔婁子, 終身不屈以壽終.

3. 《**文選**》(26) 初去郡 注

列女傳: 黔婁先生妻曰:「先生安天下之卑位.」

4. 《**文選**》(29) 雜詩 注

列女傳: 曾子謂黔婁妻曰:「先生在時, 食不充虛, 衣不蓋形.」

5. 《**文選**》(29) 雜詩 注

列女傳曰: 黔婁先生死, 曾子弔之曰:「先生何以爲諡?」妻曰:「以康爲諡.」曾子曰:
「先生在時, 食不充虛, 衣不蓋形, 何樂於此, 而諡爲康乎?」妻曰:「先生, 君嘗欲授
之政, 以爲國相, 而辭不爲, 是其有餘貴也; 君嘗賜之粟三十鍾, 先生不受, 是其有餘
富也; 其諡爲康不宜何也?」

6. 《**太平御覽**》 562

列女傳曰: 魯黔婁先生死, 曾子與門人往弔焉. 曰:「何以衛諡?」其妻曰:「以康爲諡.
昔先君嘗賜之粟三十鍾, 先生辭而不受, 是其餘富也. 君嘗欲授之以國相, 先生辭以
弗爲, 是其餘貴也. 彼先生者, 甘天下之淡味, 安天下之卑位; 不戚戚於貧賤, 不汲汲
於富貴, 求仁而得仁, 求義而得義, 其諡爲康, 不亦宜乎?」

7. 《**陶淵明集**》 五柳先生傳

贊曰:「黔婁之妻有言:『不戚戚於貧賤, 不汲汲於富貴.』其言茲若人之儔乎? 酣觴
賦詩, 以樂其志. 無懷氏之民歟? 葛天氏之民歟?」

8. 《**藝文類聚**》 卷40

列女傳曰: 魯黔婁先生死, 曾子與門人往弔焉. 曰:「何以爲諡?」其妻曰:「以康爲諡.
昔者先生, 君嘗賜之粟二十鍾, 先生辭而不受, 是其有餘富也; 君嘗欲授之國相,
先生辭而弗爲, 是有餘貴也. 求仁而得仁, 求義而得義, 其諡爲康, 不亦宜乎?」

列女傳圖

제나라 재상 안자 마부의 아내

제齊나라의 재상 안자晏子 마부의 처이며 호를 명부命婦라 불렀다.
안자가 외출할 채비를 차릴 때 명부가 자신의 남편이 안자를 모시고
수레를 준비하는 모습을 엿보게 되었다. 수레에 커다란 덮개를 덮고
네 필 말을 채찍질하면서 의기가 양양하여 심히 득의만만한 모습이었다.
이윽고 남편이 돌아오자 그 처가 말하였다.
"그럴 만하군요. 당신은 낮고도 천한 일을 하는 것이."

제상어처(齊相御妻)

남편이 물었다.
"무슨 뜻이오?"
그의 처는 이렇게 말하였다.
"안자께서는 키가 세 척에도 미
치지 못하지만 그 몸은 이 제나라
재상이 되어 제후들 사이에 그 이
름이 드날리고 있습니다. 지금 제
가 문틈으로 엿보았더니 그러한
그분은 지기志氣가 신중하고 자신
을 낮추며 생각하는 것이 깊어 보
였습니다. 당신은 키가 팔 척이나
되는 사람이 안자를 위해 말을
모는 일을 할 뿐입니다. 그러나
당신은 오히려 의기가 양양하여

스스로 만족해하는 모습입니다. 저는 이 때문에 당신으로부터 떠나려 하는 것입니다."

이에 마부는 이렇게 사과하였다.

"내가 고치면 어떻겠소?"

처는 이렇게 말하였다.

"안자와 같은 뜻을 품고 거기에 팔 척의 키를 더하여, 인의를 몸소 실천하며 현명한 주인을 섬긴다면 그 명예가 반드시 드날릴 것입니다. 게다가 제가 듣기로 차라리 의를 즐기면서 천하게 지낼지언정 헛된 교만으로 귀하게 되어서는 안 된다라고 하더이다."

이에 그 남편은 스스로 깊이 반성하여 도를 배워 겸손하였으며 항상 늘 자신이 모자란 듯이 행동하였다. 안자가 이상히 여겨 그 까닭을 묻자, 그는 모든 것을 사실대로 말하였다. 이에 안자는 마부가 처의 충고를 받아들여 스스로 고쳐 나간 것을 훌륭히 여겨, 경공景公에게 그를 대부로 승진하도록 해 주었으며, 그의 처를 드러내어 명부命婦로 삼아 주었다.

군자가 말하였다.

"명부는 선善을 알았다."

그러므로 어진 이가 걷는 성공의 길은 매우 넓다. 스승이나 벗이 서로 갈고 닦도록 돕는 것만이 그런 길이 아니며, 배필도 역시 그러한 중요한 자리에 있을 수 있는 것이다.

《시詩》에 "높은 산 우러러보아야 하고 훌륭한 행동은 따라야 한다"라 하였으니 이는 의당 항상 그 선한 쪽으로 나아가야 함을 말한 것이다.

송頌:

"제나라 재상의 마부 처는 남편을 도로 바로잡아 주었네.
교만과 공손을 명확히 일러 주어 재상의 겸손함을 배우도록 하였네.
남편이 행동을 고치고 배우기를 그치지 않자,
안자가 그를 승진시켜 군자의 반열에 들게 하였네."

齊相晏子僕御之妻也, 號曰「命婦」.

晏子將出, 命婦窺其夫爲相御, 擁大蓋, 策駟馬, 意氣洋洋, 甚自得也.

旣歸, 其妻曰:「宜矣, 子之卑且賤也.」

夫曰:「何也?」

妻曰:「晏子長不滿三尺, 身相齊國, 名顯諸侯, 今者, 吾從門間觀其志氣, 恂恂自下, 思念深矣. 今子身長八尺, 乃爲之僕御耳! 然子之意, 洋洋若自足者, 妾是以去也.」

其夫謝曰:「請自改何如?」

妻曰:「是懷晏子之志, 而加以八尺之長也. 夫躬仁義, 事明主, 其名必揚矣. 且吾聞寧榮於義而賤, 不虛驕以貴.」

於是其夫乃深自責, 學道謙遜, 常若不足. 晏子怪而問其故, 具以實對. 於是晏子賢其能納善自改, 升諸景公以爲大夫, 顯其妻以爲命婦.

君子謂:「命婦知善.」

故賢人之所以成者, 其道博矣, 非特師傅・朋友, 相與切磋也, 妃匹亦居多焉.

詩曰:『高山仰止, 景行行止.』言當常嚮爲其善也.

頌曰:『齊相御妻, 匡夫以道.
　　　明言驕恭, 恂恂自效.
　　　夫改易行, 學問靡已.
　　　晏子升之, 列於君子.』

【晏子】晏嬰. 자는 平仲. 춘추 말 齊나라 景公 때의 뛰어난 재상. 節儉과 겸양,
재치로 50여 년을 보좌하였으며 그의 일화를 모은 《晏子春秋》가 있음. 《史記》
〈管晏列傳〉 참조.

【命婦】대부의 아내를 가리킴.

【洋洋】揚揚과 같음. 의기가 드날리는 모습.

【妃匹】配匹과 같음.

【高山仰止】《詩經》 小雅 車舝의 구절.

【靡已】그칠 수 없음. '靡'는 '未', '無'와 같음.

참고 및 관련 자료

1. 《詩經》 小雅 車舝

間關車之舝兮, 思變季女逝兮. 匪飢匪渴, 德音來括. 雖無好友, 式燕且喜. 依彼
平林, 有集維鷮. 辰彼碩女, 令德來敎. 式燕且譽, 好爾無射. 雖無旨酒, 式飮庶幾.
雖無嘉殽, 式食庶幾. 雖無德與女, 式歌且舞. 陟彼高岡, 析其柞薪. 析其柞薪, 其葉
湑兮. 鮮我覯爾, 我心寫兮. 高山仰止, 景行行止. 四牡騑騑, 六轡如琴. 覯爾新昏,
以慰委心.

2. 《史記》 管晏列傳

晏子爲齊相, 出, 其御之妻從門閒而闚其夫. 其夫爲相御, 擁大蓋, 策駟馬, 意氣
揚揚, 甚自得也. 旣而歸, 其妻請去. 夫問其故. 妻曰:「晏子長不滿六尺, 身相齊國,
名顯諸侯. 今者妾觀其出, 志念深矣, 常有以自下者. 今子長八尺, 乃爲人僕御, 然子
之意自以爲足, 妾是以求去也.」其後夫自抑損. 晏子怪而問之, 御以實對. 晏子薦以
爲大夫.

3. 《晏子春秋》 內篇 雜上

晏子爲齊相, 出, 其御之妻, 從門閒而闚其夫爲相御, 擁大蓋, 策駟馬, 意氣揚揚,
甚自得也. 旣而歸, 其妻請去. 夫問其故, 妻曰:「晏子長不滿六尺, 身相齊國, 名顯
諸侯. 今者, 妾觀其出, 志念深矣, 常有以自下者. 今子長八尺, 迺爲人僕御; 然子
之意, 自以爲足, 妾是以求去也.」其後, 夫自抑損. 晏子怪而問之, 御以實對, 晏子薦
以爲大夫.

4.《十八史略》卷一『齊』

自桓公八世, 至景公, 有晏子者事之・名嬰, 字平仲, 以節儉力行重於齊, 一狐裘
三十年, 豚肩不掩豆・齊國之士, 待以舉火者七十餘家, 晏子出, 其御之妻, 從門
閒窺, 其夫擁大蓋策駟馬, 意氣揚揚自得・旣而歸, 妻請去曰:「晏子身相齊國, 名顯
諸侯, 觀其志, 嘗有以自下, 子爲人僕御, 自以爲足, 妾是以求去也.」御者乃自抑損,
晏子怪而問之, 以實對, 薦爲大夫.

5.《蒙求》卷下 晏御揚揚

史記: 晏平仲嬰爲齊相出, 其御之妻從門閒而闚其夫, 其夫爲相御, 擁大蓋, 策駟馬,
意氣揚揚, 甚自得也. 旣而歸, 其妻請去. 夫問其故, 妻曰:「晏子長不滿六尺, 身相
齊國, 名顯諸侯. 妾觀其出, 志念深矣, 常有以自下者. 今子長八尺, 乃爲人僕御,
然子之意, 自以爲足. 妾是以求去也.」其後夫自抑損. 晏子怪問之, 御以實對. 晏子
薦以爲大夫.

027(2-13) 楚接輿妻
초광접여의 아내

초광접여楚狂接輿의 처이다. 접여는 스스로 농사를 지어 식량을 마련하며 살고 있었다. 초왕이 사자使者를 보내어 금 백 일鎰과 수레 두 대를 가지고 가서 그를 초빙해 오도록 이렇게 말을 전하였다.

"왕께서는 선생이 회남淮南 땅을 다스려 주기를 원하십니다."

접여가 웃으면서 아무런 응답을 하지 않자, 사자는 결국 더불어 말을 걸어 보지도 못하고 돌아갔다.

그런데 그의 처가 시장으로부터 돌아와서는 이렇게 묻는 것이었다.

"선생은 어려서부터 의를 위해 살아오셨습니다. 그런데 어찌 늙어 감에 이를 버리려 하십니까? 대문 밖에 수레 자국이 어찌 저렇게 깊게 패였습니까?"

접여가 말하였다.

"왕은 내가 불초한 줄을 모르고 나로 하여금 회남 땅을 다스려 주었으면 하여 사자를 보내어 금과 말 네 필을 가지고 와서 초빙하겠다 하더이다."

접여의 처가 물었다.

초접여처(楚接輿妻)

"허락하지 않았겠지요?"

그러자 접여가 이렇게 말하였다.

"무릇 부하고 귀한 것은 사람이면 다 원하는 바인데, 당신은 어찌 내가 허락하였을까봐 그리도 싫어하는 것입니까?"

처는 이렇게 말하였다.

"의로운 선비는 예가 아니면 행동하지 않으며, 가난하다고 하여 지조를 버리는 일도 없으며, 천하다고 하여 행동을 바꾸는 일도 없습니다. 저는 선생을 모셔 몸소 농사를 지어 밥을 먹고, 직접 베를 짜서 옷을 해 입습니다. 먹을 것에 배부르고 입는 옷이 따뜻하면서 게다가 의를 근거로 행동하고 있으니 즐거움도 역시 스스로 만족할 만합니다. 만약 다른 사람으로부터 많은 녹을 받고, 다른 사람의 훌륭한 수레를 타고, 다른 사람이 보내 온 살찐 고기를 먹는다면 장차 무엇으로 그 사람에게 보답하겠습니까?"

접여가 말하였다.

"나는 허락하지 않았소."

그러자 처는 다시 이렇게 말하였다.

"왕의 명을 따르지 않는 것은 불충不忠이요, 명을 따랐다가 혹 위배되는 일을 저지르게 되면 이는 불의不義가 됩니다. 이곳을 떠나는 것이 좋을 것 같습니다."

그리하여 남편은 솥과 시루를 지고, 처는 머리에 베틀을 이고 이름도 성도 모두 바꾸어 멀리 이사하여 그 간 곳을 알 수 없었다.

군자가 말하였다.

"접여의 처는 도를 즐기고 재앙을 멀리하였다."

무릇 빈천에도 편안함을 느끼며 도를 실행하기를 게을리하지 않는 것은 오로지 지극한 덕을 갖춘 자만이 해 낼 수 있는 것이다.

《시詩》에 "얼기설기 토끼그물, 말뚝 박는 소리 뚝딱뚝딱"이라 하였으니 이는 도를 닦는 일에 게으르지 않음을 말한 것이다.

송頌:

"접여의 처 역시 빈천을 편안히 여겼네.

비록 벼슬자리 나가고는 싶지만 보아하니 포악하고 어지러운 시절,

초왕이 접여를 초빙하자 처는 살던 곳 피하여 숨어 버리자 하였네.

베틀 이고 성까지 바꾸어 떠나니 끝내 난을 만나지 않았네."

楚狂接輿之妻也. 接輿躬耕以爲食. 楚王使使者持金百鎰·車二駟往聘迎之, 曰:「王願請先生治淮南.」

接輿笑而不應, 使者遂不得與語而去.

妻從市來曰:「先生少而爲義, 豈將老而遺之哉? 門外車跡何其深也?」

接輿曰:「王不知吾不肖也, 欲使我治淮南, 遣使者持金駟來聘.」

其妻曰:「得無許之乎?」

接輿曰:「夫富貴者, 人之所欲也. 子何惡我許之矣?」

妻曰:「義士非禮不動: 不爲貧而易操, 不爲賤而改行. 妾事先生, 躬耕以爲食, 親績以爲衣. 食飽衣暖, 據義而動, 其樂亦自足矣. 若受人重祿, 乘人堅良, 食人肥鮮, 而將何以待之?」

接輿曰:「吾不許也.」

妻曰:「君使不從, 非忠也; 從之又違, 非義也; 不如去之.」

夫負釜甑, 妻戴紝器, 變名易姓而遠徙, 莫知所之.

君子謂:「接輿妻爲樂道而遠害.」

夫安貧賤而不怠於道者, 唯至德者能之.

詩曰:『肅肅兔罝, 椓之丁丁.』言不怠於道也.

頌曰:『接輿之妻, 亦安貧賤.
　　　　雖欲進仕, 見時暴亂.
　　　　楚聘接輿, 妻請避館.
　　　　戴紝易姓, 終不遭難.』

【楚狂接輿】춘추 말기 은자. 陸通.《論語》와《莊子》등에 널리 보이는 인명.
그러나 '楚나라 狂簡한 자가 수레에 접근하면서의 뜻'을 이름으로 대신한 것.
曹之升의《四書撫餘說》에 "論語所記隱士皆以其事名之. 門者謂之'晨門', 杖者
謂之'丈人', 津者謂之'沮'·'溺', 接孔子之輿者謂之'接輿', 非名亦非字也"라 함.
【淮南】《韓詩外傳》에는 '河南'으로 되어 있음.
【少而爲義】원문은 '以而爲義'로 되어 있으나《韓詩外傳》에 의해 뜻이 맞도록
고쳤음.
【車跡】수레바퀴 자국이 깊다는 것은 그만큼 큰 수레가 다녀갔을 것이며, 이는
고관의 방문을 받은 것으로 짐작한 것임.
【易操】절조나 절개를 바꿈.
【肥鮮】肥肉과 鮮魚. 좋은 음식을 뜻함.
【釜甑】솥과 시루. 취사 도구와 살림살이를 가리킴.
【肅肅兎罝】《詩經》周南 兎罝의 구절.
【進仕】벼슬길로 나섬.
【避館】집을 떠나 멀리 피함.

참고 및 관련 자료

1.《詩經》周南 兎罝

肅肅兎罝, 椓之丁丁. 赳赳武夫, 公侯干城. 肅肅兎罝, 施于中逵. 赳赳武夫, 公侯
好仇. 肅肅兎罝, 施于中林. 赳赳武夫, 公侯腹心.

2. 《韓詩外傳》 卷二

楚狂接輿躬耕以食. 其妻之市, 未返. 楚王使使者齎金百鎰, 造門曰:「大王使臣奉金百鎰, 願請先生治河南.」 接輿笑而不應, 使者遂不得辭而去. 妻從市而來, 曰:「先生少而爲義, 豈將老而遺之哉? 門外車軼, 何其深也?」 接輿曰:「今者, 王使使者齎金百鎰, 欲使我治河南.」 其妻曰:「豈許之乎?」 曰:「未也.」 妻曰:「君使不從. 非忠也; 從之, 是遺義也. 不如去之.」 乃夫負釜甑, 妻戴經器, 變易姓字, 莫知其所之. 論語曰:「色斯擧矣, 翔而後集.」 接輿之妻是也. 詩曰:「逝將去汝, 適彼樂土; 樂土樂土, 爰得我所.」

3. 《高士傳》(皇甫謐) 卷上 陸通

陸通字接輿, 楚人也. 好養性, 躬耕以爲食. 楚昭王時, 通見楚政無常, 乃佯狂不仕, 故時人謂之楚狂, 孔子適楚, 楚狂接輿遊其門曰:「鳳兮鳳兮, 何如德之衰也. 來世不可待, 往世不可追. 天下有道, 聖人成焉, 天下無道, 聖人生焉, 方今之時, 僅免刑焉. 福輕乎羽, 莫之知載; 禍莫重乎地,莫之知避. 已乎已乎, 臨人以德; 殆乎殆乎, 畫地而趨, 迷陽迷陽, 無傷吾行. 却曲却曲, 無傷吾足. 山木自寇也, 膏火自煎也. 桂可食, 故伐之; 漆可用, 故割之. 人皆知有用之用而不知無用之用也.」 孔子下車欲與之言, 趨而避之, 不得與之言. 楚王聞陸通賢, 遣使者持金百鎰, 車馬二駟往聘通曰:「王請先生治江南.」 通笑而不應, 使者去. 妻從市來曰:「先生少而爲義, 豈老違之哉? 門外車跡何深? 妾聞. 義士非禮不動. 妾事先生, 躬耕以自食, 親織以爲衣. 食飽衣暖, 其樂自足矣. 不如去之.」 於是夫負釜甑, 妻戴紝器, 變名易姓, 游諸名山, 食桂櫨實, 服黃菁子, 隱蜀峨眉山, 壽數百年, 俗傳以爲仙云.

4. 《論語》 微子篇

楚狂接輿歌而過孔子曰:「鳳兮鳳兮! 何德之衰? 往者不可諫, 來者猶可追. 已而, 已而! 今之從政者殆而!」 孔子下, 欲與之言. 趨而辟之, 不得與之言.

5. 《莊子》 人間世

孔子適楚, 楚狂接輿遊其門曰:「鳳兮鳳兮, 何如德之衰也! 來世不可待, 往世不可追也. 天下有道, 聖人成焉; 天下無道, 聖人生焉. 方今之時, 僅免刑焉. 福輕乎羽, 莫之知載; 禍重乎地, 莫之知避. 已乎已乎, 臨人以德! 殆乎殆乎, 畫地而趨! 迷陽迷陽, 無傷吾行! 郤曲郤曲, 無傷吾足!」

6.《後漢書》〈崔駰傳〉注

楚狂接輿者, 楚人也. 耕而食. 楚王聞其賢, 使使者持金百溢, 車二駟往聘之, 曰:
「願煩先生理江南.」接輿笑而不應, 使者去而遠徙, 莫知所之.

7. 기타 참고자료

嵇康《高士傳》(太平御覽 509)·《渚宮舊事》

028(2-14) 楚老萊妻
초나라 노래자의 아내

초楚나라 노래자老萊子의 처이다. 노래자는 세상을 도망하여 몽산蒙山의 남쪽에서 농사를 지으며 살고 있었다. 갈대로 담장을 치고 쑥대를 엮어 집을 만들었으며 나무 침대에 시초蓍草로 자리를 만들고, 옷은 거친 솜에 먹는 것은 콩이었다. 산을 개간하여 씨를 뿌리며 살고 있었다.

어떤 사람이 노래자를 왕에게 알렸다.

"노래자는 어진 선비입니다."

왕은 그를 초빙하고자 구슬과 비단을 준비하였지만 그가 오지 않을 것을 걱정하여 초왕은 직접 수레를 타고 노래자의 문 앞에 이르렀더니 노래자는 마침 삼태기를 짜고 있었다.

왕이 말하였다.

"과인은 어리석고 모자라면서도 홀로 종묘를 지키고 있습니다. 원컨대 선생께서 임해 주시면 다행이겠습니다."

그러자 노래자는 이렇게 말하였다.

초노래처(楚老萊妻)

"저야말로 산야에 묻혀 사는 사람으로 정사를 지켜 내기에는 부족합니다."

왕은 다시 이렇게 말하였다.

"외롭게 나라를 지키는 저를 위해 선생의 뜻을 고쳐 주시기를 원합니다."

노래자가 허락하였다.

"좋습니다."

왕이 떠나고 그 아내가 삼태기를 이고 땔감을 겨드랑이에 끼고 돌아와서는 남편에게 이렇게 묻는 것이었다.

"어찌 수레바퀴 자국이 저리도 많습니까?"

노래자가 대답하였다.

"초왕은 나로 하여금 나라의 정치를 맡아 달라고 하더이다."

그의 처가 되물었다.

"허락하였소?"

노래자가 대답하였다.

"그렇소."

그러자 처가 이렇게 말하였다.

"제가 듣건대 남의 술과 고기를 얻어먹는 자는 채찍이 그 뒤를 따르게 되고, 남으로부터 관직과 봉록을 받는 자는 도끼가 그 뒤를 따른다고 하더이다. 지금 당신은 남이 주는 술과 고기를 먹고, 남이 주는 관직과 봉록을 받게 되면, 그 사람에게 제압당하는 것이 됩니다. 그런데 능히 근심에서 벗어날 수가 있겠습니까? 저는 다른 사람에게 제압당하고 싶지 않습니다."

그리고 그 삼태기를 내던지고 떠나가는 것이었다.

노래자가 말하였다.

"그대는 돌아오시오. 내가 그대를 위해 생각을 바꾸겠소."

그런데도 처는 걸으면서 뒤도 돌아보지 않더니 강남江南에 이르러서야 그치더니 이렇게 말하는 것이었다.

"새나 짐승의 빠진 털만 모아도 옷을 짜서 입을 수 있고, 떨어뜨린 곡식 이삭만 주워도 족히 먹고 살 수 있습니다."

노래자는 마침내 처를 따라 그곳에서 살았다. 이렇게 사는 동안 하나 둘 사람들이 그를 따라 가정을 이루고, 1년이 되어 부락이 형성되었고 삼년이 되자 점점 그 촌락을 이루었다.

군자가 말하였다.

"노래자의 처는 좋은 것을 따르는 데에 과감하였다."

《시詩》에 "오막살이 집일망정 가히 편히 사는 게 낫지. 샘물이 넘쳐 흐르니 허기를 면할 수 있으면 되지"라 한 것은 이것을 두고 한 말이다.

송頌:

"노래와 그의 처는 세상 피해 산 남쪽 양지바른 곳에 살았네.
쑥대 엮어 집을 짓고 갈대로 지붕을 이었지.
초왕이 초빙하자 노래는 장차 이를 허락하였지만,
처가 난세라고 말하자 드디어 그를 따라 세상 피하였네."

楚老萊子之妻也. 萊子逃世, 耕於蒙山之陽, 葭牆蓬室, 木牀著席, 衣縕食菽, 墾山播種.

人或言之楚王曰:「老萊賢士也.」

王欲聘以璧帛, 恐不來. 楚王駕至老萊之門, 老萊方織畚, 王曰:「寡人愚陋, 獨守宗廟, 願先生幸臨之.」

老萊子曰:「僕山野之人, 不足守政.」

王復曰:「守國之孤, 願變先生之志!」

老萊子曰:「諾.」

王去. 其妻戴畚萊挾薪樵而來, 曰:「何車迹之衆也?」

老萊子曰:「楚王欲使吾守國之政.」

妻曰:「許之乎?」

曰:「然.」

妻曰:「妾聞之, 可食以酒肉者, 可隨以鞭捶; 可授以官祿者, 可隨以鈇鉞. 今先生食人酒肉, 授人官祿, 爲人所制也, 能免於患乎? 妾不能爲人所制.」

投其畚菜而去.

老萊子曰:「子還, 吾爲子更慮.」

遂行不顧, 至江南而止, 曰:「鳥獸之解毛, 可績而衣之; 据其遺粒, 足以食也.」

老萊子乃隨其妻而居之, 民從而家者, 一年成落, 三年成聚.

君子謂:「老萊妻果於從善.」

詩曰:『衡門之下, 可以棲遲; 泌之洋洋, 可以療饑』此之謂也.

頌曰:『老萊與妻, 逃世山陽.
　　　蓬蒿爲室, 莞葭爲蓋.
　　　楚王聘之, 老萊將行.
　　　妻曰世亂, 乃遂逃亡.』

【老萊子】춘추시대 초나라 사람으로 은자. 도가의 인물.《史記》〈老子列傳〉에 "或曰:「老萊子亦楚人也, 著書十五篇, 言道家之用, 與孔子同時云.」"이라 함.

【蒙山之陽】몽산의 남쪽. 몽산은 東山이라고도 하며 山東 중부에 있는 산이라 함. '陽'은 산의 남쪽. '山南江北曰陽'이라 함.

【蓍】시초(蓍草). 흔히 점치는 데 사용하는 풀.

【宗廟】天子나 士도 모두 종묘를 가지고 있었음.《禮記》祭法에 "天子至士, 皆有宗廟"라 함.

【畚萊】 ‘畚’은 삼태기. ‘萊’는 연문
【薪樵】 땔감을 마련함.
【妾聞之】《文選》 注에는 이 다음에 “居亂世, 爲人所制”의 7글자가 더 있음.
【鞭捶】 ‘鞭箠’와 같음. 채찍과 매. 刑具.
【鈇鉞】 斧鉞과 같음. 임금이나 지도자가 아랫사람에게 책임을 지워 형구로써
  결말을 맺게 됨을 뜻함.
【据】 ‘捃’자의 오기로 보임. ‘捃’은 ‘줍다, 수습하다’의 뜻.
【落·聚】 部落과 聚落. 같은 말이나 부락보다는 취락이 큰 것으로 여긴 것임.
【衡門之下】《詩經》 陳風 衡門의 구절.
【莞葭爲蓋】 莞은 부들풀. 葭는 갈대(蒹葭). 이러한 풀로 지붕을 덮음.

참고 및 관련 자료

1.《詩經》陳風 衡門

衡門之下, 可以棲遲. 泌之洋洋, 可以樂飢. 豈其食魚, 必河之魴. 豈其取妻, 必齊
之姜. 豈其食魚, 必河之鯉. 豈其取妻, 必宋之子.

2.《高士傳》(皇甫謐) 上卷

老萊子者, 楚人也. 當時世亂逃世, 耕於蒙山之陽. 莞葭爲牆, 蓬蒿爲室, 枝木爲牀,
著艾爲席, 陰水食菽, 墾山播種. 人或言於楚王, 王於是駕至萊子之門. 萊子方織畚.
王曰:「守國之政, 孤願煩先生.」 老萊子曰:「諾.」 王去, 其妻樵還曰:「子許之乎?」
老萊曰:「然.」 妻曰:「妾聞之: 可食以酒肉者, 可隨而鞭捶; 可擬以官祿者, 可隨而
鈇鉞. 妾不能爲人所制者.」 妾偸其畚而去. 老萊子亦隨其妻, 至於江南而止, 曰:
「鳥獸之毛, 可以績而衣, 其遺粒足食也.」 仲尼嘗聞其論而蹙然改容焉. 著書十五篇,
言道家之用. 人莫知其所終也.

3.《文選》(21) 遊仙詩 注

列女傳曰: 萊子逃世, 耕於蒙山之陽. 或言之楚, 楚王遂駕至老萊之門. 楚王曰:「守國
之孤, 願變先生.」 老萊曰:「諾.」 妻曰:「妾之居亂世, 爲人所制, 能免於患乎? 妾不能
爲人所制!」 投其畚而去. 老萊乃隨而隱.

4. 《文選》(59) 劉先生夫人墓誌 注

列女傳曰: 老萊子逃世, 耕於蒙山之陽. 或言之楚王, 楚王遂駕車至老萊之門. 楚王曰:「守國之孤, 願變先生.」老萊曰:「諾.」妻曰:「妾聞之, 居亂世爲人所制, 此能免於患乎? 妾不能爲人所制者.」投其畚而去. 老萊乃隨之.

5. 《藝文類聚》卷20

列女傳曰: 老萊子孝養二親. 行年七十, 嬰兒自娛. 著五色采衣, 嘗取漿上堂, 跌仆, 因臥地爲小兒啼, 或弄鳥鳥於親側.

6. 《文選》(59) 劉先生夫人墓誌 注

列女傳曰: 老萊子逃世, 耕於蒙山之陽. 或言之楚王, 楚王遂駕車至老萊之門. 楚王曰: 守國之孤, 願變先生. 老萊曰:「諾.」妻曰:「妾聞之, 居亂世爲人所制, 此能免於患乎? 妾不能爲人所制者.」投其畚而去. 老萊乃隨之.

7. 《蒙求》卷上 老萊斑衣

高士傳: 老萊子楚人. 少以孝行, 養親極甘脆. 年七十, 父母猶存. 萊子服荊蘭之衣, 爲嬰兒戲於親前, 言不稱老. 爲親取食上堂, 足跌而偃, 因爲嬰兒啼, 誠至發中. 楚室方亂, 乃隱耕於蒙山之陽, 著書號老萊子. 莫知所終. 舊注云: 著五色斑斕之衣. 出列女傳. 今文無載.

女人圖

029(2-15) 楚於陵妻
초나라 오릉자종의 아내

초楚나라 오릉자종於陵子終의 처이다. 초왕이 자종이 어질다는 소문을 듣고, 재상으로 삼고자 사자로 하여금 금 백 일鎰을 가지고 가서 자종을 초빙해 오도록 하였다. 그러자 오릉자종은 이렇게 말하였다.

"저에게는 키질이나 하고 빗자루를 들고 있는 보잘것없는 아내가 있소. 청컨대 들어가 함께 상의해 보겠소."

그리고 들어가 그 아내에게 이렇게 말하였다.

"초왕이 나를 재상으로 삼고자 사자를 보내어 금을 가지고 왔소. 오늘 재상이 된다면 내일은 네 필 말의 수레에 기마들이 나를 따를 것이며, 음식 또한 내 앞에 가득 차려질 것이니 어떻겠소?"

자종의 처는 이렇게 말하였다.

"당신은 신발을 만들어 팔아서 먹고삽니다. 버려야 할 바가지와 같아 당신에게 맞는 사물이 아니니 당신이 나서서 다스릴 일이 아닙니다. 왼쪽에는 거문고가 있고, 오른쪽엔 책이 있으니 즐거움 또한 그 가운데 있습니다. 무릇 말 네

초오릉처(楚於陵妻)

필의 수레에 기마들이 연결되는 화려한 삶이라 해도, 즐거움이란 그저 무릎을 용납할 정도의 공간이면 될 것이며, 앞에 훌륭한 음식이 가득 차려져 있다 해도 달게 먹는 것은 그저 고기 한 점일 뿐입니다. 지금 그러한 무릎을 용납할 정도의 편안함과 고기 한 점 때문에 대신 초나라의 근심을 품어야 한다면, 그것이 가당한 일이겠습니까? 난세에는 해가 많은 법입니다. 저로서는 당신이 수명을 제대로 보장받지 못할까 두렵습니다."

이에 자종은 나와서 사자에게 허락할 수 없다고 하고는 드디어 아내와 함께 도망하여 남의 집 정원에 물 주는 일을 하였다.

군자가 말하였다.

"오릉 처의 행동에는 덕행이 있었다."

《시詩》에 "훌륭하신 우리 님은 예절이 있어 자랑스럽네'라 하였으니 이를 두고 한 말이다.

송頌:

"오릉이 초나라에 살 때 왕이 사신을 보내어 초빙하였네.
들어가 아내와 상의하니 세상이 어지러워 두렵다 하였네.
벼슬길은 나섰다가 상해를 만남은 몸 편안함만 못하다고,
왼편 거문고, 오른편 책을 벗삼아 남의 정원에 물 주는 일로 살았네."

楚於陵子終之妻也. 楚王聞於陵子終賢, 欲以爲相, 使使者持金百鎰往聘迎之, 於陵子終曰:「僕有箕帚之妾, 請入與計之.」

卽入, 謂其妻曰:「楚王欲以我爲相, 遣使者持百金來. 今日爲相, 明日結駟連騎, 食方丈於前, 可乎?」

妻曰:「夫子織屨以爲食, 非與物無治也. 左琴右書, 樂亦在其中矣. 夫結駟連騎, 所安不過容膝; 方丈於前, 所甘不過一肉.

今以容膝之安, 一肉之味, 而懷楚國
之憂, 其可乎? 亂世多害, 妾恐先生之
不保命也.」

於是子終出謝使者而不許也, 遂相
與逃而爲人灌園.

君子謂:「於陵妻爲有德行.」

詩云:『愔愔良人, 秩秩德音.』此之
謂也.

頌曰:『於陵處楚, 王使聘焉.
　　　入與妻謀, 懼世亂煩.
　　　進往遇害, 不若身安.
　　　左琴右書, 爲人灌園.』

【於陵】 지명. 지금의 山東 長陽縣. '오릉'으로 읽음.
【子終】 전국시대 은자로 田仲, 陳仲, 子仲, 於陵仲子 등으로도 불림.
【箕帚之妾】 箕帚는 箕箒로도 쓰며 키와 빗자루. 남의 아내나 첩이 됨을 말함.
【結駟連騎】 수레와 말이 연결되어 화려함. 부귀영화를 뜻함.
【方丈】 음식이 차려진 모습을 나타내는 첩운연면어. 혹 이를 풀어 一丈見方이라
　　고도 함.
【屨】 짚신.
【與物無治】 '與'는 '如'와 같음. "쓸모없는 물건과 같아 더 이상 필요가 없음"의
　　뜻. 참고란을 볼 것.
【容膝】 겨우 무릎을 용납할 정도의 좁은 공간. 자신의 집을 낮추어 부르는 표현으
　　로도 씀.
【灌園】 꽃밭이나 田園에 물 주는 일을 함.
【愔愔良人】《詩經》秦風 小戎의 구절.

1. "非與物無治也"에 대하여 《文選》(35) 〈七命〉 李善 주에 인용된 《韓詩外傳》 (지금의 《韓詩外傳》에는 없음)을 인용하여 다음과 같이 설명하고 있다.

韓子曰: 齊有居士田仲者, 宋人屈轂往見之, 謂仲曰:「轂有巨瓠, 堅如石, 厚而無竅, 願效先生.」田仲曰:「堅如石, 不可剖而斟; 厚而無竅, 不可以受水漿, 吾無用此瓠 爲也!」屈轂曰:「然其棄物乎?」曰:「然.」「今先生雖不恃人之食, 亦無益於人之 國矣, 猶可棄之瓠也!」田仲若有所失, 慙而不對.

그러나 실제로 이 이야기는 《莊子》逍遙遊편에 실려 있으며, 惠子와 莊子의 대화로서 박이 너무 커서 쓸모가 없음을 말한 혜자의 의견에, 쓰기 나름이라는 의미로 장자가 반박한 내용이다. 원문은 다음과 같다.

惠子謂莊子曰:「魏王貽我大瓠之種, 我樹之成而實五石, 以盛水漿, 其堅不能自擧也; 剖之以爲瓢, 則瓠落無所容. 非不呺然大也, 吾爲其無用而掊之.」莊子曰:「夫子固 拙於用大矣. 宋人有善爲不龜手之藥者, 世世以洴澼絖爲事. 客聞之, 請買其方以百金. 聚族而謀曰:『我世世爲洴澼絖, 不過數金; 今一朝而鬻技百金, 請與之.』客得之, 以說吳王. 越有難, 吳王使之將, 冬與越人水戰, 大敗越人, 裂地而封之. 能不龜手, 一也; 或以封, 或不免於洴澼絖, 則所用之異也. 今子有五石之瓠, 何不慮以爲大樽 而浮乎江湖, 而憂其瓠落無所用? 則夫子猶蓬之心也夫!」惠子謂莊子曰:「吾有 大樹, 人謂之樗. 其大本擁腫而不中繩墨, 其小枝卷曲而不中規矩, 立之塗, 匠者 不顧. 今子之言, 大而無用, 衆所同去也.」莊子曰:「子獨不見狸狌乎? 卑身而伏, 以候敖者; 東西跳梁, 不辟高下; 中於機辟, 死於罔罟. 今夫斄牛, 其大若垂天之雲. 此能爲大矣, 而不能執鼠. 今子有大樹, 患其無用, 何不樹之於无何有之鄕, 廣莫之野, 彷徨乎无爲其側, 逍遙乎寢臥其下. 不夭斤斧, 物无害者, 無所可用, 安所困苦哉!」

2. 《詩經》秦風 小戎

小戎俴收, 五楘梁輈. 游環脅驅, 陰靷鋈續. 文茵暢轂, 駕我騏馵. 言念金子, 溫其如玉. 在其板屋, 亂我心曲. 四牡孔阜, 六轡在手. 騏駵是中, 騧驪是驂. 龍盾之合, 鋈以 觼軜. 言念君子, 溫其在邑. 方何爲期, 胡然我念之. 俴駟孔群, 厹矛鋈錞. 蒙伐有苑, 虎韔鏤膺. 交韔二弓, 竹閉緄縢. 言念君子, 載寢載興. 厭厭良人, 秩秩德音.

3. 《孟子》滕文公(下)

匡章曰:「陳仲子豈不誠廉士哉? 居於陵, 三日不食, 耳無聞, 目無見也. 井上有李,

螬食實者過半矣, 匍匐往將食之, 三咽, 然後耳有聞, 目有見.」孟子曰:「於齊國之士, 吾必以仲子爲巨擘焉. 雖然, 仲子惡能廉? 充仲子之操, 則蚓而後可者也. 夫蚓, 上食槁壤, 下飲黃泉. 仲子所居之室, 伯夷之所築與? 抑亦盜跖之所築與? 所食之粟, 伯夷之所樹與? 抑亦盜跖之所樹與? 是未可知也.」…(중략)…是尚爲能充其類也乎? 若仲子者, 蚓而後充其操者也.」

4. 《高士傳》(皇甫謐) 仲卷 陳仲子

陳仲子者, 齊人也. 其兄戴爲齊卿, 食祿萬鍾, 仲子以爲不義, 將妻子適楚, 居於陵. 自謂於陵仲子. 窮不苟求不義之食. 不食遭歲饑乏糧, 三日乃匍匐而食井上李實之蟲者, 三咽而能視. 身自織屨, 妻擘纑以易衣食. 楚王聞其賢, 欲以爲相. 遣使持金百鎰至於陵聘仲子. 仲子入謂妻曰:「楚王欲以我爲相. 今日爲相, 明日結駟連騎, 食方丈於前, 意可乎?」妻曰:「夫子左琴右書, 樂在其中矣. 結駟連騎, 所安不過容膝; 食方丈於前, 所甘不過一肉. 今以容膝之安・一肉之味, 而懷楚國之憂, 亂世多害, 恐先生不保命也.」於是出謝使者, 遂相與逃去, 爲人灌園.

5. 《韓詩外傳》 卷九

楚莊王使使者賫金百斤, 聘北郭先生. 先生曰:「臣有箕帚之使, 願入計之.」卽謂婦人曰:「楚欲以我爲相, 今日相, 卽結駟列騎, 食方丈於前, 如何?」婦人曰:「夫子李以織屨爲食. 食粥毚履, 無怵惕之憂者, 何哉? 與物無治也. 今如結駟列騎, 所安不過容膝; 食方丈於前, 所甘不過一肉. 以容膝之安, 一肉之味, 而殉楚國之憂, 其可乎?」於是遂不應聘, 與婦去之. 詩曰:『彼美淑姬, 可與晤言.』

6. 《戰國策》 齊策(四)

齊王使使者問趙威后. 書未發, 威后問使者曰:「歲亦無恙耶? 民亦無恙耶? 王亦無恙耶?」使者不說, 曰:「臣奉使使威后, 今不問王, 而先問歲與民, 豈先賤而後尊貴者乎?」威后曰:「不然. 苟無歲, 何以有民? 苟無民, 何以有君? 故有問舍本而問末者耶?」乃進而問之曰:「齊有處士曰鍾離子, 無恙耶? 是其爲人也, 有糧者亦食, 無糧者亦食; 有衣者亦衣, 無衣者亦衣. 是助王養其民也, 何以至今不業也? 葉陽子無恙乎? 是其爲人, 哀鰥寡, 卹孤獨, 振困窮, 補不足. 是助王息其民者也, 何以至今不業也? 北宮之女嬰兒子無恙耶? 徹其環瑱, 至老不嫁, 以養父母. 是皆率民而出於孝情者也, 胡爲至今不朝也? 此二士弗業, 一女不朝, 何以王齊國, 子萬民乎? 於陵子仲尚存乎? 是其爲人也, 上不臣於王, 下不治其家, 中不索交諸侯. 此率民而出於無用者, 何爲至今不殺乎?」

7.《說苑》尊賢篇

齊將軍田贊出將, 張生郊送曰:「昔者, 堯讓許由以天下, 洗耳而不受, 將軍知之乎?」曰:「唯然知之.」「伯夷叔齊辭諸侯之位而不爲, 將軍知之乎?」曰:「唯然知之.」「於陵仲子辭三公二位而傭爲人灌園, 將軍知之乎?」曰:「唯然知之.」「智過去君第, 變姓名, 免爲庶人, 將軍知之乎?」曰「唯然知之.」「孫叔敖三去相而不悔, 將軍知之乎?」曰:「唯然知之.」「此五大夫者, 名辭之而實羞之. 今將軍方吞一國之權, 提鼓擁旗, 被堅執銳, 旋回十萬之師, 擅斧鉞之誅, 愼毋以士之所羞者驕士.」田贊曰:「今日諸君皆爲贊祖道具酒脯, 而先生獨教之以聖人之大道, 謹聞命矣.」

8.《文選》(16) 閑居賦 注

列女傳曰: 於陵子仲爲人灌園.

9.《文選》(39) 獄中上書自明 注

列女傳曰: 於陵子終賢, 楚王欲以爲相, 使使者往聘迎之. 子終出使者, 與其妻逃, 乃爲人灌園.

10.《蒙求》卷上 於陵辭聘

古列女傳: 楚王聞於陵子終賢, 欲以爲相, 使使者持金百鎰往聘之. 子終入謂妻曰:「王欲以我爲相. 今日爲相, 明日結駟連騎, 食方丈於前. 可乎?」妻曰:「夫子織屨以爲食. 非與物無治也. 左琴右書, 樂亦在其中矣. 夫結駟連騎, 所安不過容膝. 食方丈於前, 所甘不過一肉. 今以容膝之安, 一肉之味, 而懷楚國之憂, 其可乎? 亂世多害, 妾恐先生之不保命也.」於是子終出謝使者, 遂相與逃, 而爲人灌園. 高士傳曰:「陳仲子字子終, 齊人, 辭母兄將妻適楚, 居於陵, 自號於陵仲子.」

11. 기타 참고자료

《類說》38 ·《事文類聚》後集 15 ·《合璧事類》前集 28

제3권
인지전仁智傳

인지仁智는 일을 어질고 지혜롭게 처리한 여인들의 이야기를 모은 것이다.

〈四部備要本〉目錄 注에 "惟若仁智, 豫識難易, 原度天道, 禍福所移, 歸義從安, 危險必避, 專專小心, 永懼匪懈, 夫人省玆, 榮名必利"라 하였다.

甘肅 嘉峪關 魏晉墓 벽화 〈進食圖〉

030(3-1) 密康公母
밀나라 강공의 어머니

밀密나라 강공康公의 어머니는 성이 외씨隗氏였다. 주周나라 공왕共王이 경수涇水 가를 유람할 때 강공이 수행하였다. 강공은 중매쟁이도 없이 그에게 달려온 성이 같은 세 여자를 데리고 살고 있었다. 강공의 어머니는 이를 두고 아들 강공에게 이렇게 일러 주었다.

"저 세 여인을 왕에게 바치도록 하라. 짐승이 셋이 모이는 것을 군群이라 하고, 사람이 셋이 모이는 것을 중衆이라 하며, 여자가 셋이 모이는 것을 찬粲이라 한다. 천자가 사냥을 하는 데도 짐승 무리를 다 취하지는 않는다. 또 제후의 행차에도 사람 무리에게는 낮추어 예를 표하는 것이다. 왕도 자신을 모시는 세 여자를 한 집안에서 데려오지는 않는다. 무릇 예쁜 세 여자가 너에게 와서 살고 있지만 무슨 덕이 있어 그들을 감당할 것이냐? 왕이라 하더라도 오히려 감당하지 못하거늘 하물며 너 같은 소인이 어찌 감당해 내겠느냐?"

그러나 강공은 그 여자들을 왕에게 바치지 않았다. 이에 공왕은

밀강공모(密康公母)

밀나라를 멸망시켜 버렸다.

군자가 말하였다.

"밀나라 강공의 어머니는 미세한 일까지 능히 알아낼 수 있었다."

《시詩》에 "너무 지나치게 즐기지만 말고, 장차 다가올 근심도 생각해야지"라 하였는데 이를 두고 한 말이다.

송頌:

"밀나라 강공의 어머니 미리 그 성쇠 알았으니

강공을 풍자하여 여자 셋을 돌려보내지 않는다고 꾸짖었네.

제후의 행차에서 대중을 만나면 내려서 예를 갖추거늘,

만물은 가득 차면 덜어 내어야 하는 법.

바치도록 일러 준 말을 듣지 않더니 밀나라는 결국 망하고 말았네."

密康公之母, 姓隗氏. 周共王遊於逕上, 康公從. 有三女奔之.

其母曰:「必致之王. 夫獸三爲群, 人三爲衆, 女三爲粲. 王田不取群, 公行下衆, 王御不參一族. 夫粲美之物歸汝, 而何德以堪之? 王猶不堪, 況爾小醜乎?」

康公不獻, 王滅密. 君子謂:「密母爲能識微.」

詩云:『無已太康, 職思其憂.』此之謂也.

頌曰:『密康之母, 先識盛衰,

非刺康公, 受粲不歸,

公行下衆, 物滿則損,

俾獻不聽, 密果滅殞.』

【密康公】密은 고대 姬姓의 작은 나라. 지금의 甘肅 靈臺縣 서쪽에 있었음. 강공은 그 나라의 임금.

【周共王】共王은 恭王으로도 쓰며 서주시대 주나라 임금. 姬姓, 이름은 繄扈. 혹은 伊扈.

【三女奔之】‘奔’은 여자가 聘禮를 치르지 아니하고 사사롭게 남자에게 도망을 가서 사는 것을 말함. 《國語》 周語上 韋昭 주에 “奔, 不由媒氏也. 三女同姓也”라 하였다.

【粲】‘매우 많다’의 뜻. 《史記》〈周本紀〉正義에 趙大家의 말을 인용하여 “群·衆·粲, 皆多之名也”라 함. 여기서는 여자 셋을 두고 이른 말.

【不取群】모두 취하지는 않음. 《史記》〈周本紀〉正義에 趙大家의 말을 인용하여 “田獵得三獸, 王不盡收, 以其害深也”라 함.

【公行下衆】《史記》〈周本紀〉正義에 趙大家의 말을 인용하여 “公, 諸侯也. 公之所行, 與衆人共議也”라 함.

【王御不參一族】‘御’는 女官. ‘不參一族’은 세 사람을 모두 동족으로 하지 않음을 뜻함. ‘參’은 ‘三’과 같음. 陳漢章의 《斠注》에 “左傳成公八年: ‘凡諸侯嫁女, 同姓媵之, 異姓則否.’ 其制: 諸侯之左右媵, 皆同姓之女, 以姪娣從, 無與夫人異姓者. 若王者可媵以異姓, 故云不參一族”이라 함.

【小醜】소인배와 같음. ‘醜’는 ‘類’와 같은 뜻임.

【無已太康】《詩經》唐風 蟋蟀의 구절.

참고 및 관련 자료

1. 《詩經》唐風 蟋蟀 → 010 참조.

2. 《國語》周語(上)

恭王遊於涇上, 密康公從, 有三女奔之. 其母曰: 「必致之於王. 夫獸三爲羣, 人三爲衆, 女三爲粲. 王田不取羣, 公行下衆, 王御不參一族. 夫粲, 美之物也. 衆以美物歸女, 而何德以堪之? 王猶不堪, 況爾小醜乎? 小醜備物, 終必亡.」康公不獻. 一年, 王滅密.

3. 《史記》周本紀

穆王立五十五年, 崩, 子共王繄扈立. 共王游於涇上, 密康公從, 有三女奔之. 其母曰: 「必致之王. 夫獸三爲群, 人三爲衆, 女三爲粲. 王田不取群, 公行不下衆, 王御不參一族. 夫粲, 美之物也. 衆以美物歸女, 而何德以堪之? 王猶不堪, 況爾之小醜乎! 小醜備物, 終必亡.」康公不獻, 一年, 共王滅密. 共王崩, 子懿王艱立. 懿王之時, 王室遂衰, 詩人作刺.

031(3-2) 楚武鄧曼
초나라 무왕의 부인 등만

    등만鄧曼은 초楚나라 무왕武王의 부인이다. 무왕이 아들 굴하屈瑕를 장수로 임명하여 나羅나라를 정벌하도록 하였다. 굴하는 호를 막오莫敖라는 관직으로 여러 장수와 함께 초나라의 모든 군사를 동원하여 출정하였다. 그러자 투백비鬪伯比가 이렇게 말하였다.

    "막오는 틀림없이 패할 것이다. 행동은 오만하며 마음은 굳건하지 못하다."

초무등만(楚武鄧曼)

    그리고 왕을 만나 이렇게 말하였다.

    "반드시 군사를 더 충원해 주어야 할 것입니다."

    왕이 이를 부인 등만에게 일러 주자 등만은 이렇게 말하였다.

    "대부 투백비는 군사의 많고 적음의 숫자를 두고 말하는 것이 아닙니다. 군주란 낮은 백성을 믿음으로 감싸 주어야 하며, 모든 관리는 덕으로 가르쳐야 하며, 막오를 제압하는 데는 형벌로 해야 함을 말한 것입니다. 막오는 포소蒲騷 전투에서 승리했던 것을 믿고 스스로 자신하고 있는 것입니다. 틀림없이 나羅나라를 작다고 깔보고 있는 것이니, 만약 그를 견제하고 감싸 주지 않을 양이면 어찌 대비책을 마련하지 않으십니까?"

이에 왕이 뇌인賴人을 시켜 뒤쫓도록 하였으나 막오를 따라가지 못하였다. 막오가 진중에서 이렇게 영을 내렸다.

"나에게 간언하는 자에게는 형벌을 내리리라!"

그들이 언수鄢水에 이르자 군사들이 물을 건너면서 혼란이 일어났다. 그리고 나나라에 이르자, 나나라는 노융盧戎과 더불어 초나라를 공격하여 초군은 크게 패하고 말았다. 막오는 황곡荒谷에서 자살하고, 병사들은 야보冶父에 갇혀 패전의 형벌을 기다리고 있었다.

왕은 이렇게 말하였다.

"나의 죄이다."

그리고는 모든 군사들을 풀어 주었다.

군자가 말하였다.

"등만은 사람을 알았다."

《시詩》에 "일찍이 옳다는 말 듣지 않더니 나라의 운명이 이 꼴이 되었네"라 하였으니 이를 두고 한 말이다.

왕이 수隨나라를 정벌하려 막 떠나면서 등만에게 고하였다.

"내 마음이 흔들리고 있소. 까닭은 무엇이오?"

그러자 등만이 이렇게 말하였다.

"왕께서는 덕은 엷으면서 녹은 후하고, 베푸는 것은 적으면서 얻는 것은 많습니다. 만물은 융성하게 되면 반드시 쇠하게 마련입니다. 해가 하늘 가운데에 이르고 나면 반드시 옮겨가며, 가득 차면 넘치게 마련이니 이것이 하늘의 도입니다. 선왕先王께서는 이 도를 알고 계셨습니다. 그 때문에 군사를 일으켜 장차 대명大命을 발하려 함에 왕의 마음을 흔들어 놓는 것입니다. 만약 군사들이 다치는 일 없이 왕이 중도에서 돌아가신다면 이는 나라의 복이 될 것입니다."

왕은 드디어 출정하여 도중에 만목橫木이라는 나무 밑에서 세상을 떠났다.

군자가 말하였다.

"등만은 천도天道를 알았다."

《역易》에서 "해가 가운데를 지나면 기울게 마련이며, 달은 가득 차면
이지러진다. 천지가 가득 찼다가 텅 비는 것이니, 이는 사시와 더불어
소식消息하는 것이다"라 하였으니 이를 두고 한 말이다.

송頌:

"초 무왕의 부인 등만은 일이 일어나는 원인을 알았네.
굴하의 군사가 패하리라 말하였고, 왕이 죽을 것도 미리 알았네.
저 천도가 성하면 틀림없이 쇠하게 된다는 것을 알고 있었네.
마침내 그의 말과 같았으니, 군자가 그의 지혜를 칭송하였네."

鄧曼者, 武王之夫人也. 王使屈瑕爲將伐羅, 屈瑕號莫敖,
與群帥悉楚.

師以行, 鬪伯比謂其御曰:「莫敖必敗! 擧趾高, 心不固矣.」

見王曰:「必濟師.」

王以告, 夫人鄧曼曰:「大夫非衆之謂也. 其謂君撫小民以信,
訓諸司以德, 而威莫敖以刑也. 莫敖狃於蒲騷之役, 將自用也.
必小羅君, 若不鎭撫, 其不設備乎?」

於是王使賴人追之, 不及.

莫敖令於軍中曰:「諫者有刑!」

及鄢, 師次亂濟. 至羅, 羅與盧戎擊之, 大敗. 莫敖自經荒谷,
群師囚於冶父以待刑.

王曰:「孤之罪也.」

皆免之. 君子謂:「鄧曼爲知人.」

詩云:『曾是莫聽, 大命以傾.』此之謂也.

王伐隨, 且行, 告鄧曼曰:「余心蕩, 何也?」

鄧曼曰:「王德薄而祿厚, 施鮮而得多, 物盛必衰, 日中必移, 盈而蕩, 天之道也. 先王知之矣. 故臨武事, 將發大命而蕩王心焉. 若師徒無虧, 王薨於行, 國之福也.」

王遂行, 卒於樠木之下.

君子謂:「鄧曼爲知天道.」

易曰:『日中則昃, 月盈則虧, 天地盈虛, 與時消息.』此之謂也.

頌曰:『楚武鄧曼, 見事所興.
　　　謂瑕軍敗, 知王將薨.
　　　識彼天道, 盛而必衰.
　　　終如其言, 君子揚稱.』

【鄧】 고대 나라 이름으로 曼姓이며 지금의 湖北 襄樊市 북쪽 鄧城鎮에 있었음.

【武王】 楚나라 武王. B.C.740~690년까지 51년간 재위. 미성(半姓)이며 이름은 通.

【屈瑕】 '莫敖屈瑕'로도 부르며 초나라 司馬 벼슬을 하였던 신하.

【伐羅】 羅는 熊姓으로 지금의 湖北 宜城縣이 있던 작은 나라. 이 토벌 사건은 《左傳》桓公 13년 참조.

【莫敖】 초나라의 관직 이름으로 상당히 높은 직급이었음.

【鬪伯比】 초나라 대신 이름.

【蒲騷之役】 蒲騷는 鄖(지금의 湖北 安隆에 있던 작은 나라)의 지명. 지금의 湖北 應城縣 서북. 役은 戰役, 戰爭을 뜻함. 이 사건은 《左傳》桓公 11년 참조.

【賴人】 賴는 당시 초나라의 附庸國으로 지금의 湖北 隨縣 동북에 있었음.

【鄢】 지명이며 물 이름. 湖北 保康縣 서쪽에서 발원하여 南漳, 宜城을 거쳐 漢水로 흘러드는 물.

【盧戎】작은 나라 이름. 嬀姓이며 지금의 湖北 南漳縣 동북에 있었음.

【荒谷】지명. 지금의 湖北 江陵縣 서쪽.

【冶父】지명. 지금의 湖北 江陵縣 남쪽.

【曾是莫聽】《詩經》大雅 蕩의 구절.

【伐隨】隨는 나라 이름. 姬姓(혹 姜姓)이며 지금의 湖北 隨縣 남쪽에 있었음.
 이 사건은《左傳》莊公 4년 참조.

【日中則昃】《周易》豐卦의 象傳의 구절.

【消息】세상의 기울고 차고 하는 모든 변화. 쌍성연면어.

참고 및 관련 자료

1.《詩經》大雅 蕩

蕩蕩上帝, 下民之辟. 疾威上帝, 其命多辟. 天生烝民, 其命匪諶. 靡不有初, 鮮克
有終. 文王曰咨, 咨女殷商. 曾是彊禦, 曾是掊克, 曾是在位, 曾是在服. 天將慆德,
女興是力. 文王曰咨, 咨女殷商. 而秉義類, 彊禦郭懟. 流言以對, 寇攘式內. 侯作
侯祝, 靡屆靡究. 文王曰咨, 咨女殷商. 女炰烋于中國, 歛怨以爲德. 不明爾德, 時無
背無側. 爾德不明, 以無陪無卿. 文王曰咨, 咨女殷商. 天不湎爾以酒, 不義從式.
旣愆爾止, 靡明靡晦. 式號式呼, 俾晝作夜. 文王曰咨, 咨女殷商. 如蜩如螗, 如沸
如羹. 小大近喪, 人尚乎由行. 內奰于中國, 覃及鬼方. 文王曰咨, 咨女殷商. 匪上帝
不時, 殷不用舊. 雖無老成人, 尚有典刑. 曾是莫聽, 大命以傾. 文王曰咨, 咨女殷商.
人亦有言, 顚沛之揭. 枝葉未有害, 本實先撥. 殷鑒不遠, 在夏后之世.

2.《周易》豐卦 象傳

象曰: 豐, 大也; 明以動, 故豐.「王假之」, 尚大也;「勿憂, 宜日中」, 宜照天下也.
日中則昃, 月盈則食; 天地盈虛, 與時消息, 以況於人乎? 況於鬼神乎?

3.《左傳》桓公 13년

十三年春, 楚屈瑕伐羅, 鬪伯比送之. 還, 謂其御曰:「莫敖必敗. 舉趾高, 必不固矣.」
遂見楚子, 曰:「必濟師!」楚子辭焉. 入告夫人鄧曼. 鄧曼曰:「大夫其非衆之謂, 其謂君
撫小民以信, 訓諸司以德, 而威莫敖以刑也. 莫敖狃於蒲騷之役, 將自用也, 必小羅.
君若不鎮撫, 其不設備乎! 夫固謂君訓衆而好鎮撫之, 召諸司而勸之以令德, 見莫敖

而告諸天之不假易也. 不然, 夫豈不知楚師之盡行也?」楚子使賴人追之, 不及. 莫敖使徇于師曰:「諫者有刑!」及鄢, 亂次以濟, 遂無次. 且不設備. 及羅, 羅與盧戎兩軍之, 大敗之. 莫敖縊于荒谷. 羣帥囚于冶父以聽刑. 楚子曰:「孤之罪也.」皆免之.

032(3-3) 許穆夫人
허나라 목공의 부인

허목부인許穆夫人은 위衛나라 의공懿公의 딸로서 허許나라 목공穆公의 부인이 된 여인이다. 처음 허나라에서 그녀에게 청혼을 하였을 때, 제齊나라 역시 그녀에게 혼인을 요구하였다. 의공이 허나라로 딸을 출가시키려하자, 딸은 부모傳母를 통해 아버지에게 이렇게 말하였다.

"옛날에는 제후로서 딸이 있으면 그 딸을 뇌물이나 노리개감으로 강한 나라에게 시집을 보내어 국교를 삼거나 원조를 얻어 내었습니다.

허목부인(許穆夫人)

그러나 지금 허나라는 나라가 작고 우리나라와의 거리는 멉니다. 그에 비해 제나라는 큰 나라이면서 가까이 있습니다. 지금과 같은 세상에 강한 자가 영웅이 됩니다. 만일 변경에 있는 적국이 침략해 오는 일이 벌어진다면, 사방의 이웃 나라와의 관계를 고려하되 대국으로 달려가 알리고 원조를 구해야 합니다. 그러니 제가 그러한 대국으로 시집가는 것이 오히려 낫지 않겠습니까? 지금 가까이 있는 나라를 포기하고 먼 나라를 선택하거나, 대국과 헤어지고 소국에게 달려간다면 하루아침에 전쟁의 재난을 당하는 일이 벌어졌을 때, 누구와 더불어 사직을 염려하실 수 있겠습니까?"

그러나 위후는 딸의 말을 듣지 않고 딸을 허나라로 시집보냈다.

그 후 적인翟人이 위나라에 쳐들어와 위나라를 크게 깨뜨리고 말았지만, 허나라로서는 이를 능히 구해 줄 수 없었다. 위나라 임금은 결국 도망하여 하수河水를 건너 남쪽 초구楚丘 땅에 이르게 되었다. 제나라의 환공桓公이 달려가 위나라의 사직을 보존시켜 초구에 성을 쌓아 위후를 그곳에 머물도록 해 주었다. 이에 위나라는 허목부인의 말을 듣지 않았던 것을 후회하였다.

고국 위나라가 패망하던 때에 허목부인은 말을 급히 몰고 달려가 오빠 위후를 위로하였다. 그리고 그 아버지의 죽음을 슬퍼하면서 이렇게 시를 지었다.

"달리고 달려서 위나라 임금을 위문하도다.
 멀고 먼 길 말 달려 조漕 땅으로 가리라.
 대부가 산 넘고 강을 건너와 소식 알려 오니
 내 마음 근심으로 가득하다네.
 나에게 잘한다 칭찬 한 마디 없지만 내 뜻을 돌이킬 수도 없네.
 그대들이 좋아하지 않을지라도 내 마음 떨쳐버릴 수 없네."

군자는 그 부인의 자애로운 성품과 원대한 안목을 칭찬하였다.

송頌:
"위나라 딸 출가 전에 허·제 두 나라가 함께 청혼하였네.
 딸이 보모에게 큰 제나라가 의지가 될 것이라 전하였으나,
 위나라 군주 듣지 않더니 과연 뒤에 도망가는 신세 되었네.
 위나라를 구할 수 없자 부인은 '재치載馳'라는 시를 읊었다네."

許穆夫人者, 衛懿公之女, 許穆公之夫人也.

初, 許求之, 齊亦求之, 懿公將與許, 女因其傅母而言曰:「古者, 諸侯之有女子也, 所以苞苴玩弄, 繫援於大國者也. 言今者, 許小而遠, 齊大而近. 若今之世, 强者爲雄, 如使邊境有寇戎之事, 維是四方之故, 赴告大國, 妾在不猶愈乎? 今舍近而就遠, 離大而赴小, 一旦有車馳之難, 孰可與慮社稷?」

衛侯不聽而嫁之於許. 其後翟人攻衛, 大破之, 而許不能救, 衛侯遂奔走涉河而南, 至楚丘, 齊桓公往而存之, 遂城楚丘, 以居衛侯. 於是悔不用其言.

當敗之時, 許夫人馳驅而弔唁衛侯, 因疾之而作詩云:『載馳載驅, 歸唁衛侯; 驅馬悠悠, 言至于漕; 大夫跋涉, 我心則憂; 旣不我嘉, 不能旋反; 視爾不臧, 我思不遠.』

君子善其慈惠而遠識也.

頌曰:『衛女未嫁, 謀許與齊.
　　　女諷母曰: 齊大可依.
　　　衛公不聽, 後果遁逃.
　　　許不能救, 女作載馳.』

【許】 나라 이름. 姜姓. 지금의 河南 許昌 동쪽에 있었으며 전국시대 楚나라에게 멸망함.
【衛懿公】 춘추시대 위나라 임금으로 姬姓이며 이름은 赤. B.C.668~661년까지 8년간 재위하였으며, 翟人에 의해 나라가 파괴되고 뒤를 이은 왕은 戴公 (B.C.660년 1년간 재위)과 다시 文公(B.C.659~635년까지 25년간 재위)임.
【許穆公】 춘추시대 허나라 군주. 이름은 新臣.

【車馳之難】전쟁의 어려움.

【翟】고대 북방에 있던 민족 이름.

【楚丘】지명. 지금의 河南 滑縣 동쪽.

【齊桓公】春秋五霸의 수장으로 姜姓, 이름은 小白. B.C.685~643년까지 43년간
　재위. 鮑叔과 管仲의 힘을 입어 당시 가장 강력한 제후국이 되었음. 《史記》
　〈齊太公世家〉 참조.

【載馳載驅】《詩經》鄘風 載馳의 구절.

참고 및 관련 자료

1. 《詩經》鄘風 載馳 →023 참조.

2. 《韓詩外傳》卷二

高子問於孟子曰:「夫嫁娶者, 非己所自親也. 衛女何以得編於詩也?」孟子曰:「有衛
女之志則可, 無衛女之志則怠. 若伊尹於太甲, 有伊尹之志則可, 無伊尹之志則簒.
夫道二; 常之謂經, 變之謂權. 懷其常道, 而挾其變權, 乃得爲賢. 夫衛女, 行中孝,
慮中聖, 權如之何?」詩曰:「旣不我嘉, 不能旋反, 視爾不臧, 我思不遠.」

3. 기타 참고자료

《孟子》公孫丑(下), 告子(下), 盡心(上)·《白虎通》嫁娶篇·《孟子外書》爲正篇

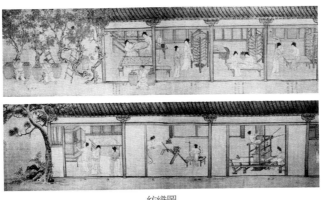

紡織圖

033(3-4) 曹僖氏妻
조나라 희부기의 아내

조曹나라의 대부 희부기僖負羈의 처이다. 진晋나라의 공자公子 중이重耳
가 망명 중에 조나라를 지나게 되었다. 조曹나라의 공공恭公은 중이를
예로 대우하지 않았으며, 게다가 중이의 갈비뼈가 겨드랑이에 붙어
있다는 소문을 듣고, 중이의 숙소에 접근하여 중이가 목욕하는 것을
엿보기 위해 엷은 휘장을 설치하고 그 뒤에 숨어 그 일행을 관찰하는
등 무례한 짓을 하였다.

그 때 희부기의 처가 남편에게 이렇게 말하였다.

조희씨처(曹僖氏妻)

"오늘 진晋나라의 공자를 보았더
니 그를 수행하는 세 사람 모두가
나라의 재상감이었습니다. 그 세 사
람이 모두 이처럼 훌륭한 재능을 가
지고, 있는 힘을 다하여 중이를 보좌
하고 있으니 틀림없이 진나라를 차
지할 것이며, 만약 공자가 자기 나라
로 돌아가게 되면 틀림없이 제후의
패자가 될 것입니다. 그렇게 되면
자신에게 무례하게 굴었던 나라를
토벌할 것이며, 우리 조曹나라는 바
로 첫 번째 대상이 됩니다. 만일 조나
라가 난을 당하면 당신도 그 난을

피할 수 없을 것인데, 당신은 어찌 빨리 다른 도리를 찾지 않으십니까? 제가 듣기로는 그 자식을 잘 알지 못하면 그 아비를 보고, 그 임금을 잘 알지 못하면 그가 부리는 자를 보라고 하였습니다. 지금 진나라 공자를 수행하는 자들이 모두 재상 자리에 있을 사람들이라면 그들이 모시는 임금은 틀림없이 패왕의 으뜸이 될 것입니다. 만약 지금 예를 더하여 공자를 대우한다면 그들은 반드시 보답을 베풀 것이며, 만약 그들에게 죄를 짓게 되면 틀림없이 그 죄를 물어 토벌할 것입니다. 당신이 빨리 대책을 세우지 않으면 화가 미칠 날은 그리 멀지 않을 것입니다."

희부기는 이에 병에다 먹을 것을 담고, 거기에다 옥까지 더하여 보내 주었다. 공자 중이는 먹을 것은 받았으나, 보물은 돌려보냈다. 마침내 중이가 본국으로 돌아가 진나라 임금文公이 되자, 조나라를 토벌하면서 이에 부기가 사는 지역에는 표시를 하여 병사들로 하여금 감히 들어가지 못하게 하자, 조나라 사민士民들이 노인을 부축하고 어린 아이를 업고 부기가 있는 마을로 모여들어 그 마을은 문전성시를 이루었다.

군자가 말하였다.

"회부기의 처는 멀리 내다보는 식견이 있었다."

《시詩》에 "현명하고 게다가 명석함을 가지고 자신의 몸을 보존하도다"라 하였으니 이를 두고 한 말이다.

송頌:

"회부기의 처는 그 지혜가 아주 크고 훌륭하였네.
진나라 공자를 보고 그가 장차 크게 일어날 줄 미리 알았네.
남편에게 음식 바치게 한 것은 장차 자신들을 의탁하려 함이었네.
진 문공이 조나라를 쳤을 때 홀로 그 난리에서 풀려날 수 있었네."

曹大夫僖負羈之妻也. 晉公子重耳亡, 過曹, 恭公不禮焉. 聞其駢脅, 近其舍, 伺其將浴, 設微薄而觀之.

負羈之妻言於夫曰:「吾觀晉公子, 其從者三人, 皆國相也. 以此三人者皆善, 戮力以輔人, 必得晉國, 若得反國, 必霸諸侯, 而討無禮, 曹必爲首. 若曹有難, 子必不免, 子胡不早自貳焉? 且吾聞之: 不知其子者視其父, 不知其君者視其所使. 今其從者皆卿相之僕也, 則其君必霸王之主也. 若加禮焉, 必能報施矣; 若有罪焉, 必能討過. 子不早圖, 禍至不久矣.」

負羈乃遺之壺飱, 加璧其上. 公子受飱反璧. 及公子反國伐曹, 乃表負羈之閭, 令兵士無敢入, 士民之扶老攜弱而赴其閭者, 門外成市.

君子謂:「僖氏之妻能遠識.」

詩云:『旣明且哲, 以保其身.』此之謂也.

頌曰:『僖氏之妻, 厥志孔白.
　　　見晉公子, 知其興作.
　　　使夫饋飱, 且以自託.
　　　文伐曹國, 卒獨見釋.』

【曹】 나라 이름. 姬姓이며 陶丘(지금의 山東 定陶縣 서북)에 도읍하였으며 춘추시대 宋나라에게 망함.

【重耳】 춘추시대 晉나라 공자로 驪姬의 난을 피하여 각 나라를 19년이나 망명하고 다니다가 귀국하여 왕위에 올라 文公이 됨. '寒食' 등 많은 일화를 남겼으며 春秋五霸의 하나. 중이는 그의 이름. B.C.636~628년까지 9년간 재위.《史記》〈晉世家〉 등 참조.

【共公】曹나라 恭公. 昭公의 아들 伯襄.

【骿脅】《國語》晉語(4)에는 '骿脅'으로 되어 있으며 갈비뼈가 붙은 기형을 말함.

【微薄】얇은 휘장. '簾'과 같음.

【三人】晉나라 공자 重耳(뒤에 文公이 됨)를 따라 망명에 나섰던 사람들.《國語》晉語(4)에는 狐偃·趙衰·賈佗 3인으로 되어 있으나,《史記》〈晉世家〉에는 趙衰·狐偃(咎犯)·賈佗·先軫·魏武子 등 5인으로, 그리고《左傳》僖公 23년에는 狐偃·趙衰·顚頡·魏武子·司空季 등 5인으로 되어 있음.

【自貳】스스로는 다른 뜻을 가짐. 여기서는 다른 방도를 찾아 대책을 세워야 함을 뜻함.

【飱】저녁밥(殯). 혹은 따뜻한 밥.

【卽明且哲】《詩經》大雅 烝民의 구절.

【孔白】매우 뚜렷하게 밝음.

【文】晉 文公 重耳를 가리킴.

참고 및 관련 자료

1. 《詩經》大雅 烝民 →021 참조.

2. 《國語》晉語(4)

自衛過曹, 曹共公亦不禮焉, 聞其骿脅, 欲觀其狀, 止其舍, 諜其將浴, 設微薄而觀之. 僖負羈之妻言於負羈曰:「吾觀晉公子賢人也, 其從者皆國相也, 以相一人, 必得晉國. 得晉國而討無禮, 曹其首誅也. 子盍蚤自貳焉?」僖負羈饋飱, 寘璧焉. 公子受飱反璧.

負羈言於曹伯曰:「夫晉公子在此, 君之匹也, 不亦禮焉?」曹伯曰:「諸侯之亡公子其多矣, 誰不過此! 亡者皆無禮者也, 余焉能盡禮焉!」對曰:「臣聞之: 愛親明賢, 政之幹也. 禮賓矜窮, 禮之宗也. 禮以紀政, 國之常也. 失常不立, 君所知也. 國君無親, 以國爲親. 先君叔振, 出自文王, 晉祖唐叔, 出自武王, 文武之功, 實建諸姬. 故二王之嗣, 世不廢親. 今君棄之, 是不愛親也. 晉公子生十七年而亡, 卿材三人從之, 可謂賢矣, 而君蔑之, 是不明賢也. 謂晉公子之亡, 不可不憐也. 比之賓客, 不可不禮也. 失此二者, 是不禮賓 不憐窮也. 守天之聚, 將施於宜. 宜而不施, 聚必有闕. 玉帛酒食, 猶糞土也, 愛糞土以毀三常, 失位而闕聚, 是之不難, 無乃不可乎? 君其圖之.」公弗聽.

034(3-5) 孫叔敖母
초나라 영윤 손숙오의 어머니

초楚나라 영윤令尹 손숙오孫叔敖의 어머니이다. 숙오가 어린아이일 때 밖에 나가 놀다가, 머리 둘 달린 뱀을 보고 죽여 땅에 묻고는 집으로 돌아와 어머니를 보고 우는 것이었다. 어머니가 우는 까닭을 묻자 손숙오는 이렇게 대답하였다.

"제가 듣기로 머리가 둘 달린 뱀을 본 사람은 죽는다고 하였습니다. 그런데 지금 제가 나가 놀다가 그런 뱀을 보았습니다."

손숙오모(孫叔敖母)

그 어머니가 물었다.

"그 뱀이 지금 어디 있느냐?"

그러자 손숙오는 이렇게 대답하는 것이었다.

"다른 사람이 그 뱀을 다시 볼까 걱정이 되어 제가 죽여서 땅에 묻었습니다!"

이에 그 어머니는 이렇게 말하였다.

"너는 죽지 않는다! 무릇 음덕을 베푼 자는 드러나는 보답을 받게 마련이다. 덕은 불길한 것을 이기는 법이며, 어짊은 온갖 재앙을 제거하는 것이다. 하늘은 높이 있지만 낮은 데서 일어나는 일의 소리를 듣고 있다. 《서書》에 이르지 않았더냐. '황천은 사사롭게 친한 것이 없으며 오로지 덕 있는 자를 돕는다'라고 말이다. 누구에게도 말하지 말아라! 너는 틀림없이 초나라에서 큰 인물이 될 것이다."

과연 손숙오는 성장하여 영윤이 되었다.

군자가 말하였다. "숙오의 어머니는 도덕의 차례를 알았다."

《시詩》에 "어머니는 성스럽고 훌륭하도다"라 하였으니 이를 두고 한 말이다.

송頌:
"숙오의 어머니는 천도를 깊이 알고 있었네.
숙오가 뱀을 보게 되었는데 머리가 둘로 갈라진 놈
죽여 묻고 와서는 죽게 될까 두려워 울었다네.
어머니는 음덕을 베푼 자는 죽지 않고 오래 산다라고 일러 주었네."

楚令尹孫叔敖之母也. 叔敖爲嬰兒之時, 出遊, 見兩頭蛇, 殺而埋之, 歸見其母而泣焉.

母問其故, 對曰:「吾聞見兩頭蛇者死, 今者出遊見之.」

其母曰:「蛇今安在?」

對曰:「吾恐他人復見之, 殺而埋之矣!」

其母曰:「汝不死矣! 夫有陰德者, 陽報之, 德勝不祥, 仁除百禍. 天之處高而聽卑. 書不云乎:『皇天無親, 惟德是輔.』爾嘿矣! 必興於楚.」

及叔敖長, 爲令尹.

君子謂:「叔敖之母知道德之次.」

詩云:『母氏聖善.』此之謂也.

頌曰:『叔敖之母, 深知天道.
　　　　叔敖見蛇, 兩頭岐首,
　　　　殺而埋之, 泣恐不及.
　　　　母曰陰德, 不死必壽.』

【孫叔敖】 춘추시대 楚 莊王을 섬겼던 훌륭한 재상. 蔿氏이며 이름은 敖, 자는
　孫叔. 期思(지금의 河南 淮濱) 사람. 019 참조.
【陰德陽報】 몰래 베푼 덕은 반드시 그 보답을 받게 되어 있음.
【皇天無親】《尙書》周書 蔡仲之命의 구절.
【嘿】 ‘默’과 같은 뜻.
【岐首】 머리가 둘로 갈라짐.
【母氏聖善】《詩經》邶風 凱風의 구절.

> ### 참고 및 관련 자료

1.《詩經》邶風 凱風

凱風自南, 吹彼棘心. 棘心夭夭, 母氏劬勞. 凱風自南, 吹彼棘薪. 母氏聖善, 我無
令人. 爰有寒泉, 在浚之下. 有子七人, 母氏劬勞. 睍睆黃鳥, 載好其音. 有子七人,
莫慰母心.

2.《說苑》尊賢篇

叔敖爲嬰兒之時, 出遊, 見兩頭蛇, 殺而埋之, 歸見其母而泣焉. 母問其故, 對曰:
「吾聞見兩頭蛇者死, 今者出遊見之.」其母曰:「蛇今安在?」對曰:「吾恐他人復
見之, 殺而埋之矣!」其母曰:「汝不死矣! 夫有陰德者, 陽報之, 德勝不祥, 仁除百禍.
天之處高而聽卑. 書不云乎:「皇天無親, 惟德是輔.」爾嘿矣! 必興於楚.」及叔敖長,
爲令尹. 君子謂叔敖之母知道德之次.

3.《新序》雜事(一)

孫叔敖爲嬰兒之時, 出游, 見兩頭蛇, 殺而埋之. 歸而泣, 其母問其故, 叔敖對曰:
「吾聞見兩頭之蛇者死, 嚮者吾見之, 恐去母而死也.」其母曰:「蛇今安在?」曰:

「恐他人又見, 殺而埋之矣.」其母曰:「吾聞有陰德者, 天報之以福, 汝不死也.」及長, 爲楚令尹, 未治, 而國人信其仁也.

4.《論衡》福虛篇

楚相孫叔敖爲兒之時, 見兩頭蛇, 殺而埋之, 歸, 對其母泣. 母問其故, 對曰:「我聞見兩頭蛇[者]死. 向者, 出見兩頭蛇, 恐去母死, 是以泣也.」其母曰:「今蛇何在?」對曰:「我恐後人見之, 卽殺而埋之.」其母曰:「吾聞有陰德者, 天報之. 汝必不死, 天必報汝.」叔敖竟不死, 遂爲楚相. 埋一蛇, 獲二祐, 天報善, 明矣.

5.《新書》(賈誼) 卷六 春秋

孫叔敖之爲嬰兒也, 出遊而還, 憂而不食. 其母問其故, 泣而對曰:「今日吾見兩頭蛇, 恐去死無日矣.」其母曰:「今蛇安在?」曰:「吾聞見兩頭蛇者死, 吾恐他人又見, 吾已埋之也.」其母曰:「無憂! 汝不死. 吾聞之; 有陰德者, 天報以福」人聞之, 皆諭其能仁也. 及爲令尹, 未治而國人信之.

6.《蒙求》卷上 叔敖陰德

賈誼新書曰: 孫叔敖爲嬰兒, 出遊而還, 憂而不食. 其母問其故, 泣而對曰:「今日吾見兩頭蛇. 恐去死無日矣.」母曰:「今蛇安在?」曰:「吾聞見兩頭者死. 吾恐他人又見, 已埋之矣.」母曰:「無憂, 汝不死. 吾聞之: 有陰德者陰德者陽報之. 德勝不祥, 仁除百禍. 天之處高聽卑, 爾必興於楚.」及長爲今尹老終.

035(3-6) 晉伯宗妻
진나라 백종의 아내

진晉나라 대부 백종伯宗의 처이다. 백종은 똑똑하였지만 직언을 잘 내뱉고 남 능멸하기를 좋아하였다. 이에 매번 조회에 나갈 때마다 그의 처가 항상 그에게 이렇게 경계하였다.

"도둑은 주인을 미워하고, 백성은 그 임금을 미워하게 마련입니다. 남을 아끼고 좋아하는 사람이 있다면 틀림없이 남을 시기하고 미워하는 사람도 있을 것입니다. 무릇 당신은 직언하기를 좋아합니다. 그러니 옳지 못한 자는 당신을 미워할 것이며, 그 재앙은 틀림없이 당신에게 미칠 것입니다."

백종은 부인의 충고를 받아들이지 않았다. 어느 날 조회에 나갔다가 즐거운 얼굴색으로 돌아오자 처가 물었다.

"당신의 얼굴에 희색이 만연한데 무슨 일이십니까?"

백종이 대답하였다.

"내가 조회에서 발언을 하였더니, 여러 대부가 다 나를 양자陽子와 흡사하다고 하더군."

그러자 처가 말하였다.

진백종처(晉伯宗妻)

"열매를 맺는 곡식의 꽃은 화려하지 않고, 훌륭한 말은 꾸밈이 없습니다. 양자의 말은 화려하지만 실속이 없었으며, 말을 할 때 무모하였습니다. 그 때문에 화가 그 자신에게 미쳤습니다. 그런데 당신은 어찌하여 그런 말을 즐겁다 여기십니까?"

백종은 이렇게 말하였다.

"내가 여러 대부를 집으로 초청하여 그들과 술을 마시면서 토론을 벌일 테니 당신이 시험삼아 들어 보시구려."

그의 처가 말하였다.

"그렇게 하지요."

그리하여 큰 잔치를 열어 여러 대부들과 술을 마시게 되었다. 이윽고 술자리가 끝나자 백종이 처에게 물었다.

"어떠하였소?"

처는 이렇게 말하였다.

"여러 대부들은 당신만 못하였습니다. 그런데도 사람들은 당신의 말을 높이 사려고 하지 않은지가 오래 되었습니다. 난이 틀림없이 당신에게 미칠 것입니다. 당신은 성품을 바꾸기 어렵겠지요. 또 나라 안에는 당신과 다른 생각을 가진 사람이 많이 있습니다. 그 위험은 가히 서서 기다릴 만큼 급합니다. 그대는 어찌 미리 현명한 대부와 관계를 맺어 우리 아들 주리州犁의 장래나마 부탁해 두지 않습니까?"

백종이 말하였다.

"알았소."

이에 필양畢羊과 교분을 맺어 친하게 지냈다.

드디어 난불기欒不忌의 난이 일어나자, 세 사람의 극씨郤氏는 백종을 해치려 참언을 하여 그를 죽이고 말았다. 이에 필양이 주리를 형荊 땅으로 보내어 다행히 화를 면할 수 있었다. 군자가 말하였다.

"백종의 처는 천도를 알았도다."

《시詩》에 "장차 큰불이 나려는데 구제할 약이 없도다"라 하였으니 이를 두고 한 말이다.

頌曰：

"백종이 남을 능멸하니 그 처는 장차 큰일이 날 것을 미리 알았네.
자주 백종에게 충고하여 필양과 두터운 교분을 맺도록 하였으니,
이는 아들 주리를 부탁하여 재앙을 면하도록 하기 위함이었네.
백종은 비록 화를 당하였으나 주리는 형 땅으로 피할 수 있었네."

晉大夫伯宗之妻也. 伯宗賢, 而好以直辯凌人.

每朝, 其妻常戒之曰:「盜憎主人, 民愛其上. 有愛好人者,
必有憎妒人者. 夫子好直言, 枉者惡之, 禍必及身矣.」

伯宗不聽. 朝而以喜色歸, 其妻曰:「子貌有喜色, 何也?」

伯宗曰:「吾言於朝, 諸大夫皆謂我知似陽子.」

妻曰:「實穀不華, 至言不飾, 今陽子華而不實, 言而無謀,
是以禍及其身, 子何喜焉?」

伯宗曰:「吾欲飮諸大夫酒而與之語, 爾試聽之.」

其妻曰:「諾.」

於是爲大會, 與諸大夫飮, 旣飮而問妻曰:「何若?」

對曰:「諸大夫莫子若也. 然而民之不能戴其上久矣, 難必
及子, 子之性, 固不可易也. 且國家多貳, 其危可立待也, 子何不
預結賢大夫以託州犂焉?」

伯宗曰:「諾.」

乃得畢羊而交之.

及欒不忌之難, 三郤害伯宗, 譖而殺之, 畢羊乃送州犂於荊,
遂得免焉.

君子謂:「伯宗之妻知天道.」

詩云: 『多將熇熇, 不可救藥.』 伯宗之謂也.

頌曰: 『伯宗凌人, 妻知且亡.
　　　數諫伯宗, 厚許畢羊,
　　　屬以州犂, 以免咎殃.
　　　伯宗遇禍, 州犂奔荊.』

【伯宗】 晉나라 대부 孫伯糾의 字.

【盜憎主人】 도둑이 주인을 미워함. 당시의 속담.《左傳》成公 15년에 "盜憎主人, 民惡其上"이라 함.

【陽子】 춘추시대 晉나라 대부 陽處父.

【貳】 二心. 不忠을 뜻함.

【州犂】 伯州犂. 伯宗의 아들.

【畢羊】 진나라 선비.

【及欒弗忌之難】《左傳》成公 15년에 "晉三郤害伯宗, 譖而殺之, 及欒弗忌"라 하여 그 화가 欒弗忌에게까지 미쳤다고 하였으나《國語》晉語(5)에는 "欒弗忌之難, 諸大夫而害伯宗"이라 하여 欒弗忌로 인해 백종이 피해를 입은 것으로 되어 있음. 欒不忌(欒弗忌)는 진나라 대부이며 백종과 같은 黨派였음.

【三郤】 晉나라 大夫 郤錡, 郤犫, 郤至를 가리킴.

【荊】 楚나라의 별칭. 백종이 해를 입은 뒤 그 아들 伯州犂는 초나라로 도망하여 太宰가 되었음.

【多將熇熇】《詩經》大雅 板의 구절.

【屬】 '囑'과 같음. 위촉함. 부탁함.

참고 및 관련 자료

1.《詩經》大雅 板 → 007 참조.

2.《國語》晉語(5)

伯宗朝, 以喜歸. 其妻曰:「子貌有喜, 何也?」曰:「吾言於朝, 諸大夫皆謂我智似陽子.」對曰:「陽子華而不實, 主言而無謀, 是以難及其身. 子何喜焉?」伯宗曰:「吾飲諸大夫酒, 而與之語, 爾試聽之.」曰:「諾.」旣飲, 其妻曰:「諸大夫莫子若也. 然而民不載其上久矣, 難必及子乎! 盍亟索士整庇州犁焉.」得畢陽. 及欒弗忌之難, 諸大夫害伯宗, 將謀而殺之. 畢陽實送州犁于荊.

3.《太平御覽》520

晉宗伯之妻者. 晉大夫伯宗之妻也. 謂伯宗曰:「子之性, 固不可易也. 且國家多貳, 其危可立待也, 子何不豫結賢大夫以託州黎焉?」伯宗曰:「諾.」乃得畢羊而交之. 及欒不忌之難, 三郤害伯宗, 譖而殺之, 畢羊乃送州黎于荊, 遂得免焉.

4.《左傳》成公 15년

晉三郤害伯宗, 譖而殺之, 及欒弗忌. 伯州犁奔楚. 韓獻子曰:「郤氏其不免乎! 善人, 天地之紀也, 而驟絕之, 不亡, 何待?」初, 伯宗每朝, 其妻必戒之曰:「盜憎主人, 民惡其上.」子好直言, 必及於難.」

女人碁局圖

036(3-7) 衛靈夫人
위나라 영공의 부인

위衛나라 영공靈公의 부인이다. 영공과 그의 부인이 어느 날 밤에 앉아 있는데 수레가 덜컹덜컹 소리를 내면서 대궐에 이르러 멈추었다가 다시 대궐을 지나 소리를 내며 지나가는 것을 듣게 되었다.

영공이 부인에게 물었다.

"저 수레를 타고 가는 자가 누구인지 아시오?"

그러자 부인이 이렇게 말하는 것이었다.

"틀림없이 거백옥蘧伯玉일 것입니다!"

영공이 물었다.

"어떻게 거백옥일 것이라 여기시오?"

부인은 이렇게 설명하였다.

"제가 예禮에 대하여 듣건대 공의 문 앞에 이르러서는 내려서 공의 말에게 예를 표한다라고 하더이다. 이는 공경함이 넓다는 뜻입니다. 무릇 충신과 효자는 자신의 절의를 펴 보이려 애쓰지 않으며, 자신의 타락한 행동을 어두워 남이 보지 않으려니 하고 여기지도

위령부인(衛靈夫人)

않습니다. 거백옥은 우리 위나라의 어진 대부입니다. 어질고도 지혜가 있으며 윗분을 섬김에는 공경을 다합니다. 이로 보아 그 사람이라면 틀림없이 누가 보지 않는다고 해서 예를 저버리는 분이 아닙니다. 이로써 알게 된 것입니다."

영공이 사람을 시켜 살펴보도록 하였더니 과연 거백옥이었다. 이에 영공은 도리어 부인을 놀려 주려고 이렇게 말하였다.

"그 사람은 거백옥이 아니라 하더이다."

그러자 부인은 공에게 두 번 절하고 잔을 들어 영공을 축하하였다. 영공이 이상히 여겨 물었다.

"어찌 과인을 축하한다는 것이오?"

부인은 이렇게 대답하였다.

"저는 처음에 위나라에서는 거백옥 한 사람만이 예를 지키는 줄 알았습니다. 지금 위나라에 거백옥과 나란히 할 사람이 또 있다니 이는 임금께서 두 어진 신하를 거느리고 있는 것입니다. 나라에 현명한 신하가 많다는 것은 나라의 복입니다. 저는 이 때문에 축하를 드리는 것입니다."

영공이 놀라 말하였다.

"훌륭하오!"

그리고는 부인에게 사실대로 일러 주었다.

군자가 말하였다.

"위나라 영공 부인은 사람의 도리를 알아보는 데에 밝았다."

무릇 거짓으로 속일 수는 있으나 남을 미혹하게 할 수는 없는 것이니 그 명석한 지혜여!

《시詩》에 "나는 그 소리만 듣고 그 사람은 보지 않아도 아네"라고 한 것은 이를 두고 한 말이다.

송頌:

"위나라 영공이 밤에 부인과 함께 앉아 있었네.

덜컹덜컹 수레 소리 대궐 문 앞에서 멈추었다 지나가자,

부인은 그 수레에 타고 지나간 자가 틀림없이 거백옥일 것이라 알아 내었네.

지혜로운 자만이 어진 이를 알아보는 법.

물어 보았더니 진실로 미덥기 때문이었다고 하였다네."

衛靈公之夫人也. 靈公與夫人夜座, 聞車聲轔轔, 至闕而止, 過闕復有聲.

公問夫人曰:「知此謂誰?」

夫人曰:「此必蘧伯玉也!」

公曰:「何以知之?」

夫人曰:「妾聞禮: 下公門式路馬, 所以廣敬也. 夫忠臣與孝子, 不爲昭昭信節, 不爲冥冥墮行, 蘧伯玉衛之賢大夫也, 仁而有智, 敬於事上, 此其人必不以闇昧廢禮, 是以知之.」

公使視之, 果伯玉也.

公反之以戲夫人曰:「非也.」

夫人酌觴再拜, 賀公.

公曰:「何以賀寡人?」

夫人曰:「始妾獨以衛爲有蘧伯玉爾, 今衛復有與之齊者, 是君有二賢臣也. 國多賢臣, 國之福也, 妾是以賀.」

公驚曰:「善哉!」

遂語夫人其實焉.

君子謂:「衛夫人明於知人道.」

夫可欺而不可以罔者. 其明智乎!
詩云:『我聞其聲, 不見其人.』此之謂也.

頌曰:『衛靈夜坐, 夫人與存.
　　　有車轔轔, 中止闕門,
　　　夫人知之, 必伯玉焉.
　　　維知識賢, 問之信然.』

【衛靈夫人】춘추시대 衛나라 영공의 부인.《論語》등에는 그의 부인 이름이
南子로 나와 있으나 여기서는 다른 부인일 것으로 봄.
【衛靈公】이름은 元. 孔子와 같은 시기의 위나라 군주. 42년간 재위(B.C.534~
493).
【轔轔】수레바퀴가 굴러가는 소리.
【蘧伯玉】춘추시대 衛나라의 어진 대부. 이름은 瑗.
【下公門】《禮記》檀弓(上)에 "大夫士下公門, 式路馬"라 하고 疏에 "公門, 謂君
之門也. 路馬, 君之馬也. 敬君, 至門下車; 重君物, 故見君馬而式之也. 馬比門輕,
故有下·式之異"라 함.
【信節】'信'은 '伸'과 같음. 원래는 '變節'로 되어 있으나《太平御覽》에 의해
고침.
【我聞其聲】《詩經》小雅 何人斯의 구절.

참고 및 관련 자료

1.《詩經》小雅 何人斯

彼何人斯, 其心孔艱. 胡逝我梁, 不入我門. 伊誰云從, 維暴之云. 二人從行, 誰爲
此禍. 胡逝我梁, 不入唁我. 始者不如今, 云不我可. 彼何人斯, 胡逝我陳. 我聞其聲,

不見其身. 不愧于人, 不畏于天. 彼何人斯, 其爲飄風. 胡不自北, 胡不自南. 胡逝我梁, 祇攪我心.

2.《文選》(56) 石闕銘 注

列女傳: 衛靈公夫人曰:「妾聞禮下公門, 式路馬, 所以廣敬也.」

3.《太平御覽》402

列女傳曰: 衛靈公與夫人夜座, 聞車聲鱗鱗, 至闕而止, 過闕復有聲. 公問曰:「知此謂誰?」夫人曰:「此必蘧伯玉也!」問:「何以知之?」曰:「妾聞禮: 下公門式路馬, 所以廣敬也. 夫忠臣不爲昭昭信節, 不爲冥冥墮行, 今伯玉衛國賢大夫也, 仁而有智, 敬於事上, 此其人必不以闇昧廢禮, 是以知之.」公使視之, 果伯玉也. 反戲之曰:「非也.」夫人進觴再拜, 賀之. 公曰:「子何以賀?」曰:「始妾謂有伯玉, 今衛復有與之齊者, 是君有二賢臣也. 國多賢臣, 國之福也.」

제나라 영공의 부인 중자

제령중자齊靈仲子는 송宋나라 제후의 딸로서 제齊나라 영공靈公의 부인이 된 여인이다. 처음에 영공은 노魯나라에서 부인을 맞이하였는데, 그 부인은 자식을 낳지 못하자 부인의 질녀 성희聲姬를 들여 아들 광光을 낳아 그 광이 태자가 되어 있었다. 그런데 부인 중자仲子와 그 여동생 융자戎子가 모두 영공에게 총애를 받게 되어 중자가 아들 아牙를 낳게 되자, 융자가 영공에게 광 대신에 언니의 아들 아를 태자로 세워 줄 것을 졸라 영공의 허락을 얻어 내게 되었다. 그러자 중자는 이렇게 말하였다.

"안 됩니다! 상도常道를 폐기하는 것은 상서롭지 못합니다. 제후들로부터 원한을 사게 될 것이니 잘못된 모책입니다. 무릇 광이 태자가 되어 제후들의 회맹에 참가하여 공인을 받은 것입니다. 지금 이유 없이 그를 폐한다면 이는 전적으로 제후를 무시하는 것이 되어 싸움이 일어날 빌미를 마련하는 것이니 상서롭지 못한 일입니다. 주군께서 후회하실 것입니다."

제령중자(齊靈仲子)

영공이 말하였다.

"그런 것은 내가 처리할 일일 뿐이오."

이에 중자가 말하였다.

"저 또한 양보할 수 없습니다. 진실로 재앙의 싹이 될 것입니다."

중자는 죽기를 무릅쓰고 다투었지만 영공은 끝내 듣지 않았다. 결국 태자 광을 축출하고 아를 태자로 세웠다. 그리고 고후高厚가 아의 스승이 되었다.

영공이 병들자 고후高厚가 몰래 광을 맞이하여 와서는, 영공이 죽자 최저崔杼가 광을 임금 자리에 세우고 고후를 죽여 버렸다. 이는 중자의 말을 듣지 않아 화가 여기까지 이른 것이다.

군자가 말하였다.

"중자는 사리에 밝았다."

《시詩》에 "내 말을 듣는다면 큰 후회는 없으리"라 하였는데 이는 중자를 두고 한 말이다.

송頌:

"제나라 영공의 부인 중자는 어질고 지혜로웠네.

영공이 아牙를 세워 성희가 낳은 광光을 폐하려 하자,

중자가 강하게 간하여 적자를 폐하면 상서롭지 못하다 하였네.

영공이 듣지 않아 결국 재앙을 만나고 말았네."

齊靈仲子者, 宋侯之女, 齊靈公之夫人也. 初, 靈公娶於魯, 聲姬生子光, 以爲太子.

夫人仲子與其弟戎子, 皆嬖於公. 仲子生子牙, 戎子請以牙爲太子代光, 公許之. 仲子曰: 「不可! 夫廢常不祥, 聞諸侯之難, 失謀. 夫光之立也, 列於諸侯矣. 今無故而廢之, 是專黜諸侯, 而以難犯不祥也. 君必悔之.」

「在我而已.」

仲子曰:「妾非讓也, 誠禍之萌也.」

以死爭之, 公終不聽. 遂逐太子光, 而立牙爲太子. 高厚爲傅.

靈公疾, 高厚微迎光, 及公薨, 崔杼立光而殺高厚, 以不用仲子之言, 禍至於此.

君子謂:「仲子明於事理.」

詩云:『聽用我謀, 庶無大悔.』仲子之謂也.

頌曰:『齊靈仲子, 仁智顯明.

靈公立牙, 廢姬子光.

仲子强諫, 棄適不祥.

公旣不聽, 果有禍殃.』

【齊靈公】춘추시대 齊나라 군주. 姜姓으로 齊 頃公의 아들. 이름은 環.

【靈公娶於魯】《左傳》 襄公 19년에 "齊侯娶於魯, 曰顔懿姬, 無子"라 함.

【聲姬生光】《左傳》 襄公 19년에 "其姪鬷聲姬, 生光, 以爲太子"라 함. 鬷聲姬는 顔懿姬를 따라간 姪女이며 媵妻.

【常】常規, 常法. 顔懿姬에게 아들이 없어 鬷聲姬가 낳은 자가 서출이기는 하지만 이를 嫡으로 세워 태자로 삼은 것은 常規에 어긋나지 않음을 뜻함.

【聞諸侯之難】좌전에 "聞諸侯之, 難"으로 되어 있음. 제후 사이에 이미 알려진 일로, 태자를 바꾸게 되면 제후들의 원한을 사서 외교를 어그러뜨릴 빌미를 준다는 뜻.

【列於諸侯】태자 광이 여러 차례 제후와의 회맹에 참가하여 제후들로부터 태자로서 공인받았음을 말함.

【專絀諸侯】'絀'은 '黜'과 같음.

【高厚】제나라의 正卿. 牙의 太傅.

【靈公疾】《左傳》襄公 19년에 "靈公疾, 崔杼微逆光"이라 하였고, 《史記》〈齊世家〉에는 "靈公疾, 崔杼迎故太子光而立之, 是爲莊公"이라 함. 따라서 高厚는 崔杼의 오기임. 최저는 崔武子로 제나라 대부. 영공을 죽이고 장공을 옹립한 인물. 《晏子春秋》, 《史記》 등 참조.

【德用我謀】《詩經》 大雅 抑의 구절.

참고 및 관련 자료

1. 《詩經》 大雅 抑 →022 참조.

2. 《左傳》 襄公 19년

齊侯娶于魯, 曰顔懿姬, 無子. 其姪鬷聲姬, 生光, 以爲大子. 諸子仲子·戎子, 戎子嬖. 仲子生牙, 屬諸戎子. 戎子請以爲大子, 許之. 仲子曰:「不可. 廢常, 不祥; 間諸侯, 難. 光之立也, 列於諸侯矣. 今無故而廢之, 是專黜諸侯, 而以難犯不祥也. 君必悔之.」公曰:「在我而已.」遂東大子光. 使高厚傅牙, 以爲大子, 夙沙衛爲少傅. 齊侯疾, 崔杼微逆光, 疾病而立之. 光殺戎子, 尸諸朝, 非禮也. 婦人無刑. 雖有刑, 不在朝市. 夏五月壬辰晦, 齊靈公卒. 莊公卽位. 執公子牙於句瀆之丘, 以夙沙衛易己, 衛奔高唐以叛.

038(3-9) 魯臧孫母
노나라 장손의 어머니

　장손臧孫의 어머니는 노魯나라 대부 장문중臧文仲의 어머니이다. 장문중이 노나라의 사신으로 제齊나라에 가게 되자, 어머니가 그를 전송하며 이렇게 일러 주었다.

　"너의 성품은 각박하고 은혜를 베풂이 없으며, 남에게 힘이 소진하도록 부리기를 좋아하며, 가난하고 궁한 자들에게 위협으로 대한다. 노나라에서 너를 용납할 수 없어 이렇게 제나라로 보내는 것이다. 무릇 간악한 일이 장차 일어나려면 반드시 변동이 있을 그 때일 것이니, 너를 해치려는 자는 그러한 기회에 일을 터뜨릴 것이니라! 너는 이것을 경계해야 한다. 노나라와 제나라는 국경을 맞대고 있는 이웃 나라이다. 노나라의 총애 받는 신하 가운데 많은 이들이 너를 미워하고 있으며, 게다가 그들은 제나라의 고자高子·국자國子와 통하고 있다. 이들은 틀림없이 제나라로 하여금 노나라를 치도록 의도하면서 너를 잡아 가둘 것이니 이를 면하기 어려울 것이다! 너는

노장손모(老臧孫母)

반드시 은혜를 널리 베풀고 또 베풀도록 하여라. 그래야만 나중에 도움을 받아 살아나올 수 있을 것이다."

이에 문중은 노나라의 삼가三家에게 의탁하여 사대부들에게 후하게 한 다음에 제나라로 떠났다. 제나라는 과연 그를 잡아 가두고 군사를 일으켜 노나라를 공격하고자 하였다.

문중은 몰래 사람을 시켜 노나라 임금에게 글을 보내면서, 그 글을 제나라 사람 손에 들어가지나 않을까 두려워 이에 그 내용을 이렇게 바꾸었다.

"작은 그릇을 거두어 옹기 안에 넣으십시오. 사냥개를 잘 먹이고 양가죽 옷을 만드십시오. 거문고의 화음이 심히 그립습니다. 착한 나의 양에게는 어미가 있습니다. 나에게 동어同魚를 먹여 주십시오. 갓끈은 모자라지만 허리띠는 충분합니다."

그런데 노나라 임금과 대부들은 편지 내용을 알아보고자 하였지만 도저히 알아낼 수가 없었다. 이 때 어떤 사람이 이렇게 제의하였다.

"장손의 어미는 대대로 벼슬한 집 자손입니다. 임금께서 어찌 시험 삼아 불러 물어 보시지 않으십니까?"

이에 그를 불러서 이렇게 물었다.

"나는 장자臧子를 제나라에 사신으로 보냈습니다. 지금 편지를 가지고 왔는데 이게 무슨 뜻입니까?"

그러자 장손의 어머니는 옷깃에 눈물을 적시며 이렇게 말하였다.

"지금 제 아들이 잡혀서 형틀에 묶여 있습니다."

임금이 물었다.

"그것을 어떻게 아십니까?"

어머니가 대답하였다.

"작은 그릇을 거두어 작은 옹기 안에 넣으라는 말은 성 밖의 백성을 모아 성 안으로 데려오라는 뜻입니다. 또 사냥개를 잘 먹이고 양가죽 옷을 만들라는 것은 서둘러 전투에 나갈 군사들을 잘 먹이고 갑옷과 무기를 잘 정비해 두라는 뜻입니다. 거문고의 화음이 몹시 그립다

함은 아내를 그리워한다는 것입니다. 착한 나의 양에게는 어미가 있다 함은 처에게 어머니를 잘 모시라고 하는 말입니다. 그리고 동어를 먹여달라는 것은 동어同魚에는 줄[銼]과 같은 형상의 엇갈린 무늬가 있고 이 줄은 톱을 가는 도구이며, 톱은 나무를 잘라 형구를 만드는 것이니 이는 감옥에서 형틀에 묶여 있다는 뜻입니다. 갓끈은 모자라는데 허리띠는 여유가 있다는 것은 머리카락이 흩어져 있는데도 빗을 수 없다는 뜻이며, 먹을 것이 없어서 배를 주려 허리띠가 느슨하다는 뜻입니다. 이로서 내 아들이 갇혀 형틀을 쓰고 있음을 알아낸 것입니다."

이에 장손 어머니의 말에 따라 국경에 군사를 배치하였다. 제나라가 바야흐로 군대를 일으켜 노나라를 습격해 오다가, 그들이 국경에 대비하고 있다는 것을 듣고는, 이에 문중을 돌려보내고 노나라 침략을 거두어 버렸다.

군자가 말하였다.

"장손의 어머니는 미세한 것을 알고 멀리 내다보는 식견이 있었다."

《시詩》에 "저 언덕에 올라 어머니 계신 곳 바라보도다"라 하였으니 이를 두고 한 말이다.

송頌:

"장손의 어머니, 자식의 위세 즐겨함을 나무라면서,
틀림없이 재앙을 입을 것이라 여겨 도움 받고 의탁할 곳을 마련토록 하였네.
이미 삼가에게 후히 하고 나서 과연 장손 제나라에 갇히고 말았네.
어머니가 아들 편지 풀이하니 그 아들 마침내 돌아올 수 있었네."

臧孫母者, 魯大夫臧文仲之母也. 文仲將爲魯使至齊, 其母送之曰:「汝刻而無恩, 好盡人力, 窮人以威, 魯國不容子矣, 而使子之齊. 凡姦將作, 必於變動, 害子者其於斯發事乎! 汝其戒之.

魯與齊通壁, 壁隣之國也. 魯之寵臣多怨汝者, 又皆通於齊.
高子・國子, 是必使齊圖魯而拘汝留之, 難乎其免也! 汝必施
恩布惠, 而後出於求助焉.」

於是文仲託於三家, 厚士大夫而後之齊, 齊果拘之, 而興兵
欲襲魯.

文仲微使人遺公書, 恐得其書, 乃謬其辭曰:「斂小器, 投諸台,
食獵犬, 組羊裘, 琴之合, 甚思之, 臧我羊, 羊有母, 食我以同魚,
冠纓不足帶有餘.」

公及大夫相與議之, 莫能知之. 人有言:「臧孫母者, 世家子也,
君何不試召而問焉?」

於是召而語之曰:「吾使臧子之齊, 今持書來云爾, 何也?」

臧孫母泣下襟曰:「吾子拘, 有木治矣!」

公曰:「何以知之?」

對曰:「斂小器投諸台者, 言取郭外萌, 內之於城中也. 食獵
犬, 組羊裘者, 言趣饗戰鬥之士而繕甲兵也. 琴之合甚思之者,
言思妻也, 臧我羊, 羊有母者, 告妻善養母也. 食我以同魚, 同者
其文錯, 錯者所以治鋸, 鋸者所以治木也, 是有木治, 係於獄矣.
冠纓不足帶有餘者, 頭亂不得梳, 飢不得食也. 故知吾子拘而
有木治矣.」

於是以臧孫母之言軍於境上, 齊方發兵將以襲魯, 聞兵在
境上, 乃還文仲而不伐魯.

君子謂:「臧孫母識微見遠.」

詩云:『陟彼屺兮, 瞻望母兮.』此之謂也.

頌曰:『臧孫之母, 刺子好威,
　　　　必且遇害, 使援所依.
　　　　旣厚三家, 果拘於齊.
　　　　母說其書, 子遂得歸.』

【臧文仲】 춘추시대 노나라의 대부. 臧孫氏이며 이름은 辰.

【高子, 國子】 제나라의 명문가인 高氏와 國氏. 당시 正卿이었음.

【三家】 魯나라 桓公의 후예이며 춘추 말기 노나라의 실권을 쥐고 있던 孟孫氏·
叔孫氏·季孫氏. 흔히 이들을 '三桓'이라 불렀음.

【台】 '瓵'의 가차자. '이'로 읽음. 여섯 되 들이의 瓦器. 옹기, 단지. 여기서는
성 안을 비유한 것.

【同字其文錯】 陳漢章의 《斠注》에 "案孫詒讓氏《札迻》云: 同魚, 《玉燭寶典》引作
鮦魚. 曹大家注: 鮦, 魚鱗有錯文"이라 하였다. 즉 '同魚鮦魚라는 물고기는 서로
엇갈린 무늬가 있어 톱날을 가는 줄과 같다'는 뜻. 여기서 '錯'은 동시에 '銼'(줄)와
같은 뜻으로 본 것임.

【鋸】 톱.

【木治】 죄인의 두 손을 묶는 형구. 桎梏의 일종이라 함.

【陟彼岵兮】 《詩經》 魏風 陟岵의 구절.

참고 및 관련 자료

1. 《詩經》 魏風 陟岵

陟彼岵兮, 瞻望父兮. 父曰嗟, 予子行役, 夙夜無已. 上愼旃哉, 猶來無止. 陟彼屺兮,
瞻望母兮. 母曰嗟, 予季行役, 夙夜無寐. 上愼旃哉, 猶來無棄. 陟彼岡兮, 瞻望兄兮.
兄曰嗟, 予弟行役, 夙夜必偕. 上愼旃哉, 猶來無死.

2. 기타 참고자료

《太平御覽》 763

039(3-10) 晉羊叔姬
진나라 양설자의 아내 숙희

숙희叔姬는 양설자羊舌子의 처이며 숙향叔向과 숙어叔魚의 어머니이다.
일설에 성이 양씨楊氏라고도 하며 숙향의 이름은 힐肹, 숙어의 이름은
부鮒이다. 양설자는 올곧음을 좋아하여 진晉나라에 용납되지 못하자,
그는 진나라를 떠나 조종 세 분의 종묘가 있는 읍으로 옮겨 와서 살았다.
그런데 읍에 사는 사람들이 서로 길 잃은 양을 끌고 와 그에게 주었다.
그러나 양설자는 이를 받지 않았다. 그러자 부인 숙희가 양설자에게
말하였다.

"당신은 진晉의 조정에서 인정
받지 못하여 그곳을 떠나 이 작은
마을로 이사하여 살고 있습니다.
또 이곳에서도 옳은 것만 고집하
여 이 마을 사람들에게 받아들여
지지 않는다면 이는 당신은 아무
곳에서도 받아 줄 곳이 없게 됩니다.
그러니 받느니만 못합니다."

이에 양설자는 이를 받아 이렇게
말하였다.

"아들 힐과 부에게 삶아 주시오!"

그러자 숙희가 말하였다.

"안 됩니다! 남방에 새가 있었는데

진양숙희(晉羊叔姬)

이름을 건길乾吉이라 합니다. 그 새는 자신의 새끼까지 잡아먹을 정도로 아무 고기나 가리지 않고 먹는다고 합니다. 그러니 새끼는 클 수가 없었겠지요. 우리의 아들 힐과 부는 아직 어립니다. 당신이 하는 것을 보고 그대로 배우게 될 것입니다. 그러니 의롭지 않은 고기를 먹일 수 없습니다. 땅에 묻어 우리 아이들에게 '먹이지 않았음을 분명히 하느니만 못합니다."

이에 이를 옹기에 담아 집 뒤에 묻어 두었다.

그 후로 2년이 지나 양을 훔친 사실이 발각되어 도읍에서 관리가 조사를 나왔다. 양설자가 말하였다.

"내가 받기는 하였지만 감히 먹지는 않았습니다."

그리고 묻어 두었던 양을 꺼내자 뼈가 고스란히 남아 있는 것을 본 관리가 이렇게 말하였다.

"군자로다! 양설자는 과연 양을 훔친 일에 가담하지 않았도다."

군자가 말하였다.

"숙희는 능히 해를 방지하고 의심을 멀리할 줄 알았다."

《시詩》에 "해도 없고 어두우니 아무도 나를 보지 못할 것이라 말하지 말라"라 하였으니 이를 두고 한 말이다.

숙향이 신공무신씨申公巫臣氏와 하희夏姬 사이에 난 딸에게 장가들고자 하였다. 그 여인은 아름답고 미색이 있었다. 그러나 어머니 숙희는 그들 족속에게 장가드는 것을 원하지 않았다. 그러자 숙향이 말하였다.

"어머니의 친척은 귀족이면서도 서자가 없어 족속이 불어나지 않습니다. 그래서 저는 외삼촌 집안을 못마땅하게 생각합니다."

그러자 숙희가 이렇게 말하였다.

"자령子靈의 처 하희는 세 남편과 한 군주, 한 자식을 죽였다. 또한 나라와 경卿의 지위에 있는 두 사람을 망하게 하였다. 네가 그런 사람을 못마땅히 여기지 아니하고 도리어 나의 친정 쪽을 못마땅하게 여긴다니 어찌 된 일이냐? 그리고 내 듣기로 기이한 복을 얻는 자는 그만큼 기이한 화를 만나게 되며, 너무 아름다운 것은 반드시 아주 심한 추악함을 가지고 있다고 한다. 지금 하희는 정鄭나라 목공穆公의 젊은 비 요자姚子의 딸이며 자학子貉의 누이이다. 자학은 일찍 죽고 동생이 없었는데 하늘이 하희에게 모든 아름다움을 몰아준 것이다. 장차 이 아름다운 하희 때문에 큰 재앙이 있을 것이다. 옛날에 유잉씨有仍氏가 딸을 낳았는데, 검은 머리카락이 심히 아름다워 그 광채가 사람을 거울처럼 비출 정도였으며 그 때문에 이름을 현처玄妻라 하였다. 뒤에 악정樂正 기夔가 그녀를 맞아 백봉伯封을 낳았는데, 그는 돼지 같은 욕심에 탐람하여 기대할 것이 없었고 못된 짓을 하기에 싫증을 내지 않을 정도였다. 그래서 그를 봉시封豕라 불렀다. 결국 유궁후예有窮后羿가 그를 멸망시켰으며, 악정 기는 그 때문에 죽어서 제사도 받지 못하는 신세가 되었다.

또 삼대三代가 망한 것과 진晋나라 공태자恭太子. 申生가 폐위된 것도 모두가 이러한 미인 때문이었다. 그런데 너는 어찌하여 그런 여자에게 장가들고자 하느냐? 무릇 미모를 가지고 있으면 충분히 사람을 움직일 수 있다. 그러나 덕과 의로써 하지 않으면 반드시 화가 미치게 마련이다."

숙향은 두려워 감히 무신씨에게 장가들 생각을 하지 못하였으나, 평공平公이 강제로 장가들도록 하여 양식아楊食我를 낳았다. 식아는 호를 백석伯碩이라고 불렀다. 백석이 태어날 때 출산을 돕던 사람이 숙희에게 이렇게 말하였다.

"맏며느님이 사내아기를 낳았습니다."

그러자 숙희가 그 아이를 보러 갔다가, 문 앞에서 그 울음소리를 듣고 돌아서며 이렇게 말하였다.

"시랑豺狼의 목소리로구나. 시랑은 야심이 있으니 장차 양설씨羊舌氏를 망하게 할 자는 바로 이 아이일 것이다."

그리하여 숙희는 끝내 그 아이를 보려하지 않았다. 식아가 성장하여 기승祁勝과 함께 난을 일으키자, 진晋나라 사람이 식아를 죽이게 되었고, 양설씨 집안은 결국 이 때문에 멸망하고 말았다.

군자가 말하였다.

"숙희는 미래를 유추하는 데 능하였다."

《시詩》에 "저 말라가는 샘물이여, 그를 따르다 같이 망하게 되는 일이 없기를"라 하였으니 이를 두고 한 말이다.

숙희가 처음 숙어를 낳을 때 아이를 살펴보고 이렇게 말하였다.

"이 놈은 호랑이 눈에 돼지주둥이이며, 소리개 어깨에 소의 배를 닮았구나. 아무리 큰 골짜기나 구덩이라도 채울 수가 있지만, 이 아이는 싫증낼 줄 모르리라. 틀림없이 뇌물로 인해 죽을 것이다."

그리고는 끝내 그를 보려하지 않았다. 그가 장성하여 나라의 재판 일을 누구 대신 맡게 되었을 때, 마침 당시 형후刑侯와 옹자雍子가 농토 문제로 소송을 제기하였다. 이 때 옹자가 숙어에게 자신의 딸을 들여보내어 재판을 유리하게 이끌었다. 이에 형후는 조정에서 숙어와 옹자를 죽여 버렸다.

한선자韓宣子가 이를 고심하자 숙향이 이렇게 말하였다.

"세 간악한 자의 죄는 똑같습니다. 청컨대 살아 있는 자는 죽이고, 죽은 자는 육시戮屍 형에 처해 주십시오."

드디어 형후씨의 일족은 처형되고, 숙어와 옹자의 시체는 저자거리에 내다 걸었으니, 숙어는 결국 탐욕 때문에 죽은 것이다. 숙희는 가히 지혜롭다고 할 만하다.

《시詩》에 "탐욕은 그 일족을 패망시킨다"라 하였으니 이를 두고 한 말이다.

송頌:

"숙향의 어머니는 정성情性을 살필 줄 알았도다.

아이가 태어나는 것을 보고 그 운명을 모두 살폈도다.

숙어와 식아가 모두 탐욕스럽고 올바르지 못하다고,

틀림없이 재물로 죽을 것이라 하였더니 과연 일족이 멸하는 투쟁에 걸려들었네."

叔姬者, 羊舌子之妻也. 叔向·叔魚之母也. 一姓楊氏. 叔向名肸, 叔魚名鮒. 羊舌子好正, 不容於晉, 去而之三室之邑. 三室之邑人相與攘羊而遺之, 羊舌子不受.

叔姬曰:「夫子居晉不容, 去之三室之邑, 又不容於三室之邑, 是於夫子不容也, 不如受之.」

羊舌子受之曰:「爲肸與鮒亨之!」

叔姬曰:「不可! 南方有鳥, 名曰乾吉, 食其子不擇肉, 子常不遂. 今肸與鮒童子也, 隨大夫而化者, 不可食以不義之肉, 不若埋之, 以明不與.」

於是乃盛以甕, 埋壚陰. 後二年, 攘羊之事發, 都吏至, 羊舌子曰:「吾受之不敢食也.」

發而視之, 則其骨存焉, 都吏曰:「君子哉! 羊舌子不與攘羊之事矣.」

君子謂:「叔姬爲能防害遠疑.」

詩曰:『無日不顯, 莫予云覯.』此之謂也.

叔向欲娶於申公巫臣氏夏姬之女, 美而有色. 叔姬不欲娶其族.

叔向曰:「吾母之族, 貴而無庶, 吾懲舅氏矣.」

叔姬曰:「子靈之妻, 殺三夫, 一君一子而亡一國兩卿矣. 爾不懲此而反懲吾族, 何也? 且吾聞之: 有奇福者, 必有奇禍; 有甚美者, 必有甚惡. 今是鄭穆少妃, 姚子之子, 子貉之妹也. 子貉早死無後, 而天鍾美於是, 將必以是大有敗也. 昔有仍氏生女, 髮黑而甚美, 光可監人, 名曰玄妻. 樂正夔娶之, 生伯封, 宕有豕心, 貪惏毋期, 忿纇無饜, 謂之封豕. 有窮后羿滅之, 夔是用

不祀. 且三代之亡, 及恭太子之廢, 皆是物也, 汝何以爲哉? 夫有
美物足以移人, 苟非德義, 則必有禍也.」

叔向懼而不敢娶. 平公强使娶之, 生楊食我, 食我號曰伯碩.
伯碩生時, 侍者謁之叔姬曰:「長姒産男.」

叔姬往視之, 及堂聞其號也而還曰:「豺狼之聲也, 狼子野心.
今將滅羊舌氏者, 必是子也.」

遂不肯見. 及長, 與祁勝爲亂, 晉人殺食我, 羊舌氏由是遂滅.

君子謂:「叔姬爲能推類.」

詩云:『如彼泉流, 無淪胥以敗.』此之謂也.

叔姬之始生叔魚也, 而視之曰:「是虎目而豕啄, 鳶肩而牛腹,
谿壑可盈, 是不可饜也. 必以賂死.」

遂不見. 及叔魚長, 爲國贊理. 邢侯與雍子爭田, 雍子人其女
於叔魚以求直, 邢侯殺叔魚與雍子於朝.

韓宣子患之, 叔向曰:「三姦同罪, 請殺其生者而戮其死者.」

遂族邢侯氏而尸叔魚及雍子於市, 叔魚卒以貪死, 叔姬可謂
智矣.

詩云:『貪人敗類.』此之謂也.

頌曰:『叔向之母, 察於情性.
　　　推人之生, 以窮其命.
　　　叔魚食我, 皆貪不正.
　　　必以貨死, 果卒分爭.』

【羊舌】 춘추시대 晉나라 대부 羊舌職을 가리킴. 羊舌은 複姓.

【叔向】 羊舌肸. 羊舌職의 아들로 진나라 대부.

【叔魚】 羊舌鮒. 진나라 대부로 양설직의 아들이며 숙향의 아우.

【楊氏】 숙향의 봉지 이름. 땅 이름.

【三室之邑】 祖宗의 세 사당이 있는 읍이라는 뜻.

【亨】 '烹'의 본자.

【墟陰】 뒤안. '墟'는 '廬'와 같음.

【都吏】 도읍의 관리.

【無曰不顯】 《詩經》 大雅 抑의 구절.

【申公巫臣】 屈巫子靈. 楚나라 종족 대신으로 일찍이 申縣(지금의 河南 南陽)의 尹을 역임하여 '申公'이라 부르며 屈巫, 巫臣 등으로 부름. 뒤에 夏姬에게 빠져 晉나라로 도망함.

【夏姬】 鄭 穆公의 少妃 姚子의 딸이며 鄭 靈公의 아들 貉의 누이.

【三夫】 夏姬의 세 남편. 처음 하희는 子蠻에게 시집갔으며 御叔이 둘째, 巫臣이 세 번째 남편이었음.

【一君】 여기에서는 陳 靈公을 가리킴.

【一子】 夏徵舒를 가리킴.

【一國】 陳나라를 가리킴.

【兩卿】 孔寧과 儀行父.

【天鐘】 '天鍾'과 같음. 鍾은 동사로 '모든 것을 모아 한 곳에 몰아줌'을 뜻함.

【有仍氏】 고대 제후의 씨족 이름.

【樂正夔】 樂正은 음악을 맡은 관직. 夔는 인명. 舜임금 때의 악관으로 后夔라고도 함.

【宕有豕心】 《左傳》 昭公 28년에는 "實有豕心"이라 하였음.

【貪惏毋期】 '貪惏'은 '貪婪'과 같음. 《左傳》 昭公 28년에는 "貪惏無饜, 忿纇 無期"라 하였음.

【忿纇】 '忿戾'와 같음. 못된 짓을 함을 뜻함.

【封豕】 큰 돼지.

【有窮后羿】 有窮氏의 수령으로 이름은 羿 또는 夷羿. 夏나라 때 東夷族의 수령이 되었으며, 활의 명수로 널리 알려짐. 한편 그의 아내 姮娥가 后羿의 天桃를 훔쳐 먹고 날개가 나서 달로 도망하였다는 고사를 가지고 있음.

【三代之亡】삼대는 흔히 夏·殷·周를 가리키며 그 말기에 모두 여인으로 인하여
　나라를 망쳤음을 말함. 즉 夏桀은 末喜妹嬉), 殷紂는 妲己로, 周 幽王은 褒姒
　때문에 나라가 멸망하였음을 말한 것.
【恭太子】晉나라 태자 申生을 가리킴. 晉 獻公이 驪姬를 총애하여 폐출당한
　태자.
【平公】晉나라 평공. 26년간(B.C.557～532) 재위하였으며 悼公의 아들. 이름은 彪.
【楊食我】인명. 羊舌食我. 叔向(羊舌肸)의 아들이며 호는 伯碩(伯石) 숙향의
　식읍이 楊(지금의 山西 洪洞)이어서 읍으로 氏를 삼은 것.
【長姒】동서지간을 娣姒라 하며 그중 맏이를 姒, 아래를 娣라 칭함.
【祁氏】晉나라 대부 祁盈. 임금에게 고하지 아니하고 가신을 죽여 임금에게
　주살을 당함. 《左傳》昭公 28년에 “夏六月, 晉殺祁盈及楊食我. 食我, 祁盈之黨也,
　而助亂, 故殺之, 遂滅祁氏·羊舌氏”라 함.
【如彼泉流】《詩經》小雅 小旻의 구절.
【贊理】정치와 행정을 도와 실행함. 혹은 재판을 맡은 관리. 판관이라고도 함.
【邢侯】申公巫臣의 아들이며 아버지 무신이 晉나라로 도망오자 진나라가 그에게
　邢 땅을 주었음.
【雍子】초나라 대부. 진나라로 도망오자 진나라가 그에게 축(鄐) 땅을 주었음.
【求直】소송에 이겨 그 땅을 사들임.
【韓宣子】韓獻子의 아들로 이름은 起. 晉나라의 正卿. 그 후손이 韓나라를 세움.
【三姦同罪】《左傳》昭公 14년에 “叔向曰: ‘三人同罪, 施生戮死可也. 雍子自知
　其罪, 而賂以買直; 鮒也鬻獄; 邢侯專殺, 其罪一也.’”라 함.
【族】족멸함. 《左傳》昭公 14년과 《國語》晉語(9)에는 ‘施’로 되어 있으며 시신을
　내다 걸어 널리 보임을 뜻함.
【貪人敗類】《詩經》大雅 桑柔의 구절.
【貨】뇌물.
【分爭】‘紛爭’과 같음.

　　■ 참고 및 관련 자료

　1. 《詩經》大雅 抑 → 022 참조.

2. 《詩經》 小雅 小旻 → 024 참조.

3. 《詩經》 大雅 桑柔

菀彼桑柔, 其下侯旬. 捋采其劉, 瘼此下民. 不殄心憂, 倉兄塡兮. 倬彼昊天, 寧不我矜. 四牡騤騤, 旟旐有翩. 亂生不夷, 靡國不泯. 民靡有黎, 具禍以燼. 於乎有哀, 國步斯頻. 國步蔑資, 天不我將. 靡所止疑, 云徂何往. 君子實維, 秉心無競. 誰生厲階, 至今爲梗. 憂心慇慇, 念我土宇. 我生不辰, 逢天僤怒. 自西徂東, 靡所定處. 多我覯痻, 孔棘我圉. 爲謀爲毖, 亂況斯削. 告爾憂恤, 誨爾序爵. 誰能執熱, 逝不以濯. 其何能淑, 載胥及溺. 如彼遡風, 亦孔之僾. 民有肅心, 荓云不逮. 好是稼穡, 力民代食. 稼穡維寶, 代食維好. 天降喪亂, 滅我立王. 降此蟊賊, 稼穡卒痒. 哀恫中國, 具贅卒荒. 靡有旅力, 以念穹蒼. 維此惠君, 民人所瞻. 秉心宣猶, 考愼其相. 維彼不順, 自獨俾臧. 自有肺腸, 俾民卒狂. 瞻彼中林, 甡甡其鹿. 朋友已譖, 不胥以穀. 人亦有言, 進退維谷. 維此聖人, 瞻言百里. 維彼愚人, 覆狂以喜. 匪言不能, 胡斯畏忌. 維此良人, 弗求弗迪. 維彼忍心, 是顧是復. 民之貪亂, 寧爲荼毒. 大風有隧, 有空大谷. 維此良人, 作爲式穀. 維彼不順, 征以中垢. 大風有隧, 貪人敗類. 聽言則對, 誦言如醉. 匪用其良, 覆俾我悖. 嗟爾朋友, 予豈不知而作. 如彼飛蟲, 時亦弋獲. 旣之陰女, 反予來赫. 民之罔極, 職涼善背. 爲民不利, 如云不克. 民之回遹, 職競用力. 民之未戾, 職盜爲寇. 涼曰不可, 覆背善詈. 雖曰匪予, 旣作爾歌.

4. 《國語》 晉語(8)

叔魚生, 其母視之, 曰:「是虎目而豕喙, 鳶肩而牛腹, 谿壑可盈, 是不可饜也, 必而賄死.」遂不視. 楊食我生, 叔向之母聞之, 往, 及堂, 聞其號也, 乃還, 曰:「其聲, 豺狼之聲, 終滅羊舌氏之宗者, 必是子也.」

5. 《左傳》 昭公 28년

晉祁勝與鄔臧通室. 祁盈將執之, 訪於司馬叔游. 叔游曰:「鄭書有之, '惡直醜正, 實蕃有徒.' 無道立矣, 子懼不免. 詩曰: '民之多辟, 無自立辟.' 姑已, 若何?」盈曰:「祁氏私有討, 國何有焉?」遂執之. 祁勝賂荀躒, 荀躒爲之言於晉侯. 晉侯執祁盈. 祁盈之臣曰:「鈞將皆死, 愁使吾君聞勝與臧之死也以爲快.」乃殺之. 夏六月, 晉殺祁盈及楊食我. 食我, 祁盈之黨也, 而助亂, 故殺之, 遂滅祁氏・羊舌氏. 初, 叔向欲娶於申公巫臣氏, 其母欲娶其黨. 叔向曰:「吾母多而庶鮮, 吾懲舅氏矣.」其母曰:「子靈之妻殺三夫・一君・一子, 而亡一國・兩卿矣, 可無懲乎? 吾聞之, '甚美必有甚惡.' 是鄭穆少妃姚子之子, 子貉之妹也. 子貉早死, 無後, 而天鍾美於是, 將必以是大有敗也. 昔有仍氏生女, 黰黑, 而甚美, 光可以鑑, 名曰玄妻. 樂正后夔取之, 生伯封, 實有豕心, 貪惏無饜, 忿纇無期, 謂之封豕. 有窮后羿滅之, 夔是以不祀. 且三代之亡・共子之廢, 皆是物也, 女何以爲哉? 夫有尤物, 足以移人. 苟非德義, 則必有禍.」叔向懼, 不敢取. 平公强使取之, 生伯石. 伯石始生, 子容之母走謁諸姑, 曰:「長叔姒生男.」姑視之. 及堂, 聞其聲而還, 曰:「是豺狼之聲也. 狼子野心. 非是, 莫喪羊舌氏矣.」遂弗視.

6.《左傳》昭公 14년

晉邢侯與雍子爭鄐田, 久而無成. 士景伯如楚, 叔魚攝理. 韓宣子命斷舊獄, 罪在雍子. 雍子納其女於叔魚, 叔魚蔽罪邢侯. 邢侯怒, 殺叔魚與雍子於朝. 宣子問其罪於叔向. 叔向曰:「三人同罪, 施生戮死可也. 雍子自知其罪, 而賂以買直; 鮒也鬻獄; 邢侯專殺, 其罪一也. 己惡而掠美爲昏, 貪以敗官爲墨, 殺人不忌爲賊. 夏書曰: '昏・墨・賊, 殺', 皐陶之刑也, 請從之.」乃施邢侯而尸雍子與叔魚於市. 仲尼曰:「叔向, 古之遺直也. 治國制刑, 不隱於親. 三數叔魚之惡, 不爲末減. 曰義也夫, 可謂直矣! 平丘之會, 數其賄也, 以寬衛國, 晉不爲暴. 歸魯季孫, 稱其詐也, 以寬魯國, 晉不爲虐. 刑侯之獄, 言其貪也, 以正刑書, 晉不爲頗. 三言而除三惡, 加三利. 殺親益榮, 猶義也夫!」

7.《文選》(44) 爲袁紹檄豫州 注

劉向列女傳曰: 羊舌叔姬者, 叔向之母也. 長姒産男, 叔姬往觀之, 曰:「其聲狼也. 狼子野心, 非是莫滅羊舌氏乎!」

8.《幼學瓊林》女子篇

「周家母儀, 太王有周姜, 王季有太妊, 文王有太姒; 三代亡國, 夏桀以妹喜, 商紂以妲己, 周幽以褒姒..」

040(3-11) 晉范氏母
진나라 범헌자의 아내

　진晉나라 범씨范氏의 어머니는 범헌자范獻子의 아내이다. 그의 세 아들이 조씨趙氏의 집에 놀러 갔을 때, 마침 조간자趙簡子가 정원에서 승마를 즐기고 있었다. 정원에는 나무가 많았는데 조간자는 놀러 온 범씨의 세 아들에게 이렇게 물었다.

　"이 나무들을 어떻게 하면 좋을까?"

　큰아들이 말하였다.

　"훌륭한 군주는 다른 사람의 의견을 물어 보지 않고는 어떤 일도 하지 않습니다. 그러나 못난 군주는 남에게 전혀 묻지 않고 자신의 뜻대로 하지요."

　둘째아들이 말하였다.

　"말의 발이 다칠까 애석히 여긴다면 이는 백성의 노고를 아끼지 않는다는 것이며, 반대로 백성의 노고를 아끼다가는 말의 발을 아끼지 못하게 됩니다."

　그러자 막내아들이 이렇게 말하였다.

　"세 가지의 덕으로 백성을 부릴

진범씨모(晉范氏母)

수 있습니다. 가령 산에 있는 나무를 베어 사용하도록 명하면 백성들은 그 이익을 알게 될 것입니다. 그리고 이어서 이 정원을 개방하여 나무 때문에 불편함을 보여 주는 것입니다. 무릇 멀리 있는 산보다 가까이 있는 정원에서 나무를 구할 수 있다고 여기니 이것이 첫 번째 그들의 기쁨일 것입니다. 또 험한 산이 아닌 평지의 나무를 벨 수 있으니 이것이 두 번째 그들이 느끼는 기쁨이 될 것입니다. 다 베고 나서 싼값으로 판다면 백성에겐 싼값으로 살 수 있으니 세 번째의 기쁨이 될 것입니다."

조간자가 그의 의견을 따랐더니 과연 백성들은 세 가지를 기쁘게 여기는 것이었다. 막내아들은 자신이 내놓은 건의를 자랑스러워하며 돌아와 어머니에게 고하였다.

그러자 어머니는 위연히 탄식하며 이렇게 말하였다.

"끝내 범씨 집안을 망하게 할 자는 틀림없이 이 아이일 것이다. 공을 자랑하며 자신의 노고를 떠벌리는 자로서 능히 인을 베푸는 자는 드문 법이다. 거짓을 틈타 사기를 행하는 자는 오래 가지 못하는 것이다."

그 후 과연 지백智伯이 범씨를 멸망시켰다.

군자가 말하였다. "범씨의 어머니는 난의 원인을 알고 있었다."

《시詩》에 "너의 선조를 욕되게 하지 않아야 네 후손이 구제를 받으리라"라 하였으니 이를 두고 한 말이다.

송頌:
"범씨의 어머니는 덕을 귀히 여기고 신의를 숭상하였네.
막내아들이 말한 세 가지 은덕이란 거짓을 백성에게 베푸는 것,
장차 멸망할 것임을 알았던 것은 거짓을 짓고도 인을 베푸는 자는 적기 때문.
뒤에 과연 화를 입어 제 몸은 죽고 나라는 분할되고 말았네."

晉范氏母者, 范獻子之妻也. 其三子遊於趙氏. 趙簡子乘馬園中, 園中多株.

問三子曰:「奈何?」

長者曰:「明君不問不爲, 亂君不問而爲.」

中者曰:「愛馬足則無愛民力, 愛民力則無愛馬足.」

少者曰:「可以三德使民: 設令伐株於山, 將有馬爲也. 已而開園示之株, 夫山遠而園近, 是民一悅矣. 夫險阻之山, 而伐平地之株, 民二悅矣. 旣畢而賤賣, 民三悅矣.」

簡子從之, 民果三悅.

少子伐其謀, 歸以告母.

母喟然歎曰:「終滅范氏者, 必是子也. 夫伐功施勞, 鮮能布仁; 乘僞行詐, 莫能久長.」

其後智伯滅范氏.

君子謂:「范氏母爲知難本.」

詩曰:『無忝爾祖, 式救爾後.』此之謂也.

頌曰:『范氏之母, 貴德尙信.

　　小子三德, 以詐與民.

　　知其必滅, 鮮能有仁.

　　後果逢禍, 身死國分.』

【范獻子】춘추시대 晉나라 六卿의 하나였던 대부. 范宣子의 아들이며 이름은 士鞅.

【趙簡子】역시 晉나라 육경의 하나였던 대부. 이름은 趙鞅, 혹은 志父라고도 함. 趙文子의 손자이며 趙景子의 아들. 그 후손이 趙나라를 세움.

【將有馬】梁端의《校注》에 여기서의 '馬'자는 연문이라 함.

【智伯】知伯으로도 쓰며 역시 晉 六卿의 하나였던 智襄子. 荀瑤, 知瑤라고도 부르며, 춘추 말기 진나라에서 가장 강한 세력을 떨치고 있었음. 그는 出公 17년(B.C.458) 韓·魏·趙 셋과 함께 范氏와 中行氏를 멸하고 晉나라 땅을 분할하여 출공을 축출하였으나 晉 哀公 4년에 피살됨. 이에 韓·魏·趙 세나라가 戰國時代를 맞아 七雄의 반열에 올랐음.《史記》및《戰國策》등 참조.

【無忝皇祖】《詩經》大雅 瞻卬의 구절.

【國分】范氏의 봉지였던 范縣(지금의 河南 范縣)이 智伯과 韓·魏·趙에 의해 분할되고 말았음을 뜻함.

참고 및 관련 자료

1.《詩經》大雅 瞻卬 → 009 참조.

女人化粧圖

041(3-12) 魯公乘姒
노나라 공승자피의 누나

　　노魯나라 공승公乘의 누나는 공승자피公乘子皮의 누나이다. 자피의 자형이 세상을 떠나자, 누나가 매우 슬프게 통곡하였다. 자피는 누나를 말리면서 이렇게 말하였다.

　　"안정을 취하시오. 너무 슬퍼하지 마십시오. 제가 당장 누님을 개가 하도록 해 드리겠습니다."

　　상기가 끝났지만 자피는 누나의 개가 문제를 다시 거론하지 않았다.

　　그런데 노나라의 군주가 자피를 재상으로 삼으려고 하자, 자피는 누나에게 이를 의논하여 말하였다.

　　"노나라 군주가 저를 재상으로 삼으려 하는데 그렇게 해도 되겠습니까?"

　　그러자 누나는 이렇게 말하였다.

　　"하지 말아라."

　　자피가 물었다.

　　"무슨 이유입니까?"

　　누나는 이렇게 설명하였다.

　　"내가 남편의 상을 당하였을 때 너는 나에게 개가시켜 주겠다고 말하였다. 어쩌면 예에 대하여

노공승사(魯公乘姒)

그토록 모르고 있느냐! 그리고 뒤에 상기가 끝났음에도 이 말을 다시 꺼내지도 않았다. 어쩌면 너는 사람의 인사人事에 대하여 이토록 통하지 못하고 있느냐! 너는 안으로 예를 행하지 않았고, 밖으로는 인사를 행하지 않았다. 그러니 재상이 되는 것은 불가한 일이다."

그러자 자피가 물었다.

"누님이 개가하실 생각이었다면 어찌 진작 말하지 않았습니까?"

누나가 이렇게 말하였다.

"부인의 일이란 남이 말을 하면 거기에 그냥 화답할 따름이다. 내가 어찌 시집가고자 하여 너에게 말로 책임을 따질 수 있겠느냐? 너는 진실로 예를 실천하지 않았으며 인사의 도리에도 통하지 못하고 있는데, 이러한 자로서 한 나라의 재상이 되어 대중을 휘어잡는다면 어찌 이치에 맞겠는가? 이는 비유컨대 눈을 가리고 흑백을 구분하고자 하는 것과 같다. 눈을 가리고 흑백을 구분하는 것은 그나마 우환은 없다. 그러나 인사에 통달하지 못하면서 재상이 되는 것은, 하늘이 재앙을 내리지 않으면 틀림없이 사람으로부터 화를 입을 것이다. 너는 재상이 될 생각을 하지 말아라."

자피는 누나의 말을 듣지 않고 결국 재상 자리를 수락하였다. 그런데 재상이 된지 만 1년도 채우지 못하고 과연 주벌을 받아 죽음을 당하고 말았다.

군자가 말하였다.

"공승의 누나는 동생의 일처리하는 모습을 통해, 동생이 화를 만날 것임을 미리 알았으니 가히 지혜롭다고 할 만하다. 예에 맞기를 기다린 이후에 행동하되 구차히 감정에 구애되지 않았으니 가히 정貞하다고 할 만하도다."

《시詩》에 "마른 떡잎이여, 마른 떡잎이여! 바람이 너를 날려 보낼라. 작은삼촌 큰삼촌이여! 그대들이 노래하면 내 화답할 뿐이로다"라 하였고, 또 "여러분의 그 많은 생각, 내가 생각한 것만은 못하오'라 하였으니 이는 이를 두고 한 말이다.

"자피의 누나는 사리에 따라 이치를 분별하였네.

자피가 노나라 재상이 되면 화가 미칠 줄 미리 알았네.

누나가 자피에게 재상을 맡지 않느니만 못하다고 일러 주었으나,

자피는 듣지 않아 마침내 그 가문의 수치가 되고 말았네."

魯公乘姒者, 魯公乘子皮之姒也. 其族人死, 姒哭之甚悲, 子皮止姒曰:「安之, 吾今嫁姉矣.」已過時, 子皮不復言也.

魯君欲以子皮爲相. 子皮問姒曰:「魯君欲以我爲相, 爲之乎?」

姒曰:「勿爲也.」

子皮曰:「何也?」

姒曰:「夫臨喪而言嫁, 一何不習禮也! 後過時而不言, 一何不達人事也! 子內不習禮, 而外不達人事, 子不可以爲相.」

子皮曰:「姒欲嫁, 何不早言?」

姒曰:「婦人之事, 唱而後和, 吾豈以欲嫁之故數子乎? 子誠不習於禮, 不達於人事; 以此相一國, 據大衆, 何以理之? 譬猶揜目而別黑白也; 揜目而別黑白, 猶無患也; 不達人事而相國, 非有天咎, 必有人禍, 子其勿爲也.」

子皮不聽, 卒受爲相. 居未期年, 果誅而死.

君子謂:「公乘姒緣事而知弟之遇禍也, 可謂智矣, 待禮然後動, 不苟觸情, 可謂貞矣.」

詩云:『蘀兮蘀兮, 風其吹汝; 叔兮伯兮, 唱予和汝.』又曰:『百爾所思, 不如我所之.』此之謂也.

頌曰:『子皮之姊, 緣事分理.
　　　自皮相魯, 知其禍起,
　　　姊諫子皮, 殆不如止.
　　　子皮不聽, 卒爲宗恥.』

【公乘姒】公乘은 성씨. 複姓. 姒는 누나(姊). 혹은 여자의 이름이라고도 함.
【子皮】魯나라 사람 이름. 공승의 아우.
【族人】여기서는 공승사의 남편. 곧 자피의 자형을 가리킴. 그러나 〈삼민본〉에는
'어떤 친족'이라 하였음.
【唱】'倡'과 같음. 倡導함.
【期年】'朞年'과 같음. 만 1주년.
【擇兮擇兮】《詩經》鄭風 擇兮의 구절.
【百爾所思】《詩經》鄘風 載馳의 구절.

참고 및 관련 자료

1.《詩經》鄭風 擇兮
擇兮擇兮, 風其吹女. 叔兮伯兮, 倡予和女. 擇兮擇兮, 風其漂女. 叔兮伯兮, 倡予要女.

2.《詩經》鄘風 載馳 → 023 참조.

042(3-13) 魯漆室女
노나라 칠실 땅의 여인

칠실녀漆室女는 노魯나라 칠실읍漆室邑에 사는 여자이다. 혼기가 지났으나 아직 시집을 가지 못하고 있었다. 목공穆公 때의 일로 군주는 늙었고 태자는 아직 어렸다. 그 노처녀는 기둥에 기대어 슬픈 휘파람을 불고 있었다. 곁에 있던 사람이 들어 보았더니 참담하지 않음이 없었다.

그의 이웃에 사는 부인이 늘 그와 함께 어울렸는데 그가 이렇게 말하였다.

"휘파람 읊조리는 소리가 어찌 그리 비통하오? 그대는 시집을 가고 싶어서 그런 것이오? 내 그대를 위해 배필을 구해 주겠소."

그러자 칠실녀는 이렇게 말하였다.

"아! 처음에 나는 그대가 뭘 좀 아는 것으로 여겼는데 지금 보아하니 무식하군요! 내가 어찌 시집을 가지 못하여 기쁨이 없어 이렇게 슬퍼하는 것이겠습니까? 내가 슬퍼하는 것은 노나라의 군주는 이미 늙었고 태자는 아직 어리기 때문입니다."

노칠실녀(魯漆室女)

이웃의 부인이 비웃었다.

"그런 걱정은 노나라 대부나 하는 것이라오. 어찌 우리 같은 여인네들이 관여할 일이겠소?"

칠실녀는 이렇게 설명하였다.

"그렇지 않소. 그대는 모르는군요! 지난 날 진晉나라에서 온 손님이 우리 집에 머무르면서 말을 정원에 매어 두었지요. 매어 둔 고삐가 풀리면서 말이 뛰어다니는 바람에 우리 집 아욱을 짓밟아 그 해가 다 지나가도록 아욱을 먹을 수 없었다오. 또 이웃 여자가 어떤 사람과 눈이 맞아 집을 나간 적이 있었다오. 그 때 그 집에서 저의 오빠에게 쫓아가 잡아 달라고 부탁하였지요. 그때 마침 장마가 져서 물이 불어나 세차게 흐르는 바람에 저의 오빠가 물에 빠져 죽고 말아 저는 종신토록 오빠 없이 사는 처지가 되고 말았습니다. 내 듣기로 황하의 물은 구리九里를 적셔 주지만 대신 푹푹 빠지는 진창이 삼백 보步라 하더이다. 지금 노나라의 임금은 늙어 미혹함에 빠져 있고, 태자는 아직 어려 세상에 우둔하니 우매하고 거짓된 자들이 날이 갈수록 설쳐댈 것입니다. 무릇 노나라에 환란이 생기면 군신君臣과 부자父子가 모두 그 치욕을 당할 것이며, 그 재앙은 서민에게까지 미칠 것인데 부인이라고 유독 어찌 그 재앙에서 면할 수 있겠습니까? 나는 이를 심히 우려하고 있는데, 그대는 아녀자는 그런 일에 관여할 바 아니라 하시니 어찌된 것입니까?"

이웃 부인은 이렇게 사과하였다.

"그대가 우려하는 것은 나로서는 미치지 못할 것이군요."

3년이 지나 과연 노나라에 난이 일어나자, 제齊나라와 초楚나라가 쳐들어와 노나라는 연달아 공격을 당하였다. 그리하여 남자는 전투에 나서야 했고, 부인들은 물자를 운반하는 일에 동원되어 쉴 틈도 없었다.

군자가 말하였다. "멀리 보도다! 칠실녀의 깊은 생각이여."

《시詩》에 "나를 아는 자는 나의 근심이 무엇인지 알지만, 나를 알지 못하는 자는 나에게 무엇을 근심하느냐고 말하네"라 하였으니 이는 이를 두고 한 말이다.

頌頌:

"칠실의 여자는 생각과 계책이 심히 오묘하였네.

노나라가 장차 난이 일어날 것을 알고 기둥에 기대어 슬픈 휘파람을 읊조렸다네.

임금은 늙고 태자는 어리니 간사한 자들이 일어날 것을 염려했던 것,

과연 노나라가 난리에 휩싸이자 제나라가 그 도성을 공격하였다네."

漆室女者, 魯漆室邑之女也, 過時未適人. 當穆公時, 君老, 太子幼, 女倚柱而嘯, 旁人聞之, 莫不爲之慘者.

其鄰人婦從之遊, 謂曰:「何嘯之悲也? 子欲嫁耶? 吾爲子求偶.」

漆室女曰:「嗟乎! 始吾以子爲有知, 今無識也! 吾豈爲不嫁不樂而悲哉? 吾憂魯君老, 太子幼.」

鄰婦笑曰:「此乃魯大夫之憂, 婦人何與焉?」

漆室女曰:「不然, 非子所知也! 昔晉客舍吾家, 繫馬園中, 馬佚馳走, 踐吾葵, 使我終歲不食葵. 隣人女奔隨人亡, 其家倩吾兄行追之, 逢霖水出, 溺流而死, 令吾終身無兄. 吾聞河潤九里, 漸洳三百步. 今魯君老悖, 太子少愚, 愚僞日起. 夫魯國有患者, 君臣·父子皆被其辱, 禍及衆庶, 婦人獨安所避乎? 吾甚憂之, 子乃曰: 婦人無與者何哉?」

鄰婦謝曰:「子之所慮, 非妾所及.」

三年, 魯果亂, 齊·楚攻之, 魯連有寇, 男子戰鬪, 婦人轉輸, 不得休息.

君子曰:「遠矣! 漆室女之思也.」

詩云:『知我者謂我心憂, 不知我者謂我何求?』此之謂也.

頌曰:『漆室之女, 計慮甚妙.

　　　維魯且亂, 倚柱而嘯.

　　　君老嗣幼, 愚悖姦生.

　　　魯果擾亂, 齊伐其城.』

【漆室】지명. '次室'로도 쓰며 전국시대 노나라 읍 이름.

【過時】혼기가 지남. 《禮記》 內則에 "女子十有五年而笄, 二十而嫁; 有故, 二十三年而嫁"라 함.

【穆公】전국시대 노나라 군주. 姬姓. 이름은 顯.

【倩】'請'자와 같음.

【老悖】늙어 덕을 제대로 실행하지 못함. 《太平御覽》 147에 "今魯君老, 老必將悖; 太子少, 少必愚. 愚悖之間, 姦僞互起"라 함.

【轉輸】물자 등을 실어 나름.

【知我者謂我心憂】《詩經》 王風 黍離의 구절.

【妙】渺, 杳와 같음. 아득함. 가물가물함.

참고 및 관련 자료

1. 《詩經》 王風 黍離

彼黍離離, 彼稷之苗. 行邁靡靡, 中心搖搖. 知我者, 謂我心憂. 不知我者, 謂我何求. 悠悠蒼天, 此何人哉. 彼黍離離, 彼稷之穗. 行邁靡靡, 中心如醉. 知我者, 謂我心憂. 不知我者, 謂我何求. 悠悠蒼天, 此何人哉. 彼黍離離, 彼稷之實. 行邁靡靡, 中心如噎. 知我者, 謂我心憂. 不知我者, 謂我何求. 悠悠蒼天, 此何人哉!

2. 《韓詩外傳》 卷二

魯監門之女嬰相從績, 中野而泣涕. 其偶曰:「何謂而泣也?」嬰曰:「吾聞衛世子不肖, 所以泣也.」其偶曰:「衛世子不肖, 諸侯之憂也. 子曷爲泣也?」嬰曰:「吾聞之, 異乎子之言也. 昔者, 宋之桓司馬得罪於宋君, 出於魯, 其馬佚而驟吾園而食吾園之葵. 是歲, 吾聞園人亡利之半. 越王勾踐起兵而攻吳, 諸侯畏其威, 魯往獻女, 吾姊與焉. 兄往視之, 道畏而死. 越兵威者, 吳也; 兄死者, 我也. 由是觀之, 禍與福相及也.
今衛世子甚不肖, 好兵. 吾男弟三人, 能無憂乎?」詩曰:「大夫跋涉, 我心則憂.」
是非類與乎?

3. 《琴操》

貞女引者, 魯漆室女所作也. 漆室女倚柱悲吟而嘯, 鄰人見其心之不樂也, 進而
問之, 曰:「有淫心欲嫁之念耶? 何吟之悲!」漆室女曰:「嗟乎嗟乎! 子無智, 不知人
之甚也. 昔者楚人得罪於君, 走逃. 吾東家馬逸, 蹈吾園葵, 使吾終年不饜菜. 吾西
鄰人失羊不還, 請吾兄追之. 霧濁水出, 使吾兄溺死. 終身無兄. 政之所致也. 吾憂
國傷人, 心悲而嘯. 豈欲嫁哉?」自傷懷結, 而爲人所疑, 於是褰裳入山林之中, 見女
貞之木, 喟然歎息, 援琴而弦歌以女貞之辭, 云:「菁菁茂木, 隱獨榮兮. 變化乖枝,
合秀英兮. 修身養行, 建令名兮. 厥道不移, 善惡幷兮. 屈躬就濁, 世徹清兮. 懷忠
見疑, 何貪生兮!」遂自經而死.

4. 《藝文類聚》82

韓詩外傳曰: 魯監門女嬰, 相從績, 中夜泣曰:「衛世子不肖, 是以泣.」其友問其故, 曰:
「宋司馬得罪於宋, 出奔於魯, 馬佚, 食吾園葵, 是歲亡利一半, 由是觀之, 禍福相及也.」

5. 《藝文類聚》卷19

列女傳曰: 魯漆室邑之女, 過時未適人, 倚柱而嘯. 傍人聞之, 心莫不爲之慘者, 鄰婦
從之遊曰:「何嘯之悲也? 子欲嫁乎? 吾爲子求偶.」漆室女曰:「吾豈爲不嫁之故而
悲哉! 憂吾君老太子少也.」

6. 《藝文類聚》卷82

列女傳曰: 魯漆室女倚柱而嘯. 鄰婦曰:「欲嫁乎?」曰:「吾憂魯君老而太子少也.」
婦曰:「此魯大夫之憂.」女曰:「昔晉客舍吾家, 繫馬於園. 馬佚, 踐吾園葵, 使吾終
歲不厭葵味.」

7. 《太平御覽》979

列女傳曰: 魯漆室有女, 過時未適人. 倚柱而嘆, 鄰婦謂曰:「何悲也? 欲嫁乎?」曰:
「吾憂魯君老而太子少也.」婦曰:「此魯大夫之憂焉.」女曰:「有晉客舍吾家, 繫馬
於園, 馬佚踐吾園葵, 使吾終歲不饜葵味. 隣女亡, 借吾兄追, 霖出以求, 溺流而死,
使吾終身無兄. 吾聞河潤九里, 漸洳三百步. 今魯國微弱, 亂將及人.」三年, 魯果亂.

8.《太平御覽》147

列女傳曰: 魯漆室女倚柱而嘯, 鄰人婦謂之曰:「何嘯之悲也? 子欲嫁乎? 吾爲子求偶.」女曰:「吾豈嫁哉? 吾憂魯君老而太子少也.」鄰婦曰:「此乃魯大夫之憂也, 且雖有婦人何與?」女曰:「子知其一不知其二也! 昔者晉客舍吾家, 繫馬, 馬佚馳踐吾園葵, 使我終歲不厭菜. 隣人女奔亡, 借吾兄追之, 溺流而死, 令吾終身無兄. 今魯君老, 老必將悖; 太子少, 少必愚. 愚悖之間. 姦僞互起. 夫魯國有事, 禍及衆庶, 婦人獨安所避?」鄰婦謝曰:「子之慮, 非吾所及也.」居三年, 魯果內亂, 齊・楚攻之, 男子戰鬥, 婦人輸, 不得休息.

9.《蒙求》卷上 漆室憂葵

古列女傳: 魯漆室邑之女, 過時未適人. 當穆公時, 君老太子幼, 女倚柱而嘯. 隣婦曰:「何嘯之悲, 子欲嫁耶?」女曰:「吾豈爲不嫁而悲哉! 吾憂魯君老而太子幼也.」隣婦笑曰:「此魯大夫之憂, 婦人何與?」女曰:「不然. 昔晉客舍吾家, 繫馬園中. 馬佚馳走踐吾葵, 使我終歲不食葵. 隣予奔隨人亡, 其家倩吾兄行追之. 逢霖水出溺死, 令吾終身無兄. 吾聞河潤九里, 漸洳三百步. 夫魯國有患, 君臣父子皆被其辱, 禍及衆庶. 婦人獨安所逃乎?」居三年魯果內亂, 齊楚攻之, 連有寇. 男子戰鬥, 婦人轉輸不得息.

10. 기타 참고자료

《太平御覽》(469)

043(3-14) 魏曲沃負
위나라 곡옥 땅의 노파

　곡옥曲沃 땅의 노파는 위魏나라 대부 여이如耳의 어머니이다. 진秦나라가 위魏나라를 공격하여 공자公子 정政을 위魏나라의 태자로 세웠다. 그러자 위나라의 애왕哀王은 사자를 보내어 태자의 비妃로 맞아들일 여인을 찾도록 하였는데, 얻은 여인이 뛰어난 미인이었다. 왕이 그의 미색에 반하여 그만 자신의 후궁으로 삼으려 하였다.

　그러자 곡옥에 사는 노모가 아들 여이에게 이렇게 말하였다.

　"왕이 난잡하여 분별이 없구나. 너는 어찌 그런 왕을 바로잡아 주지 않느냐? 지금은 전국戰國시대라 강한 자는 영웅이 되고 의로운 자는 드러나게 되는 법이다. 지금 위나라는 강하지도 못하고 왕 또한 의롭지 못하니 어찌 나라를 지탱해 낼 수 있겠느냐? 왕은 중간 정도의 사람이라 자신의 행위가 화근이 된다는 것을 알지 못하고 있다. 네가 임금에게 간하지 않으면 위나라는 틀림없이 화를 당하게 될 것이다. 나라에 화가 닥치면 우리 집에도 그 화가 미칠 것이다.

위곡옥부(魏曲沃負)

너는 충성심을 다하여 말하며 그 충성심으로써 이러한 재앙을 제거해야 한다. 놓쳐서는 안 된다."

그러나 여이는 왕에게 간할 기회를 갖지 못한 채 마침 제나라에 사신으로 가게 되었다.

이에 여이의 노모는 왕의 궁궐 문을 두드리며 이렇게 글을 올렸다.

"곡옥에 사는 늙은 노파입니다. 가슴에 품은 것이 있어 왕께 들려 드리고 싶습니다."

왕이 노모를 불러들이자 노모는 왕에게 이렇게 말하였다.

"제가 듣기로 남녀를 구별하는 것은 나라의 중요한 절도라고 하더이다. 여자들이란 뜻은 취약하고 마음이 비뚤어지기 쉽습니다. 그러니 사악한 길을 열어 주어서는 안 됩니다. 이 까닭으로 나이 열다섯이 되면 반드시 계례笄禮를 올리고 스무 살이 되면 시집을 보내어 미리부터 그 호칭을 정해 주는 것이니, 이는 부인으로서의 길을 가도록 하기 위함입니다. 정식 빙례로써 맞이한 여자는 처妻가 되고, 사사롭게 도망하여 취한 여자는 첩妾이 되는 것이니, 이는 선善을 권장하고 음淫을 방지하기 위함입니다. 예절이 갖춰진 연후에 혼인을 허락하고 친영親迎을 행한 후에 남편을 따라 가는 것이 바로 정녀貞女의 옳은 길입니다. 지금 대왕께서는 태자의 비를 구하시고는 도리어 스스로 이를 후궁으로 맞아들이려 하시니, 이것은 정녀의 행위를 훼손하는 것이며 남녀의 분별을 어지럽히는 일입니다. 옛 성왕聖王으로부터 반드시 정비를 배필로 삼았으며, 비妃가 바른 예에 맞추어 들어온 나라는 흥하고, 올바른 예로 맞이하지 아니하면 나라가 어지러워지는 것입니다. 하夏나라가 흥성한 것은 우禹임금이 도산塗山을 정비로 맞았기 때문이며, 망하게 된 것은 걸왕桀王의 비 말희末喜 때문입니다. 또 은殷나라가 흥하게 된 것은 탕왕湯王의 비 유신有藪 때문이었고, 망하게 된 것은 주왕紂王의 비 달기妲己 때문이었습니다. 주周나라가 흥한 것도 문왕文王의 비 태사太姒 때문이었으며, 망한 것은 유왕幽王의 비 포사褒姒 때문이었습니다. 주나라의 강왕康王은 부인이 늦게 잠자리에서 일어나자 '관저關雎'라는 시로 풍자하여 미리 일러 주었으니, 이는 숙녀는 군자의 좋은 배필이 되어 주기를 바란 생각이었던 것입니다. 무릇 저구雎鳩라는 새조차도 암수 나란히 포개어 타고 같은 자리에 함께 있는 모습은 일찍이 본 사람이 없다 하였습니다. 무릇 남녀가 성장하면 두 사람이 예로써 합하니 부자의 관계가 생기고 군신의 관계가 이루어지는 것입니다. 그러므로 부부란 만물의 시작인 것입니다. 군신과 부자, 부부 이 셋은 천하의 큰 벼리로서 그 셋이 잘 다스려지면 나라가 안정되려니와 만약 그것이 어지러워지면 나라에 혼란이 일어나는 법입니다. 지금 대왕 께서는 인도人道의 시작을 어지럽히고 기강을 바로잡을 임무를 저버리려 하십니다. 천하에는 서로 대적하는 나라가 여섯이 있습니다. 남쪽에는 강한 초楚나라가 있고, 서쪽에는 횡포한 진秦나라가 있으며, 그들 틈 사이에 우리 위魏나라 있으니 가히 겨우 견디는 신세라 할 수 있습니다. 왕께서는 이를 걱정하지 아니한 채 혼란을 좇아 구별이 없이 아비와 아들이 한 여자를 두고 서로 차지하려 하시니 저로서는 대왕의 나라 정치가 위태로워질까 두렵습니다."

왕이 말하였다.

"그렇군요. 과인이 모르고 있었소!"

드디어 태자에게 비를 돌려주고, 그 노모에게는 곡식 30종鍾을 내렸다. 그리고 그의 아들 여이가 돌아오자 그에게 작위를 내렸다.

애왕이 행동을 수양하고 나라를 다스리기에 힘쓰자 제나라와 초나라, 그리고 강한 진나라가 감히 군사 도발을 하지 못하였다.

군자가 말하였다.

"위나라에 사는 노모는 예를 잘 알고 있었다."

《시詩》에 "공경하고 공경하라. 오로지 하늘이 밝혀 주시리라'라 하였으니 이는 이를 두고 한 말이다.

"위나라의 노모는 총명하고 통달하여 애왕을 비판하고 풍자하였네.
왕이 태자의 비를 자기 여자로 삼는 것은 예에 어긋난다 하며
대궐 문 앞을 두드리며 벼리를 진설하여 나열하였네.
왕이 잘못을 고치고 스스로 수양하니 마침내 적의 침입도 사라졌네."

曲沃負者, 魏大夫如耳母也. 秦立魏公子政爲魏太子, 魏哀王
使使者爲太子納妃, 而美, 王將自納焉.

曲沃負謂其子如耳曰:「王亂於無別, 汝胡不匡之? 方今戰國,
强者爲雄, 義者顯焉. 今魏不能强, 王又無義, 何以持國乎? 王中
人也, 不知其爲禍耳, 汝不言則魏必有禍矣, 有禍必及吾家. 汝言
以盡忠, 忠以除禍, 不可失也.」

如耳未遇間, 會使於齊.

負因款王門而上書曰:「曲沃之老婦也, 心有所懷, 願以聞於王.」

王召入. 負曰:「妾聞男女之別, 國之大節也. 婦人脆於志, 孋
於心, 不可以邪開也. 是故必十五而笄, 二十而嫁, 早成其號諡,
所以就之也. 聘則爲妻, 奔則爲妾, 所以開善遏淫也. 節成然後
許嫁, 親迎然後隨從, 貞女之義也. 今大王爲太子求妃, 而自
納之於後宮, 此毀貞女之行而亂男女之別也. 自古聖王, 必正
妃匹. 妃匹正則興, 不正則亂. 夏之興也以塗山, 亡也以末喜;
殷之興也以有娀, 亡也以妲己, 周之興也以太姒, 亡也以褒姒.
周之康王夫人晏出朝, 關雎預見, 思得淑女以配君子. 夫雎鳩
之鳥, 猶未嘗見乘居而匹處也. 夫男女之盛, 合之以禮, 則父子
生焉, 君臣成焉, 故爲萬物始. 君臣·父子·夫婦三者, 天下之
大綱紀也. 三者治則治, 亂則亂. 今大王亂人道之始, 棄綱紀

之務, 敵國五六, 南有從楚西有橫秦, 而魏國居其間, 可謂僅存矣.
王不憂此, 而從亂無別, 父子同女, 妾恐大王之國政危矣!」

王曰:「然, 寡人不知也!」

遂與太子妃, 而賜負粟三十鍾. 如耳還而爵之.

王勤行自脩, 勞來國家, 而齊楚强秦, 不敢加兵焉.

君子謂:「魏負知禮.」

詩云:『敬之敬之, 天維顯思.』此之謂也.

頌曰:『魏負聰達, 非刺哀王.

　　　王子納妃, 禮別不明.

　　　負款王門, 陳列紀綱.

　　　王改自脩, 卒無敵兵.』

【曲沃】 전국시대 魏나라 읍 이름. 지금의 河南 靈寶縣 동북.

【負】 老嫗. 늙은 할머니, 노파를 뜻함.

【款】 '문 따위를 두드리다'의 뜻.

【魏哀王】 전국시대 위나라 임금.

【男女之別】《左傳》莊公 24년에 "男女之別, 國之大節, 而由夫人亂之"라 함.

【笄】 비녀. 여자의 성년식에 머리를 틀고 비녀를 꽂음.《儀禮》士昏禮에 "女子
　　許嫁, 笄而醴之, 稱字"라 함.

【就】 終의 뜻. 王照圓의《補注》에 "就, 終也. 言伯仲之號自其生時已定其終年,
　　所以專一其心志之義"라 하였다.

【節成】 成年이 되었음을 말함. 王照圓의《補注》에 "節成, 言骨節成壯也"라 함.

【親迎】 고대 혼례에서 六禮 중의 하나. 六禮는 納采·問名·納吉·納徵·請期·
　　親迎으로서 그 중 친영은 신랑이 검은 칠을 한 수레를 타고 신부집에 이르러
　　합근(合졸)의 예를 치르는 것.

【末喜】 妹嬉로도 표기하며 有施氏의 딸로 夏桀의 비. 나라를 망친 여인으로 널리 거론됨.

【有䃜】 有莘氏. '湯妃有䃜'의 주 참조.

【妲己】 有蘇氏의 딸이며 殷紂의 비. 역시 은나라를 망친 여인으로 널리 거론됨.

【太姒】 '周室三母'의 주 참조.

【襃姒】 襃나라 여자로 姒姓. 전혀 웃지 않아 나라를 망친 여인으로 周 幽王의 后였음.

【康王】 西周 임금으로 이름은 釗. 成王의 아들.

【晏出朝】 '朝'는 연문. 梁端《校注》에 "朝字衍. 尙書大傳: '雞鳴, 大師奏雞鳴於階下, 夫人鳴佩玉於房中, 故去.' 非出朝也"라 함.

【關雎預見】《漢書》杜欽傳에 "佩玉晏鳴, 關雎歎之"라 하였고,《藝文類聚》張超賦에 "周漸將衰, 康王晏起"라 하였으며,《文選》49 後漢書皇后紀論에는 "故康王晚朝, 關雎作諷"이라 하여 모두가 '關雎'를 통해 풍자한 것으로 여겼음. 關雎는 원래《시경》周南 첫 장임. '預見'은 '興起'로 되어 있으나 이는 오기임.

【雎鳩】 자웅이 항상 함께 다니며 정이 두텁다는 새.

【乘居而匹處】 蕭道管의《集註》에 "謂雌雄各自有配偶, 非其偶而相處, 卽背理之事, 乖舛之爲"라 하여 '乘居'는 '乖居'의 오기. 배우자가 아닌 자와 함께 처함을 말함.

【君臣父子夫婦】 三綱의 내용은 이 곳에서 최초로 명시된 것으로 봄. 陳漢章의《斠注》에 "三綱之文, 明見於此"라 함. 三綱은《禮記》樂記에 "然後聖人作爲父子君臣以爲紀綱"이라 하였고, 疏에《禮緯含文嘉》를 인용하여 "君爲臣綱, 父爲子綱, 夫爲婦綱"이라 하였음. 한편《白虎通》三綱六紀에 "三綱者, 何謂也, 謂君臣·父子·夫婦也"라 함.

【人道之始】 夫婦가 인륜의 시작이 됨을 말함.《周易》序卦에 "有夫婦, 然後有父子; 有父子, 然後有君臣, 有君臣, 然後有上下, 有上下, 然後禮義有所錯"이라 함.

【鍾】 들이의 단위. 6斛 4斗를 일종이라 한다 함.

【敬之敬之】《詩經》周頌 敬之의 구절.

【王子納妃】 '王納子妃'의 오기로 봄.

1. 《詩經》 周頌 敬之

敬之敬之, 天維顯思, 命不易哉. 無曰高高在上, 陟降厥士, 日監在玆. 維予小子,
不聰敬止. 日就月將, 學有緝熙于光明. 佛時仔肩, 示我顯德行.

2. 《太平御覽》 455

列女傳曰: 魏曲沃負者, 魏曲沃大夫如耳母也. 哀王爲太子納妃而將自納焉. 負謂如
耳曰:「王亂於不別, 何故不匡之?」如耳未遇閒, 會使於齊. 負因詣王門請見曰:
「妾聞男女之別, 國之大節也. 婦人脆於志, 窳於心, 不可以邪開. 是故十五而筓,
二十而嫁, 早成其號諡, 所以就之. 聘則爲妻, 奔則爲妾, 所以開善遏淫也. 節成然後
許嫁, 親迎而後隨, 貞女之義也. 今大王爲太子求妃匹, 而自納之. 此毁貞女之行
而亂男女之別. 妾恐大王之國危也!」王曰:「然, 寡人不知也!」遂與太子而賜負粟
三十鍾.

美人圖

044(3-15) 趙將括母
조나라 장수 조괄의 어머니

조趙나라의 장군 마복군馬服君 조사趙奢의 아내이며 조괄趙括의 어머니이다. 진秦나라가 조나라를 공격해 오자, 조나라 효성왕孝成王이 염파廉頗를 대신하여 조괄을 장수로 삼았다.

조괄이 장차 전장으로 떠나려 하자 조괄의 어머니가 왕에게 글을 올려 이렇게 말하였다.

"조괄을 장수로 삼아서는 안 됩니다."

조장괄모(趙將括母)

왕이 물었다.

"무슨 까닭이오?"

어머니는 이렇게 설명하였다.

"처음 제가 괄의 아버지를 섬길 때 그는 당시 장수였습니다. 그는 몸소 음식을 받들어 모셔 살리는 사람이 수십 명이었으며, 사귀는 사람은 수백 명을 헤아렸습니다. 대왕이나 왕실에서 선물을 내리면 이를 모두 군대의 관리와 사대부들에게 나누어 주었습니다. 또 명령을 받는 날에는 집안일에 대하여는 묻지 않았습니다. 그러나 지금 제 아들 괄은 하루아침에 장수가 되어 동쪽을 향해 군 관리를 조회하는데, 군의 관리로서 감히 괄을 우러러보는 자가 없습니다. 또 왕께서 내려주신 하사품은 모두 거두어 저장해 놓았습니다. 그리고는 날마다 살 만한 좋은 논밭과 집이 어느 것인지 살피고 다닙니다. 왕께서는 괄이 그 아버지를 닮았으리라고 생각하십니까? 그들 부자는 서로 다르며 마음가짐도 각각 다릅니다. 원컨대 보내지 말아 주십시오!"

왕이 말하였다.

"어머니는 관여하지 마십시오. 나는 이미 계획대로 결정을 내렸소."

그러자 괄의 어머니는 이렇게 말하였다.

"왕께서 끝내 그를 파견하신다면, 만약 그에 불명예스런 일이 생겼을 때 저에게 그 죄를 묻지 않도록 해 주실 수 있겠습니까?"

왕이 말하였다.

"그렇게 되지 않게 해 주겠노라."

괄은 결국 염파를 대신하여 싸움에 나서 30여 일만에 조나라 병사들은 과연 패배하여 조괄은 죽고 군대는 엎어지고 말았다.

그러나 왕은 괄의 어머니와 미리 약속한 바에 따라 끝내 그의 가족에게는 주벌을 가하지 않았다.

군자가 말하였다.

"괄의 어머니는 어질고 지혜로웠다."

《시詩》에 "늙은이가 자상하게 일러 주는데 젊은 자는 교만하기만 하네. 내 말이 망령되지도 않았건만 너희들은 내 걱정을 장난으로 여기는구나"라 하였는데 이를 두고 한 말이다.

송頌:

"효성왕이 조괄을 등용하여 염파를 대신하여 진나라를 물리치도록 하였네,
조괄의 어머니가 글을 올려 그의 군대가 패배할 것임을 미리 알았네.
조괄의 장수됨을 말리지 못하자 자신에게 죄가 연좌되지 않기를 원하였네.
조괄은 비록 장평長푸에서 죽었지만 그의 처자는 목숨 보전할 수 있었네."

趙將馬服君趙奢之妻, 趙括之母也. 秦攻趙, 孝成王使括代廉頗爲將.

將行, 括母上書言於王曰:「括不可使將.」

王曰:「何以?」

曰:「始妾事其父, 父時爲將, 身所奉飯者以十數, 所友者以百數, 大王及宗室所賜幣者, 盡以與軍吏士大夫. 受命之日, 不問家事. 今括一旦爲將, 東向而朝軍吏, 吏無敢仰視之者, 王所賜金帛, 盡歸臧之, 乃日視便利田宅可買者. 王以爲若其父乎? 父子不同, 執心各異, 願勿遣!」

王曰:「母置之, 吾計已決矣.」

括母曰:「王終遣之, 卽有不稱, 妾得無隨乎?」

王曰:「不也!」

括旣行, 代廉頗三十餘日, 趙兵果敗, 括死軍覆.

王以括母先言, 故卒不加誅.

君子謂:「括母爲仁智.」

詩曰:『老夫灌灌, 小子蹻蹻, 匪我言耄, 爾用憂謔.』此之謂也.

頌曰:『孝成用括, 代頗距秦.
　　　括母獻書, 知其覆軍.
　　　願止不得, 請罪止身.
　　　括死長平, 妻子得存.』

【趙】戰國七雄의 하나로 원래 晉나라에서 韓, 魏와 더불어 분리된 나라. 晉陽 (지금의 山西 太原)에 도읍하였다가 邯鄲(河南 한단)으로 옮겼으며 秦始皇의 천하 통일 때 망함.

【馬服君】趙奢의 봉호. 조나라 惠文王의 명장으로 알여(閼與) 전투(B.C.270)에서 秦나라 군대를 크게 깨뜨리고 마복군이라는 봉호를 받음.

【趙括】마복군 조사의 아들로 아버지를 이어 장군이 됨.

【孝成王】전국시대 趙나라 군주. 이름은 丹. 21년간(B.C.265~45) 재위함.

【廉頗】전국시대 趙나라 장수로 藺相如와의 '刎頸之交' 고사로 유명한 인물. 효성왕이 秦나라 반간계에 걸려 염파 대신 趙括을 보냄으로써 진나라에게 대패함. 《史記》〈廉頗藺相如列傳〉참조.

【括死軍覆】조괄은 죽음을 당하고 조나라 군대는 覆滅함. 조나라 효성왕 6년 조나라는 秦나라의 反間計에 걸려 廉頗를 축출하고 趙括을 장수로 삼았으나, 조괄은 長平(지금의 山西 高平)에서 진나라 白起에게 포위되어 크게 패함. 이 장평전투는 戰國시대 가장 큰 전투로 백기는 항복한 조나라 군사 40만을 생매장한 것으로도 유명함. 《史記》〈趙世家〉및 〈白起王翦列傳〉참조.

【老夫灌灌】《詩經》大雅 板의 구절.

참고 및 관련 자료

1. 《詩經》大雅 板 → 007 참조.

2. 《史記》廉頗藺相如列傳

趙括自少時學兵法, 言兵事, 以天下莫能當. 嘗與其父奢言兵事, 奢不能難, 然不謂善. 括母問奢其故, 奢曰:「兵, 死地也, 而括易言之. 使趙不將括卽已, 若必將之, 破趙軍者必括也.」及括將行, 其母上書言於王曰:「括不可使將.」王曰:「何以?」對曰:「始妾事其父, 時爲將, 身所奉飯飮而進食者以十數, 所友者以百數, 大王及宗室所賞賜者盡以予軍吏士大夫, 受命之日, 不問家事. 今括一旦爲將, 東向而朝, 軍吏無敢仰視之者, 王所賜金帛, 歸藏於家, 而日視便利田宅可買者買之. 王以爲何如其父? 父子異心, 願王勿遣.」王曰:「母置之, 吾已決矣.」括母因曰:「王終遣之, 卽有如不稱, 妾得無隨坐乎?」王許諾. 趙括旣代廉頗, 悉更約束, 易置軍吏.

3. 《十八史略》卷一

惠文王子孝成王立, 秦伐韓, 韓上黨降於趙. 秦攻趙, 廉頗軍長平, 堅壁不出, 秦人行千金爲反間, 曰:「秦獨畏馬服君趙奢之子括爲將耳.」王使括代頗, 相如曰:「王以名使括, 若膠柱鼓瑟耳. 括徒能讀其父書, 不知合變也.」王不聽. 括少學兵法, 以天下莫能當. 與父奢言, 不能難. 然不以爲然, 括母問故, 奢曰:「兵死地也, 而括易言之. 趙若將括, 必破趙軍.」及括將行, 其母上書言:「括不可使.」括至軍, 果爲秦將白起所射殺. 卒四十萬皆降, 坑於長平.

제4권
정순전貞順傳

정순貞順은 정절을 지키며 순종하는 여인들의 이야기를 모아 기록한 것이다.

〈四部備要本〉目錄 注에 "惟若貞順, 脩道正進, 避嫌遠別, 爲必可信, 終不更二, 天下之俊, 謹正潔行, 精專謹愼, 諸姬觀之, 以爲法訓"이라 하였다.

〈三娘子像〉(明) 三娘子(1550~1612) 蒙古 黙特部 俺答汗의 첩

045(4-1) 召南申女
소남의 신나라 사람 딸

　소남召南 신녀申女란 소남 지방 신申나라 사람의 딸이다. 신녀는 이미 풍酆으로 시집을 가기로 허락하였으나, 신랑집에서 예를 제대로 갖추지 않은 채 신부를 맞이하려 하자, 이에 신녀는 중매한 사람에게 이렇게 말하였다.

　"부부가 되는 것은 인륜의 시작이니 정도대로 하지 않을 수 없습니다. 전에 '근본이 정확해야 만물이 다스려지는 것이니, 처음에 아주 미세하게 차이가 난다해도 그 나중에는 천리나 멀어진다'라 하였습니다.

소남신녀(召南申女)

그러므로 근본이 바로 서야 도가 생기고, 근원이 깨끗해야 흐름이 맑은 것입니다. 그러므로 혼인이란 적자를 낳아 선조를 계승하는 것으로서 종묘를 위한 중요한 일입니다. 신랑집에서 예를 가벼이 여기고 제도를 위배하는 한 시집을 갈 수 없습니다."

　그녀는 끝내 가려 하지 않았다. 그러자 신랑집에서는 법관에게 소송을 제기하여 이를 법정으로 송치하게 되었다. 그러나 그녀는 한 가지 예물도 갖추지 아니하였고 하나의 예도 준비되지 않았다는 이유로, 절의節義를 굳게 지켜 죽기를 무릅쓰고 시집을 가지 않았다.

그리고 이렇게 시를 지었다.

"비록 나를 법정에 세워 다그친다 해도 나는 시집을 갈 수가 없네."

이는 신랑집의 예가 갖추어지지 않았음을 말한 것이다.

군자는 그녀가 부도婦道의 바른 표본을 가지고 있다고 여겼다. 그 때문에 신녀의 행동을 들어 이를 선양하며 글로 전하여 본보기로 삼아 신부를 맞이함에 무례함을 끊고 음욕의 행동을 방지하도록 하였던 것이다.

또 《시詩》에 "비록 나를 고소하였지만 그래도 당신을 따를 수 없다오" 라 하였으니 이는 이를 두고 한 말이다.

송頌:

"소남의 신녀는 정숙함을 한결같이 하여 자태를 닦았으나,
신랑집 예가 갖추어지지 않자 끝내 따르기를 거부하였네.
죽음을 무릅쓰고 거절하여 마침내 소송에 시달렸지만,
시를 지어 자신의 뜻 밝히니 후세에 칭송하게 되었네."

召南申女者, 申人之女也. 旣許嫁於酆, 夫家禮不備而欲迎之.

女與其人言, 以爲:「夫婦者: 人倫之始也, 不可不正. 傳曰: 『正其本則萬物理, 失之豪釐, 差之千里.』是以本立而道生, 源治而流淸. 故嫁娶者: 所以傳重承業, 繼續先祖爲宗廟主也. 夫家輕禮違制, 不可以行.」

遂不肯往. 夫家訟之於理, 致之於獄. 女終以一物不具, 一禮不備, 守節持義, 必死不往.

而作詩曰:『雖速我獄, 室家不足.』言夫家之禮不備足也.

君子以爲得婦道之儀, 故擧而揚之, 傳而法之, 以絶無禮之求,
防淫欲之行焉. 又曰:『雖速我訟, 亦不女從.』此之謂也.

頌曰:『召南申女, 貞一脩容.
　　　夫禮不備, 終不肯從.
　　　要以必死, 遂至獄訟.
　　　作詩明意, 後世稱誦.』

【召南】'邵南'으로도 표기하며 고대 지역 명칭으로 周南과 함께 二南이라 불렀음.
주남은 지금의 洛陽과 그 남쪽이었으며 소남은 주남의 서쪽 지역을 가리킴.
【申】고대 소국 이름. 姜姓이며 周 宣王 때 분봉되어 謝(지금의 河南 南陽) 지역을
관할하였음. 춘추 초기 楚나라에게 망함.
【酆】지명이며 소국 이름. 지금의 陝西 戶縣 동쪽.
【其人】여기서는 중매쟁이를 가리킴.
【正其本~差之千里】《說苑》建本篇에《易傳》의 佚文이라 하였음. 그 외에
《書譜》에 "差之一豪, 失之千里"라 하였으며,《史記》〈太史公自序〉에 "故易曰
'失之豪釐, 差以千里.'"라 함.
【源治】梁端《校注》에 '源潔'이라 함.
【理·獄】'理'는 법관. 理官. '獄'은 법정을 뜻함.
【傳重】조상에게 제사를 받드는 중요한 일을 嫡孫에게 전해 줌.
【雖速我獄·雖速我訟】두 곳 모두《詩經》召南 行露의 구절. 이 詩는 諸說이
분분하다. 내용으로 보아 婚姻, 혹은 愛情問題가 訟事로 번진 것이 아닌가
보고 있다. 그러나 나아가 그러한 사건이나 전설을 빗대어 자신의 입장을 노래한
것으로 보기도 한다.

1.《詩經》國風 召南 行露

厭浥行露, 豈不夙夜, 謂行多露. 誰謂雀無角, 何以穿我屋. 誰謂女無家. 何以速
我獄. 雖速我獄, 室家不足. 誰謂鼠無牙, 何以穿我墉. 誰謂女無家, 何以速我訟.
雖速我訟, 亦不女從.

2.《韓詩外傳》卷一

傳曰: 夫行露之人許嫁矣, 然而未往也, 見一物不具, 一禮不備, 守節貞理, 守死
不往, 君子以爲得婦道之宜, 故擧而傳之, 揚而歌之, 以絶無道之求, 防汙道之行乎!
詩曰:「速我訟, 亦不爾從.」

3.《藝文類聚》卷40

列女傳曰: 邵南申女者, 申人之女也. 旣許嫁於豊, 夫家不備而欲迎之, 女也遂不
肯往. 夫家訟之於理, 致之於獄. 女終以一物不具, 一禮不備, 守節持義, 必死不往.

4.《太平御覽》441

邵南申女者, 申人之女也. 旣許嫁於豊, 夫家禮不備而欲迎之. 女蓋與其人言, 以爲:
「夫婦者: 人倫之始也, 嫁娶者: 所以傳重承業, 繼續先祖爲宗廟主. 夫家輕禮違制,
不可以行.」遂不肯往. 夫家訟之於理, 致之於獄. 女終以一物不具, 一禮不備, 守節
持義, 必死不往. 而作詩曰:『雖速我訟, 亦不從.』言夫婦之禮不備足也. 君子以爲得
婦道之宜.

046(4-2) 宋恭伯姬
송나라 공공의 부인 백희

백희伯姬는 노魯나라 선공宣公의 딸이자 성공成公의 누이이다. 그의 어머니는 목강繆姜이다. 백희는 송宋나라 공공恭公에게 시집을 갔다. 공공이 친영親迎을 행하지 않았지만, 백희는 부모의 명에 못 이겨 시집을 가게 되었던 것이다. 송나라로 시집간 지 석 달이 지나 사당에 참배까지 마치게 되어 당연히 부부의 도를 행하여야 했지만, 백희는 공공이 친영을 행하지 않았다는 이유로 명을 들으려 하지 않았다. 송나라에서 사람을

송공백희(宋公伯姬)

노나라에 보내어 이 사실을 알리며 항의하였다. 노나라에서는 대부 계문자季文子를 송나라로 보내어 백희에게 부모의 명령을 알렸다. 계문자가 돌아와 보고하자, 성공은 이를 위해 향연을 베풀었다.

그때 목강이 방에서 나와 계문자에게 재배하며 이렇게 말하였다.

"대부께서 먼 길에 수고스럽게 저의 아이에게 명을 전해 주셨습니다. 선군 선공과 후사를 잊지 않으시니 만약 선군께서 지하에서 아는 것이 있다면 노나라는 희망이 있다고 여기실 것입니다. 감히

대부의 수고에 두 번 절하며 감사드립니다."

백희가 공공에게 시집간 지 10(7)년 만에 공공이 세상을 떠나 백희는 과부가 되고 말았다.

경공(평공) 때에 이르러 어느 날 밤 백희의 궁에서 불이 났다. 그러자 좌우가 일렀다.

"부인, 잠시 불을 피하십시오!"

그러자 백희는 이렇게 말하였다.

"부인의 도는 보모保母와 부모傅母가 함께 해 주지 않으면 밤에 방에서 내려올 수 없는 법이오. 보부가 올 때까지 기다리겠소."

잠시 후 보모는 도착하였으나 부모가 아직 이르지 않았다. 다시 좌우가 서두르도록 하였다.

"부인, 잠깐 불을 피하십시오!"

그러나 백희는 다시 거부하였다.

"부인은 부모傅母가 이르지 않고는 밤에 당에서 내려설 수 없는 법이오. 도리를 넘어서면서까지 사는 것은 도리를 지키다가 죽느니만 못하오."

결국 그녀는 불에 타 숨지고 말았다.

《춘추春秋》에서 이 일을 상세히 기록하여 현명하다고 여겼으며, 백희는 부인으로서 곧음을 실행한 자이며 부인의 도를 다하였다고 하였다.

당시의 제후들이 이를 듣고 애도하지 않는 자가 없었다. 죽은 자를 살릴 수는 없지만 손상된 재물은 원래대로 회복시킬 수 있다고 하여 함께 단연澶淵에 모여 송나라의 손실을 보상해 주었으며 《춘추》에는 이를 훌륭하다 여겼다.

군자가 말하였다.

"예禮에 부인은 부모傅母 없이는 밤에 당을 내려설 수 없으니 다닐 때는 반드시 촛불을 밝혀야 한다라 하였다. 이는 백희를 두고 한 말이다."

《시詩》에 "그대는 행동을 신중히 하여 그 거동에 허물이 없도록 하라"라 하였으니 백희는 가히 그 법도를 잃지 않았다고 말할 수 있다.

"백희의 마음은 오로지 하나의 예를 지키는 것이었다네.
 밤에 궁에 불이 나자 보모保母와 부모傅母가 없다고
 불에 타 죽으면서도 그 마음 후회함이 없었으니,
 '춘추'에서 현명하다 여겨 이 일을 상세히 기록하였네."

伯姬者, 魯宣公之女, 成公之妹也. 其母曰繆姜. 嫁伯姬於宋
恭公, 恭公不親迎, 伯姬迫於父母之命而行. 旣入宋, 三月廟見,
當行夫婦之道. 伯姬以恭公不親迎, 故不肯聽命. 宋人告魯,
魯使大夫季文子於宋, 致命於伯姬, 還復命, 公享之.

繆姜出於房再拜曰:「大夫勤勞於遠道, 辱送小子, 不忘先君
以及後嗣, 使下而有知, 先君猶有望也. 敢再拜大夫之辱.」

伯姬旣嫁於恭公十年, 恭公卒, 伯姬寡. 至景公時, 伯姬嘗遇
夜失火, 左右曰:「夫人少避火!」

伯姬曰:「婦人之義, 保傅不俱, 夜不下堂, 待保傅來也.」

保母至矣, 傅母未至也, 左右又曰:「夫人少避火!」

伯姬曰:「婦人之義, 傅母不至, 夜不可下堂. 越義求生, 不如
守義而死.」

遂逮於火而死.

《春秋》詳錄其事爲賢, 伯姬以爲婦人以貞爲行者也, 伯姬之
婦道盡矣.

當此之時, 諸侯聞之, 莫不悼痛. 以爲死者不可以生, 財物猶
可復. 故相與聚於澶淵, 償宋之所喪, 春秋善之.

君子曰:「禮: 婦人不得傅母, 夜不下堂, 行必以燭. 伯姬之謂也.」

詩云:『淑愼爾止, 不愆于儀.』伯姬可謂不失儀矣.

頌曰:『伯姬心專, 守禮一義.
　　　宮夜失火, 保傅不備.
　　　逮火而死, 厥心靡悔.
　　　春秋賢之, 詳錄其事.』

【魯宣公】춘추시대 노나라 군주. 姬姓 이름은 倭. 魯 文公의 아들. 18년간
(B.C.608~591) 재위함.

【成公】노나라 군주로 이름은 黑肱. 魯 宣公의 아들. 18년간(B.C.590~573)
재위함.

【繆姜】'穆姜'으로도 표기하며 齊侯의 딸. 魯 宣公의 夫人이며 成公의 어머니.

【宋恭公】춘추시대 宋나라 임금으로 共公으로도 표기함. 子姓. 이름은 固. 13년간
(B.C.588~576) 재위함.

【親迎】혼례의 六禮 중 직접 신부를 데리러 가서 합근례(合巹醴)를 치르는 것.

【三月廟見】신부가 결혼한 지 석 달 만에 시집의 조상 사당에 이르러 참배하며
그 집안의 며느리(婦)로 칭함을 받음. 만약 그 전에 죽으면 그 여인은 친정
집안에 묻으며 부인이 되지 않았다고 여김. 《白虎通德論》에 "婦入三月, 奠采
於廟"라 함.

【季文子】季孫行父. 季友의 손자이며 齊仲無佚의 아들. 魯나라 正卿.

【房】제후의 궁실 제도로 路寢의 북쪽. 가운데 방을 室이라 하며 동서 양쪽의
방을 房이라 함.

【小子】伯姬를 가리킴.

【先君】魯 宣公을 가리킴.

【後嗣】成公과 伯姬를 가리킴.

【十年】'七年'이어야 맞음. 백희가 송나라에 들어온 해는 노 성공 9년이며, 송
공공 7년임.

【景公】'平公'이어야 맞음. 백희는 魯 襄公 30년, 즉 宋 平公 33년에 죽었음.

【保傅】원래는 太保·太傅·太師로서 三公이라 하였음. 그러나 여기서는 궁중의
귀족 자녀를 가르치는 保姆를 가리킴. 保母는 몸을 보살펴 주는 자이며, 傅母는

덕을 가르쳐 주는 임무를 맡은 자라 함.《大戴禮記》保傅篇에 "保, 保其身體; 傅, 傅其德義; 師, 導之敎訓"이라 함.

【春秋詳錄其事】《穀梁傳》襄公 30년에 자세히 기록되어 있다는 뜻.

【澶淵】지명. 지금의 河南 濮陽縣 서북쪽.

【淑愼爾止】《詩經》大雅 抑의 구절.

참고 및 관련 자료

1.《詩經》大雅 抑 →022 참조.

2.《穀梁傳》襄公 30년

五月, 甲午, 宋災. 伯姬卒, 取卒之日加之災上者, 見以災卒也. 其見以災卒奈何, 伯姬之舍失火, 左右曰:「夫人少辟火乎!」伯姬曰:「婦人之義, 傅母不在, 宵不下堂.」左右又曰:「夫人少辟火乎!」伯姬曰:「婦人之義, 保母不在, 宵不下堂.」遂逮乎火而死, 婦人以貞爲行者也. 伯姬之婦道盡矣, 詳其事賢伯姬也.

乘舟吹笛圖

047(4-3) 衛寡夫人
위나라 과부가 된 여인

부인은 제齊나라 임금의 딸이다. 위衛나라로 시집을 가던 도중 성문에 이르렀을 때 그만 남편이 될 위나라 군주가 죽고 말았다. 보모가 이렇게 말하였다.

"돌아가야 할 것입니다."

그러나 그녀는 듣지 않고 삼년상을 지켰다.

이렇게 상이 끝나자, 죽은 남편의 동생이 왕위를 계승하고 그녀에게 이렇게 청하였다.

"위나라는 작은 나라입니다. 두 부인을 용납할 수 없습니다. 원컨대 저와 같은 부엌의 밥을 먹는 부부가 되었으면 합니다."

그러나 부인은 이렇게 말하였다.

"오직 부부만이 같은 부엌의 밥을 먹을 수 있는 것입니다."

그리고는 끝내 이를 거절하였다.

위군衛君은 사람을 제나라에 보내어 그녀의 오빠와 동생들에게 간청하도록 하였고, 제나라 오빠와 동생들은 모두가 그녀가 위군의 아내가 되었으면 하여 사람을

위과부인(衛寡夫人)

시켜 그녀에게 그 뜻을 전했다. 그러나 그녀는 끝내 이를 받아들이지 않고 이렇게 시를 지었다.

"내 마음 돌이 아니니 굴릴 수도 없네.
 내 마음 돗자리가 아니니 말 수도 없네."

부인은 자신이 처한 액운을 슬퍼하지 않고 영욕에 구차하게 굴지 않음으로써 능히 자신을 다스릴 수 있었던 것이다. 그리고 자신의 말을 지켜냄으로써 어려움을 건널 수 있었던 것이다.

《시詩》에 "어엿하고 안정된 그 의표, 능히 물러나 굽혀서는 안 될 일"이라 하였는데, 이는 좌우에 어진 신하가 없어 모두가 그 임금의 뜻에만 순종함을 말한 것이다. 군자가 부인의 곧고 한결같은 마음을 아름답다고 여겼다. 그러므로 그의 일을 거론하여 《시詩》에 이를 열거한 것이다.

송頌:
"제나라 딸 위나라로 시집가면서 그 성문에 이르자 그만 그 임금이 죽고 말았네.
 임금이 죽었건만 돌아서지 아니하고 그대로 들어가 삼년상을 치렀네.
 뒤를 이은 군주가 부부 되기를 청하였으나 그녀는 끝내 흔들리지 않았네.
 시를 지어 풍자하며 끝내 죽은 군주를 위해 수절하였다네."

夫人者, 齊侯之女也. 嫁於衛, 至城門而衛君死, 保母曰: 「可以還矣.」

女不聽, 遂入, 持三年之喪.

畢; 弟立請曰: 「衛, 小國也, 不容二庖, 願請同庖.」

夫人曰:「唯夫婦同庖.」

終不聽. 衛君使人愬於齊兄弟, 齊兄弟皆欲與後君, 使人告女,
女終不聽.

乃作詩曰:『我心匪石, 不可轉也; 我心匪席, 不可卷也.』

厄窮而不閔, 勞辱而不苟, 然後能自致也, 言不失也, 然後
可以濟難矣.

詩曰:『威義棣棣, 不可選也.』言其左右無賢臣, 皆順其君之
意也. 君子美其貞壹, 故舉而列之於詩也.

頌曰:『齊女嫁衛, 厥至城門.

　　　公薨不返, 遂入三年.

　　　後君欲同, 女終不渾.

　　　作詩譏刺, 卒守死君.』

【衛宣夫人】衛나라 宣公의 부인. 衛 宣公은 姬姓이며 이름은 晉. 춘추시대 위나라
　군주. B.C.718～700년까지 19년간 재위함.
【弟】衛 宣公의 아우. 惠公. B.C.699～697년까지 3년간 재위함.
【同庖】같은 주방의 밥을 먹음. 부부가 됨을 뜻함.
【夫人曰唯夫婦同庖】이 구절은 원문에 없으나《太平御覽》441과《逸齊詩補傳》에
　의해 補入한 것임.(《三民本》) 뜻은 죽은 남편만이 부부임을 강조한 것.
【愬】사실을 고하여 청함.
【我心匪石, 威儀棣棣】두 곳 모두《詩經》邶風 柏舟의 구절.
【不渾】어리석거나 흐리멍텅하지 않음을 말함. 여기서는 절개를 바꾸거나
　유혹에 넘어가지 않아 의지를 굳게 지켰음을 말함.

1. 《詩經》 邶風 柏舟

汎彼柏舟, 亦汎其流. 耿耿不寐, 如有隱憂. 微我無酒, 以敖以遊. 我心匪鑒, 不可
以茹. 亦有兄弟, 不可以據. 薄言往愬, 逢彼之怒. 我心匪石, 不可轉也. 我心匪席,
不可卷也. 威儀棣棣, 不可選也. 憂心悄悄, 慍于群小. 覯閔旣多, 受侮不少. 靜言
思之, 寤辟有摽. 日居月諸, 胡迭而微. 心之憂矣, 如匪澣衣. 靜言思之, 不能奮飛.

2. 《太平御覽》 441

衛寡夫人者, 齊侯之女也. 嫁於衛, 至城門而衛君死, 保母曰:「可以還矣.」女不聽,
遂入, 行三年之喪. 畢; 弟立謂曰:「衛, 小國也, 不容二庖, 願請同庖.」「唯夫妻同庖.」
夫人不聽. 衛君乃使愬於齊兄弟, 弟皆欲與後君, 使人告女, 女終不聽. 乃作詩曰:
『我心匪石, 不可轉也; 我心匪席, 不可卷也.』

美人圖

048(4-4) 蔡人之妻
채나라 사람의 아내

채蔡나라 사람의 처는 송宋나라 사람의 딸이다. 그녀가 채나라 사람에게 시집을 갔더니 남편에게 몹쓸 병이 있었다.

그 어머니가 개가를 권하자 그녀는 이렇게 말하였다.

"남편의 불행이 바로 저의 불행인데 어찌 떠날 수가 있겠습니까? 시집간 사람의 도리란 한 번 부부가 되기로 예를 치렀으면 평생 바꿀 수 없는 것입니다. 불행하게 악질에 걸린 남편을 만났지만, 그 뜻을 바꿀 수는 없습니다. 또 무릇 무성한 질경이 풀을 뜯을 때 비록 그 냄새는 고약하지만, 그래도 뜯어 이를 옷깃에 담아 돌아올 때면 시간이 흘러 그 냄새에 친숙해지게 마련입니다. 그런데 하물며 부부의 도리야 더할 나위가 있겠습니까? 그는 아무런 잘못도 없고 게다가 저를 버리지도 않는데 어찌 떠날 수 있겠습니까?"

그녀는 끝내 그 어머니의 말을 듣지 않은 채 이에 '부이芣苢'의 시를 지었다. 군자가 말하였다.

"송나라 여자의 마음은 심히 정순하고 한결같았다."

채인지처(蔡人之妻)

송頌:

"송나라 여자는 오로지 진실하여, 마음을 바로잡아 인륜을 바꾸기를
원치 않았네.
남편에게 나쁜 병이 있었건만 그 마음 한결같은 정성뿐이었네.
어머니가 돌아가기를 권하였지만 시를 지어 거절하니,
뒷사람은 이를 칭송하면서 순정한 사람이라 여겼다네."

　蔡人之妻者, 宋人之女也. 既嫁於蔡, 而夫有惡疾.
　其母將改嫁之. 女曰：「夫不幸, 乃妾之不幸也. 奈何去之?
適人之道, 壹與之醮, 終身不改. 不幸遇惡疾, 不改其意. 且夫采
采芣苢之草, 雖其臭惡, 猶始於將采之, 終於懷擷之, 浸以益親.
況於夫婦之道乎? 彼无大故, 又不遣妾, 何以得去?」
　終不聽其母, 乃作芣苢之詩.
　君子曰：「宋女之意, 甚貞而壹也.」

　頌曰：『宋女專愨, 持心不願.
　　　　夫有惡疾, 意猶一精.
　　　　母勸去歸, 作詩不聽.
　　　　後人美之, 以爲順貞.』

【蔡】姬姓이며 上蔡(지금의 河南 上蔡)에 도읍하였다가 뒤에 新蔡(河南, 신채),
다시 州來(安徽 鳳臺縣) 등으로 옮겨 다녔던 나라. 전국시대 楚나라에게 망함.
【惡疾】몹쓸 병. 《公羊傳》昭公 20년 何休 주에 "惡疾, 謂瘖, 聾, 盲, 癘, 禿,
跛, 傴, 不逮人倫之屬也"라 함.

【芣苢】질경이. 車前草. 약용과 식용으로 씀.
【芣苢之詩】《詩經》周南 芣苢를 가리킴.《文選》辯命論 注에 "韓詩曰: 采苢,
傷夫有惡疾也"라 함.
【慤】성실함. 진지함. 지성을 다함.

참고 및 관련 자료

1.《詩經》周南 芣苢

采采芣苢, 薄言采之. 采采芣苢, 薄言有之. 采采芣苢, 薄言掇之. 采采芣苢, 薄言
捋之. 采采芣苢, 薄言袺之. 采采芣苢, 薄言襭之.

2.《太平御覽》441.

蔡人之妻者, 宋人之女也. 旣嫁於蔡, 夫有惡疾. 其母將改嫁之. 女曰:「夫之不幸,
乃妾之不幸也. 奈何去之? 適人之道, 壹與之醮, 終身不改. 夫不幸遇惡疾, 不改
其意. 且夫采芣苢之草, 雖甚臭惡, 猶始於將采之, 終於懷擷之, 浸以益親. 況於夫婦
之道?」終不聽其母, 乃作芣苢之詩.

畫像磚(宋) 〈婦女剖魚圖〉

049(4-5) 黎莊夫人
여나라 장공의 부인

　　여장부인黎莊夫人은 위衛나라 임금의 딸로서 여黎나라 장공莊公의 부인이다. 이미 그에게 시집을 갔는데 장공은 하고자 하는 바가 다르고, 힘써 하는 일이 달라 그녀를 거들떠본 적도 없었다. 부인은 매우 실망하였다. 그의 부모傳母는 그녀의 어짊을 불쌍히 여겼지만, 장공은 그래도 그녀를 받아들이지 않자 그가 실의에 빠진 것을 가엾이 여겼다. 게다가 그가 이미 쫓겨나게 되었으며, 그것도 어느 때 일어날 일일지 모르는 상태라 부인에게 이렇게 말하였다.

여장부인(黎莊夫人)

　　"부부의 도란 의로움이 있으면 합하고 의롭게 대해 주지 않으면 떠나는 것입니다. 그런데 어찌 떠나지 않습니까?"

　　그리고는 이렇게 시를 지어 불렀다.

　　"그대에게 이렇게 지치도록 하는데 어찌 돌아가지 않으리오?"

　　그러자 부인은 이렇게 말하였다.

　　"부부의 도란 한결같아야 하는 것! 저 사람이 비록 나를 가까이 하지 아니하지만 내 어찌 부인으로서의 도에서 떠날 수 있겠습니까?"

그리고 이렇게 시를 지었다.

"당신 때문이 아니라면 어찌 이렇게 이슬 맞는 고통을 당하리오?"

그리고는 끝내 정일貞壹함을 지켜 부인으로서의 도리를 위배하지 아니하며 임금의 명령을 기다렸다. 군자는 이 때문에 이를 서술하여 《시》에 편집해 넣었던 것이다.

송頌:

"여나라 장공의 부인은 부도를 실천하여 쇠함이 없었도다.

장공은 그를 거들떠보지도 않았으니 행동과 절의는 도리어 어긋났지.

보모가 떠나길 권하며 '식미式微'의 시를 지었건만,

부인은 한결같이 지켜야 한다며 끝내 돌아가려 하지 않았네."

黎莊夫人者, 衛侯之女, 黎莊公之夫人也. 旣往而不同欲, 所務者異, 未嘗得見, 甚不得意. 其傅母閔夫人賢, 公反不納, 憐其失意, 又恐其已見遣, 而不以時去, 謂夫人曰:「夫婦之道: 有義則合, 無義則去, 今不得意, 胡不去乎?」乃作詩曰:『式微 式微, 胡不歸?』

夫人曰:「婦人之道, 壹而已矣! 彼雖不吾以, 吾何可以離於婦 道乎?」

乃作詩曰:『微君之故, 胡爲乎中路?』終執貞壹, 不違婦道, 以俟君命. 君子故序之以編詩.

頌曰:『黎莊夫人, 執行不衰.
　　　 莊公不遇, 行節反乖.
　　　 傅母勸去, 作詩式微.
　　　 夫人守壹, 終不肯歸.』

【黎】 고대 소국 이름. 원래 商나라의 제후국이었으며 지금의 山西 長治縣 서남쪽에 있었음. 周初에 帝堯의 後孫을 이 땅에 봉하고 '黎'라 하였음.

【黎莊公】 춘추시대 黎나라 임금.

【傅母】 保母, 保姆와 같음. 원래 어릴 때의 보살핌을 담당하는 일을 하지만 귀족의 경우 시집갈 때까지 따라가 일상생활을 돌보아 줌.

【閔】 '憫'과 같음.

【式微式微·微君之故】《詩經》邶風 式微의 구절. 王照圓의《補注》에 "微, 隱蔽也. 歸, 大歸也. 言夫人不得見君, 自處幽隱, 何不歸去也?"라 함.

1.《詩經》邶風 式微

式微式微, 胡不歸. 微君之故, 胡爲乎中露. 式微式微, 胡不歸. 微君之躬, 胡爲乎泥中.

050(4-6) 齊孝孟姬
제나라 효공의 부인 맹희

맹희孟姬는 화씨華氏의 장녀로 제齊나라 효공孝公의 부인이다. 예를 좋아하고 정절을 하나로 지켰으나 나이가 차도록 출가를 하지 못하였다. 제나라 안의 많은 사람들이 여러 곳에서 맹희를 맞이하고자 하였으나 예가 갖추어지지 않으면 끝내 응하지 않았기 때문이다. 맹희는 남자와 자리를 같이 하는 법이 없었고, 바깥일에 대해서 말하지 않았으며, 남녀유별을 분명히 하여 혐의를 피하였다. 제나라에는 예를 갖춰 맹희에게 구혼할 만한 자가 없었으며 제나라는 온통 그의 정절을 칭찬하는 말로 가득하였다.

효공이 이를 듣고 예를 갖추어 화씨의 가문에 친영을 하였다. 맹희의 부모는 딸을 전송하면서 대청 아래에 내려서지 않았다. 맹희의 어머니는 방 안에서 맹희에게 수건을 매어 주며 이렇게 경계하였다.

"필히 공경하고 경계해야 하느니라. 궁중의 일에 어김이 없도록 하라."

아버지는 동쪽 계단에서 이렇게 훈계하였다.

제효맹희(齊孝孟姬)

"반드시 일찍 일어나고 늦게 잠자리에 들며 명을 어기는 일이 없도록 하라. 만약 왕의 명령에 방해가 되는 큰 일이 있으면 역시 그러한 일을 좇아서는 안 된다."

여러 숙모들은 양쪽 계단 중간에서 이렇게 경계하였다.

"공경하고 또 공경하여 반드시 부모의 명을 끝까지 수행하여야 한다. 아침부터 밤늦도록 게으름이 있어서는 안 된다. 매어 주신 수건을 보면서 부모님의 말씀에 무엇이라 하였는지를 기억하라."

고모들은 대문 안에서 이렇게 훈계하였다.

"아침부터 밤까지 허물이 없도록 하라. 매어 주신 수건을 보며 부모님이 하신 말씀을 잊어서는 안 된다!"

효공이 그 부모에게서 맹희를 친영하여 세 번을 돌아보고 나갔다. 그리고 친영한 다음 수레에 오를 때 잡는 손잡이를 쥐어 주고 자신은 수레를 몰아 세 번을 돌고 나서 수레에서 내려 맹희의 가마를 돌아보았다. 드디어 궁으로 맞아들여 석 달이 지나자 종묘宗廟에 인사를 드린 후에 부부의 도를 행하였다.

맹희가 궁중에 들어와 산 지 오래되어 효공이 낭야琅邪에 순찰을 떠나게 되어 맹희도 따라 나섰다. 그런데 수레가 달리던 중 맹희가 땅에 떨어졌고 수레가 부서지고 말았다. 그러자 효공이 말 네 필이 끄는 서서 가는 수레에 맹희를 태워 돌아가게 하였다.

그러나 맹희는 시중드는 사람을 시켜 장막을 쳐서 자신을 가리도록 하고 부모傅母로 하여금 사자에게 이렇게 이르도록 하였다.

"내 듣기로 임금의 비妃나 후后가 문 밖을 나설 때는 반드시 앉아서 타는 수레에 앞뒤로 장막을 쳐서 가려야 하고, 당堂에서 내려올 때는 반드시 보모와 시중드는 여자가 따라야 하며, 나아가고 물러갈 때는 패옥을 차서 소리내야 하며, 수레 안에서는 허리띠를 묶고 옷을 단정히 매어야 하며, 수레가 야외로 나갈 때는 휘장으로 가려 밖에서 안을 볼 수 없도록 해야 하나니, 이는 마음을 바르게 하고 뜻을 하나로 하여 스스로를 절제하고자 함이다라 하였소. 그런데 지금은 서서 가는 수레에다 앞뒤를 가리는 휘장도 없으니 감히 명을 받을 수 없습니다. 또 밖에 나와 있는데도 호위하는 사람이 없으니 오래 이런 모습으로 갈 수는 없습니다. 이 세 가지 예를 잃음은 큰 것입니다. 예 없이 사는 것은 일찍 죽는 것만 못합니다."

사자가 효공에게 달려가 맹희의 뜻을 전하여 다시 앉아 타는 수레로 바꾸어 곧장 맹희가 있는 곳에 돌아왔더니 맹희는 이미 스스로 목숨을 끊으려 시도한 뒤였다. 다행히 보모가 즉시 손을 써서 절명하지는 않았다.

보모가 말하였다.

"왕의 사자가 왔는데 앞뒤에 장막이 있는 수레를 가지고 왔습니다."

그러자 다시 깨어나 그 수레를 타고 대궐로 돌아왔다.

군자가 말하였다.

"맹희는 예를 갖추기를 좋아하였다."

예에 부인이 외출할 때는 반드시 앞뒤에 따르는 수레를 갖춰야 하고, 의복은 풀어지지 않게 단단히 매어야 한다. 이미 시집간 후 친정에 다니러 오게 되면 여자 남매의 안부를 묻지만 남자 형제의 안부를 묻지 않는 것은 남녀유별을 철저히 하기 위함이다라 하였다.

《시詩》에 "저 군자의 훌륭한 따님, 단정하고 곧기가 머리카락 같네"라 하였으니 이를 두고 한 말이다.

송頌:

"맹희는 예를 좋아하여 예절을 고집함이 아주 공정하였네.
혐의를 피하고자 남녀구별을 엄격히 하고 끝내 용모를 가꾸지 않았네.
서서 타는 수레에는 오를 수 없으니 예가 아니기에 따르지 않았네.
군자가 훌륭히 여겼으니 예로부터 이와 같은 사람은 드물었다네."

孟姬者, 華氏之長女, 齊孝公之夫人也. 好禮貞壹, 過時不嫁. 齊中求之, 禮不備, 終不往. 躡男席, 語不及外, 遠別避嫌, 齊中莫能備禮求焉. 齊國稱其貞.

孝公聞之, 乃脩禮親迎於華氏之室. 父母送孟姬不下堂, 母醮房之中, 結其衿縭, 誡之曰：「必敬必戒, 無違宮事.」

父誡之東階之上曰：「必夙興夜寐, 無違命, 其有大妨於王命者, 亦勿從也.」

諸母誡之兩階之間曰：「敬之敬之, 必終父母之命, 夙夜無怠, 介之衿縭, 父母之言謂何.」

姑姊妹誡之門內曰：「夙夜無愆, 介之衿鞶, 無忘父母之言!」

孝公親迎孟姬於其父母, 三顧而出. 親迎之綏, 自御輪三, 曲顧姬與, 遂納於宮. 三月廟見, 而後行夫婦之道.

既居久之, 公游於琅邪, 華孟姬從. 車奔, 姬墮車碎. 孝公使駟馬立車載姬以歸.

姬使侍御者, 舒帷以自障蔽, 而使傅母應使者曰：「妾聞妃后踰閾, 必乘安車輜軿, 下堂必從傅母保阿, 進退則鳴玉環佩, 內飾則結紐綢繆, 野處則帷裳擁蔽, 所以正心壹意, 自斂制也. 今立車無軿, 非所敢受命也；野處無衛, 非所敢久居也. 三者失禮多矣, 夫無禮而生, 不如早死.」

使者馳以告公, 更取安車, 比其反也, 則自經矣. 傅母救之不絕.

傅母曰：「使者至, 輜軿已具.」

姬氏蘇, 然後乘而歸.

君子謂：「孟姬好禮.」

禮：婦人出必輜軿, 衣服綢繆, 既嫁歸, 問女昆弟, 不問男昆弟, 所以遠別也.

詩曰：『彼君子女, 綢直如髮.』此之謂也.

頌曰: 『孟姬好禮, 執節甚公.
　　　避嫌遠別, 終不冶容.
　　　載不竝乘, 非禮不從.
　　　君子嘉焉, 自古寡同.』

【齊孝公】 춘추시대 제나라 군주. 姜姓, 이름은 昭. 10년간(B.C.642~633) 재위함.
【躡男席】 '不躡男席'이어야 함. 《禮記》 內則에 "男女不同席"이라 함.
【語不及外】 《禮記》 內則에 "男不言內, 女不言外"라 함.
【母醮房之中】 '母醮之房中'이어야 함. 醮는 혼례의 행사. 醮禮라고도 함. 《禮記》
　　昏義에 "父親醮子而命之迎"이라 하고 孔穎達의 疏에 "受爵者飲而盡之, 又不反相
　　酬酢, 直醮盡而已, 故稱醮也"라 함.
【縭】 여자가 시집갈 때 가지고 가는 수건의 일종. '帨'라고도 함.
【必敬必戒】 시집가는 딸에게 어머니가 일러 주는 경계들. 《儀禮》 士昏禮에
　　실려 있음.
【必夙興夜寐】 시집가는 딸에게 아버지가 일러 주는 경계들. 역시 《儀禮》 士昏禮
　　에 실려 있음.
【介】 '示'자의 오기로 여김. 《儀禮》 士昏禮 "夙夜無愆, 視諸衿鞶"의 주에 "視,
　　今文作示"라 함.
【門內】 신부 가족들이 신부를 보낼 때의 예들. 《穀梁傳》 桓公 3년에 "禮, 送女,
　　父不下堂, 母不出祭門, 諸母兄弟不出闕門"이라 함.
【鞶】 큰 허리띠.
【親迎之綏】 《白虎通德論》에 "天子下至士, 必親迎授綏者何? 以陽下陰也. 欲得
　　其歡心, 示親之心也. 夫親迎輪三周, 下車曲顧者, 防淫佚也"라 하였으며 이는
　　혼례 행사의 하나이며, 綏는 수레를 오를 때 잡는 줄. '輿'는 '轝'자와 같음.
【琅邪】 瑯琊로도 표기하며 齊나라에 속한 지명. 지금의 山東 膠南 瑯琊臺 서북.
【立車】 남자의 경우 수레에 올라 서 있으며 여자는 앉아 있음. 《禮記》 曲禮(上)
　　에 "婦人不立乘"이라 함.
【傅母】 여자 師傅. 귀족의 딸을 기르던 선생으로 婦道를 가르쳤음.
【舒帷】 '휘장을 치다'의 뜻.

【安車】부인들이 타는 작은 수레.《周禮》春官 中車 鄭玄 주에 "安車, 坐乘車, 凡婦人車皆坐乘"이라 함.

【輔軿】輔는 지붕이 있는 수레. 軿은 고대 부인들이 타던 휘장이 있는 수레.

【保阿】고대 귀족 부녀들의 생활을 보조하는 保母.

【姬氏】孟姬를 가리킴.

【彼君子女】《詩經》小雅 都人士의 구절.

【綢】王照圓의《補注》에 "綢, 密也. 言賢女操行細密正直, 如髮之美也"라 함.

> 참고 및 관련 자료

1.《詩經》小雅 都人士

彼都人士, 狐裘黃黃. 其容不改, 出言有章. 行歸于周, 萬民所望. 彼都人士, 臺笠緇撮. 彼君子女, 綢直如髮. 我不見兮, 我心不說. 彼都人士, 充耳琇實. 彼君子女, 謂之尹吉. 委不見兮, 我心苑結. 彼都人士, 垂帶而厲. 彼君子女, 髮如薑. 我不見兮, 言從之邁. 匪伊垂之, 帶則有餘. 匪伊卷之, 髮則有旟. 我不見兮, 云何旴矣.

2.《文選》(16) 寡婦賦 注

列女傳曰: 齊孝孟姬曰:「后妃下堂, 必從傅母保阿.」

3.《文選》(49) 後漢書皇后紀論 注

列女傳曰: 齊孝孟姬者, 華氏之長女, 齊孝公之夫人也. 孝公遊於琅邪, 華姬從. 後車奔, 姬墮車碎, 孝公使駟馬載姬以歸. 姬曰:「妾聞妃后踰閾, 必乘安車輔軿, 下堂必從傅母保阿, 進退則鳴玉珮環. 今立車無軿, 非敢受命也.」

4.《文選》(57) 宋孝武宣貴妃誄 注

列女傳: 齊孝孟姬曰:「妾聞妃后踰閾, 必乘安車輔軿.」

051(4-7) 息君夫人
식나라 임금의 부인

부인은 식息나라 군주의 부인이다. 초楚나라가 식나라를 정벌하여 멸망시키고 식의 임금을 사로잡고는 문을 지키게 하였다.

그리고 장차 부인을 자신의 처로 삼고자 초나라의 궁궐로 데려갔다. 초왕이 밖으로 나간 사이에 부인은 드디어 궁궐을 빠져 나와 식군을 만나 이렇게 말하였다.

"사람이 나서 오직 한 번 죽을 뿐입니다. 그런데 어찌 스스로를 고통스럽게 할 필요가 있습니까? 저는 잠시도 당신을 잊은 적이 없습니다. 끝내 저는 두 번 혼례를 치르는 일은 없을 것입니다. 이렇게 땅에 살면서 서로 생이별한 것이 어찌 죽어 지하로 돌아가는 것만 하겠습니까?"

그리고 이에 이렇게 시를 지었다.

식군부인(息君夫人)

"살았으되 다른 방에 떨어져 살 바에야 죽어서 차라리 같은 무덤을, 내 말을 믿지 못하겠다고 하신다면 태양이 대낮처럼 환하게 밝혀 주겠지요."

식군이 말렸지만 부인은 듣지 않고 드디어 자결하고 말았다. 그러자 식군도 스스로 목숨을 끊어 같은 날 함께 죽었다.

초왕이 식군 부인이 보여 준 수절이 의리 있다고 훌륭히 여겨 이에 제후의 예로써 그들을 합장해 주었다.

군자가 말하였다.

"부인이 선을 행한 것을 즐겁게 여겨 《시詩》에 그를 편집해 집어넣었다."

무릇 의義는 군자를 움직이고, 이利는 소인을 움직인다. 식군 부인은 이익을 따라 행동하지 않았던 것이다.

《시詩》에 "훌륭한 언약에 어긋남이 없도록 당신과 함께 죽으리라'라 하였으니 이를 두고 한 말이다.

송頌:

"초나라가 식군을 사로잡고 그 적비適妃를 궁궐로 데려왔네.
부인은 지조를 굳게 지켜 시간이 흐를수록 약해지지 않았다네.
'동혈同穴'이라는 시를 지어 옛날을 생각하며 새로운 이를 잊어버리니
드디어 죽음도 돌아보지 아니하여 그 정절 마침내 정현貞賢의 반열에 오르게 되었네."

夫人者, 息君之夫人也. 楚伐息, 破之. 虜其君, 使守門.
將妻其夫人而納之於宮. 楚王出遊, 夫人遂出見息君, 謂之曰:「人生要一死而已, 何至自苦? 妾無須臾而忘君也, 終不以身更貳醮, 生離於地上, 豈如死歸於地下哉?」

乃作詩曰:『穀則異室, 死則同穴, 謂予不信, 有如曒日.』息君止之, 夫人不聽, 遂自殺, 息君亦自殺, 同日俱死.

楚王賢其夫人守節有義, 乃以諸侯之禮合而葬之.

君子謂:「夫人說於行善, 故序之於詩.」

夫義動君子, 利動小人. 息君夫人, 不爲利動矣.

詩云:『德音莫違, 及爾同死.』 此之謂也.

頌曰:『楚虜息君, 納其適妃.

　　　夫人持固, 彌久不衰.

　　　作詩同穴, 思故忘新.

　　　遂死不顧, 列於貞賢.』

【息】 고대 소국 이름. 姬姓이며 지금의 河南 息縣 서남에 있었음. 춘추시대
楚나라에게 망함.

【身更貳醮】 개가함을 뜻함.

【穀則異室】《詩經》王風 大車의 구절. '穀'은 生(生活)과 같은 뜻. '異室'은
別居를 뜻함.

【德音莫違】《詩經》邶風 谷風의 구절.

【適妃】 嫡妃와 같음. 正妃.

【思故忘新】 옛 것을 그리워하면서 새로운 것은 아무리 좋아도 잊어버림. 여기
서는 식군을 그리워하면서 새로운 초왕에 대하여는 아무런 생각이 없음을 말함.

【貞賢】 정절을 지키고 현명함을 다한 여인을 칭송하는 것.

참고 및 관련 자료

1.《詩經》王風 大車

大車檻檻, 毳衣如菼. 豈不爾思, 畏子不敢. 大車啍啍, 毳衣如璊. 豈不爾思, 畏子
不奔. 穀則異室, 死則同穴. 謂子不信, 有如皦日.

2.《詩經》邶風 谷風 →022 참조.

052(4-8) 齊杞梁妻
제나라 기량식의 아내

제齊나라 기량식杞梁殖의 처이다. 장공莊公이 거莒를 습격할 때 기량은 그 전투에서 전사하였다. 장공이 귀환하던 길에 기량의 처를 만나게 되자, 왕은 사람을 시켜 길에서 그에게 조문을 하도록 하였다.

그러자 기량의 처는 이렇게 말하였다.

"지금 제 남편 식에게 죄가 있다면 임금께서 어찌 욕되게 조문을 하도록 명하실 필요가 있겠습니까? 만약 제 남편으로 하여금 죄에서 벗어나게 하실 양이라면 천한 저는 조상이 살았던 저희 낡은 움막에서 조문을 받겠습니다. 저는 길에서 조문을 받을 수 없습니다."

제기량처(齊杞梁妻)

이에 장공은 수레를 돌려 그의 집으로 가서 예를 갖추어 조문을 한 후 돌아갔다. 기량의 처에게는 자식이 없었고 안팎으로 다섯 가지 상복을 입을 친척도 없어 돌아가 의지할 곳이 없었다. 이에 그는 남편의 시신을 성의 아래에 가져다 놓고 곡을 하였다. 마음속 깊이 정성을 다하자 사람들이 감동하여 그 길을 지나는 사람으로서 눈물을 흩뿌리지 않는 자가 없었다. 그러자 열흘이 지나자 그만 성이 무너지는 것이었다.

이윽고 장례를 지내고는 이렇게 말하였다.

"내가 어디로 돌아갈 것인가? 무릇 부인이란 반드시 의지할 곳이 있어야 하는 것. 아버지가 있을 때는 아버지에게 의지하고, 남편이 있으면 남편에게 의지하며, 자식이 있으면 자식에게 의지하는 것이다. 지금 나는 위로는 아버지도 계시지 아니하고, 가운데로는 남편도 없으며, 아래로는 자식도 없다. 안으로는 의지하여 내 정성을 보여 줄 곳이 없고, 밖으로는 의지하여 나의 절의를 세워볼 데가 없다. 그렇다고 내가 어찌 다시 시집을 가겠는가? 역시 죽음뿐이로다."

드디어 그는 치수淄水에 몸을 던져 죽고 말았다.

군자가 말하였다.

"기량의 처는 정절하여 예를 알았다."

《시詩》에 "내 마음이 상하고도 슬프도다. 애오라지 그대 있는 곳으로 함께 돌아가리라"라 하였으니 이를 두고 한 말이다.

송頌:

"기량이 전사하자 그의 처가 시신을 거두어 상을 치렀네.
제 장공이 길에서 조문하려 하자 피하여 마땅치 않다고 여겼네.
성 밑에서 남편의 죽음을 통곡하자 성이 무너졌다네.
의탁할 친척이 없다하여 치수로 달려가 몸을 던져 죽었다네."

齊杞梁殖之妻也. 莊公襲莒, 殖戰而死. 莊公歸, 遇其妻, 使使者弔之於路.

杞梁妻曰:「今殖有罪, 君何辱命焉? 若令殖免於罪, 則賤妾有先人之蔽廬在下, 妾不得與郊弔.」

於是莊公乃還車, 詣其室, 成禮然後去. 杞梁之妻無子, 內外皆無五屬之親. 旣無所歸, 乃就其夫之尸於城下而哭之, 內誠感人, 道路過者, 莫不爲之揮涕. 十日而城爲之崩.

旣葬曰:「吾何歸矣? 夫婦人必有所倚者也. 父在則倚父, 夫在則倚夫, 子在則倚子. 今吾上則無父, 中則無夫, 下則無子. 內無所依, 以見吾誠; 外無所倚, 以立吾節, 吾豈能更二哉? 亦死而已.」

遂赴淄水而死.

君子謂:「杞梁之妻, 貞而知禮.」

詩云:『我心傷悲, 聊與子同歸.』此之謂也.

頌曰:『杞梁戰死, 其妻收喪.
　　　齊莊道弔, 避不敢當.
　　　哭夫於城, 城爲之崩.
　　　自以無親, 赴淄而薨.』

【杞梁殖】춘추시대 제나라 대부. 이름은 殖, 자는 梁.

【莊公】춘추시대 제나라 군주. 姜姓, 이름은 光. 6년간(B.C.553~548) 재위함.

【莒】나라 이름. 己姓이며 計斤에 도읍하였다가 莒(지금의 山東 莒縣)로 옮겼으며 전국시대 楚나라에게 망함.

【不得與郊弔】교외에서 조문받는 것에 대하여 허락을 얻지 못함. 고대 엄격한 등급, 즉 親疎·貴賤·輕重에 따른 喪禮가 있었음을 뜻함. 郊外에서 하는 것은 천하고 가벼운 관계이며, 사당이나 正寢에서 하는 것은 매우 존귀하고 중함을 말함. 杞梁殖은 大夫이므로 正寢에서 상례를 치러야 규정에 맞음을 말한 것임. 《禮記》檀弓(上)에 "伯高死於衛, 赴於孔子, 孔子曰: '吾惡乎哭諸? 兄弟, 吾哭

諸廟; 父之友, 吾哭諸廟門之外; 師, 吾哭諸寢; 朋友, 吾哭諸寢門之外; 所知, 吾哭
諸野. 於野則已疏, 於寢則已重.'"이라 함.

【內外】 부녀로서 남편의 집을 '내가', 어머니 집을 '외가'라 하였음.

【五屬】 오복을 입는 관계 안의 친속. 고대 상복에는 참최(斬衰)·재최(齊衰)·
大功·小功·緦麻 등 다섯 등급이 있었음.

【諴】 '誠'과 같음.

【十日】《太平御覽》(487)과《藝文類聚》(3)에는 모두 '七日'로 되어 있음.

【淄水】 山東 淄博市 남쪽을 흐르는 물.

【我心傷悲】《詩經》檜風 素冠의 구절.

【薨】 고대 천자의 죽음을 崩, 제후는 薨, 대부는 卒, 士는 祿, 서인은 死라 함.

참고 및 관련 자료

1.《詩經》檜風 素冠

庶見素冠兮, 棘人欒欒兮, 勞心慱慱兮. 庶見素衣兮, 我心傷悲兮, 聊與子同歸兮.

2.《左傳》襄公 23年

齊侯還自晉, 不入. 遂襲莒, 門於且于, 傷股而退. 明日, 將復戰, 期於壽舒. 杞殖·
華還載甲, 夜入且於之隧, 宿於莒郊. 明日, 先遇莒子於蒲侯氏. 莒子重賂之, 使無死,
曰:「請有盟.」華周對曰:「貪貨棄命, 亦君所惡也. 昏而受命, 日未中而棄之, 何以
事君?」莒子親鼓之, 從而伐之, 獲杞梁. 莒人行成. 齊侯歸, 遇杞梁之妻於郊, 使弔之.
辭曰:「殖之有罪, 何辱命焉? 若免於罪, 猶有先人之敝廬在, 下妾不得與郊弔.」
齊侯弔諸其室.

3.《左傳》襄公 23年

齊襲莒, 杞殖華還(旋)載甲, 夜入且于之隧, 宿於莒郊. 明日, 先遇莒子於蒲侯氏.
莒子重賂之, 使無死. 華周對曰:「貪貨棄命, 亦君所惡也. 昏而受命. 日中而棄之,
何以事君?」莒子親鼓之, 從而伐之, 獲杞梁. 齊侯歸, 遇杞梁之妻於郊, 使弔之.
辭曰:「殖之有罪, 何用命焉? 若免於罪, 猶有先人之敝廬在, 下妾不得與郊弔.」
齊侯弔諸其室.

4.《說苑》立節篇

齊莊公且伐莒, 爲車五乘之賓, 而杞梁華舟獨不與焉, 故歸而不食, 其母曰:「汝生而無義, 死而無名, 則雖非五乘, 孰不汝笑也? 汝生而有義, 死而有名, 則五乘之賓, 盡汝下也.」趣食乃行, 杞梁華舟同車侍於莊公而行至莒, 莒人逆之, 杞梁華舟下鬪, 獲甲首三百, 莊公止之曰:「子止, 與子同齊國.」杞梁華舟曰:「吾爲五乘之賓, 而舟梁不與焉, 是少吾勇也; 臨敵涉難, 止我以利, 是汚吾行也; 深入多殺者, 臣之事也, 齊國之利, 非吾所知也.」遂進鬪, 壞軍陷陣, 三軍弗敢當. 至莒城下, 莒人以炭置地, 二人立有間不能入, 隰侯重爲右曰:「吾聞古之士, 犯患涉難者, 其去遂於物也, 來, 吾踰子.」隰侯重仗楯伏炭, 二子乘而入, 顧而哭之, 華舟後息, 杞梁曰:「汝無勇乎? 何哭之久也?」華舟曰:「吾豈無勇哉! 是其勇與我同也, 而先吾死, 是以哀之.」莒人曰:「子毋死, 與子同莒國.」杞梁華舟曰:「去國歸敵, 非忠臣也; 去長受賜, 非正行也; 且雞鳴而期, 日中而忘之, 非信也. 深入多殺者, 臣之事也, 莒國之利, 非吾所知也.」遂進鬪, 殺二十七人而死, 其妻聞之而哭, 城爲之阤, 而隅爲之崩, 此非所以起也.

5.《說苑》善說篇

昔華舟杞梁戰而死, 其妻悲之, 向城而哭, 隅爲之崩, 城爲之阤.

6.《孟子》告子(下)

華周・杞梁之妻善哭其夫, 而變國俗.

7.《文選》(17) 洞簫賦 注

按列女傳: 齊杞殖妻也. 齊莊公襲莒, 殖戰死, 杞梁之妻無子, 內外無五屬之親, 既非所歸, 乃就其夫之屍於其城下而哭之, 內誠動人, 道路過者, 莫不爲之揮涕, 十日而城爲之崩. 杞梁字, 殖名也.

8.《文選》(37) 求通親親表 注

列女傳曰: 杞梁妻者, 齊杞梁殖之妻也. 齊莊公襲莒, 殖戰死. 杞梁之妻無子, 內外皆無五屬之親. 既無所歸, 乃就其夫屍於城下而哭之, 內誠動人, 道路過者莫不爲之揮涕, 十日而城爲之崩.

9.《藝文類聚》18

齊杞梁妻贊曰:「遭命不改, 逢時險屯. 夫卒莒場, 郊弔不賓. 哀崩高城, 訴情穹旻. 遂赴淄川, 託軀清津.」

10.《**藝文類聚**》40

齊侯遇杞梁之妻於郊, 使弔之. 辭曰:「殖之有罪, 何辱命焉? 若免於罪, 猶有先人
之弊廬在, 下妾不得與於郊弔.」齊侯弔諸其室.

11.《**藝文類聚**》卷63

列女傳曰: 齊人杞梁, 襲莒戰而死. 其妻無所歸, 乃枕夫尸於城下而哭之. 七日而
城崩, 妻遂投淄水而死.

053(4-9) 楚平伯嬴
초나라 평왕의 부인 백영

　백영伯嬴은 진秦나라 목공穆公의 딸이자 초楚나라 평왕平王의 부인이며
소왕昭王의 어머니이다. 소왕 때에 초나라와 오吳나라가 백거伯莒의
땅을 놓고 전쟁을 벌였는데 오나라가 초나라를 이기고 초나라의 서울
영郢까지 밀고 들어와 소왕은 도망가게 되었다.

　그리고 오왕 합려闔閭가 소왕의 후궁을 모두 겁탈하였고 그 차례가
백영에게 이르렀다. 이에 백영이 단도를 쥐고 이렇게 말하였다.

초평백영(楚平伯嬴)

　“내가 듣기로 천자는 천하의 표본
이며 공후公侯는 일국의 모범이라
하더이다. 천자가 절제를 잃으면
천하가 혼란해지고, 제후가 예절
을 잃으면 그 나라가 위험해집니다.
무릇 부부의 도란 진실로 인륜의
시작이며 왕교王敎의 단서입니다.
이 까닭으로 명석한 임금의 제도
에는 남녀로 하여금 직접 물건을
주고받지 못하게 하였고, 앉을 때
는 자리를 같이 하지 않도록 하였
으며, 음식도 한 그릇에 먹지 못하
도록 한 것이며, 옷도 같은 횃대에
걸지 않도록 하였으며, 수건과

빗도 따로 쓰도록 함으로써 제도를 시행한 것입니다. 만약 제후가 혼외의 음행淫行을 저지르면 후손이 끊어지고, 경대부가 혼외의 음행을 저지르면 추방되며, 사土나 서인庶人이 혼외의 음행을 저지르면 궁형에 처하였습니다. 무릇 이렇게 한 것은 인仁은 잃더라도 의義로써 회복할 수가 있고, 의는 잃더라도 예로써 회복할 수가 있지만 남녀의 구분이 무너지면 난이 일어나기 때문입니다. 무릇 이러한 혼란과 멸망의 단서를 만드는 자는 공후公侯로부터 멸절을 당하고 천자로부터 주벌을 당하는 것입니다. 지금 군왕께서 모범과 표본이 되어야 할 행위를 버리고 혼란과 멸망의 욕망에 마음대로 방종을 부린다면 이는 주벌과 멸적의 일을 범하는 것이니 그렇게 하고도 어찌 법을 내려 백성을 가르칠 수 있겠습니까? 또 제가 듣기로 살아서 욕을 당하는 것이 죽어서 영화로움만 못하다고 하더이다. 만약 군왕으로 하여금 그 의표를 버리도록 한다면 군왕은 나라를 다스릴 수 없을 것이요, 제가 음란한 단서를 제공한다면 저는 이 세상에 살 수가 없는 것입니다. 하나의 일로 두 가지 치욕이 생기는 것이니 저는 죽음으로써 이를 지킬 것입니다. 감히 명을 받들 수 없습니다. 또 왕께서 저를 원하시는 것은 즐기고자 함일 텐데 저에게 접근하였다가 저에게 죽음을 당하고 나면 무슨 즐길 것이 있겠습니까? 그리고 만약 저를 먼저 죽인다면 군왕에게 무슨 이익이 있겠습니까?"

이에 오왕 합려는 부끄러워하면서 그만 물러나 백영과 그 시녀들을 풀어 주고 그들이 거처하는 골목의 입구를 폐쇄하고 그곳의 군대를 그대로 두어 백영을 지켜 주도록 하였다. 30일 뒤 진秦나라 구원병이 이르러 소왕도 드디어 돌아오게 되었다.

군자가 말하였다.

"백영은 용감하고도 한 가지를 진실히 지켰다."

《시詩》에 "이리저리 얽힌 칡넝쿨, 나뭇가지 위로 뻗어 있네. 훌륭한 군자여, 절의를 포기하지 않으니 큰 복을 받으리"라 하였으니 이를 두고 한 말이다.

"합려가 초나라를 이기고 대궐의 궁실로 침입하였네.

후궁을 모두 처로 삼으니 무서움에 떨지 않을 수 없었네.

백영이 스스로 지키기를 견고히 하여 한결같으니

군자가 아름답게 칭송하여 절의가 있다고 여겼네."

伯嬴者, 秦穆公之女, 楚平王之夫人, 昭王之母也. 當昭王時, 楚與吳爲伯莒之戰, 吳勝楚, 遂至於郢, 昭王亡.

吳王闔閭盡妻其後宮, 次至伯嬴, 伯嬴持刀曰:「妾聞天子者, 天下之表也; 公侯者, 一國之儀也. 天子失制, 則天下亂; 諸侯失節, 則其國危. 夫婦之道, 固人倫之始, 王敎之端. 是以明王之制, 使男女不親授, 坐不同席, 食不共器, 殊椸枷, 異巾櫛, 所以施之也. 若諸侯外淫者絶, 卿大夫外淫者放, 士庶人外淫者宮割. 夫然者, 以爲仁失可復以義, 義失可復以禮. 男女之喪, 亂亡興焉. 夫造亂亡之端, 公侯之所絶, 天子之所誅也. 今君王棄儀表之行, 縱亂亡之欲, 犯誅絶之事, 何以行令訓民? 且妾聞生而辱不如死而榮, 若使君王棄其儀表, 則無以臨國; 妾有淫端, 則無以生世, 壹擧而兩辱, 妾以死守之, 不敢承命. 且凡所欲妾者爲樂也, 近妾而死, 何樂之有? 如先殺妾, 又何益於君王?」

於是吳王慚, 遂退, 舍伯嬴與其保阿, 閉永巷之門, 皆不釋兵. 三旬秦救至, 昭王乃復矣.

君子謂:「伯嬴勇而精壹.」

詩曰:『莫莫葛藟, 施于條枚. 豈弟君子, 求福不回.』此之謂也.

頌曰:『闔閭勝楚, 入處宮室.

　　　盡妻後宮, 莫不戰慄.

　　　伯嬴自守, 堅固專一.

　　　君子美之, 以爲有節.』

【秦穆公】秦繆公으로도 표기하며 춘추시대 진나라 군주. 그러나 梁端의 校注本
　　에는 "穆字誤. 伯莒之戰, 在魯定公四年. 穆公卒於文公六年, 相去一百十六矣"라
　　하였음.

【楚平王】춘추시대 초나라 군주. 熊氏이며 이름은 棄疾. 13년간(B.C.528~516)
　　재위함.

【昭王】초 평왕의 아들. 이름은 壬, 혹은 熊軫. 27년간(B.C.515~489) 재위함.

【吳】고대 나라 이름. 古公亶父의 장자 泰伯이 내려가 세운 나라. 姬姓이며
　　吳(지금의 江蘇 蘇州)에 도읍하였으며 춘추 말기 越王 勾踐에게 멸망함.

【伯莒】伯擧, 柏擧로 표기하며 지금의 湖北 麻城縣 동북.

【郢】춘추시대 楚나라 국도. 지금의 湖北 江陵縣 紀南城.

【闔廬】闔閭로도 표기하며 춘추시대 오나라 임금. 姬姓이며 이름은 光.

【男女不親授】《禮記》曲禮(上)에 "男女不雜坐, 不同椸枷, 不同巾櫛, 不親授"라
　　함. 이가(椸枷)는 횃대, 시렁.

【宮割】남자가 궁형을 받음을 가리킴.

【不釋兵】오왕 합려가 군대를 그대로 두어 백영을 지켜 주도록 함.

【精壹】'精一'과 같음. 어떠한 한 가지 일에 정성을 다함.

【莫莫葛藟】《詩經》大雅 旱麓의 구절.

　참고 및 관련 자료

1. 《詩經》大雅 旱麓

瞻彼旱麓, 榛楛濟濟. 豈弟君子, 干祿豈弟. 瑟彼玉瓚, 黃流在中. 豈弟君子, 福祿攸降. 鳶飛戾天, 魚躍于淵. 豈弟君子, 遐不作人. 清酒旣載, 騂牡旣備. 以享以祀, 以介景福. 瑟彼柞棫, 民所燎矣. 豈弟君子, 神左勞矣. 莫莫葛藟, 施于條枚. 豈弟君子, 求福不回.

054(4-10) 楚昭貞姜
초나라 소왕의 부인 정강

    정강貞姜은 제齊나라 임금의 딸로서 초楚나라 소왕昭王의 부인이다. 왕이 지방을 순시하던 중 동행한 부인을 점대漸臺라는 누대에 남겨 두고 떠난 일이 있었다. 왕은 강물이 크게 불어났다는 소식을 듣고 심부름하는 사자를 보내어 부인을 데려오도록 하였다. 그런데 깜빡 잊고 사자에게 부절符節을 지참시키지 않았다. 사자가 부인에게 이르러 누대에서 나올 것을 청하자 부인은 이렇게 말하였다.

    "왕께서는 나와 약속하기를 나를 오도록 부르실 때는 반드시 왕의 부절을 가지고 오기로 하였습니다. 지금 사자께서는 부절을 지니고 오지 않았으니 나는 그대를 따라갈 수 없습니다."

    사자는 이렇게 말하였다.

    "지금 물이 크게 불어나고 있습니다. 다시 돌아가 부절을 가지고 온다면 이미 때가 늦을 것입니다."

    그러자 부인이 다시 말하였다.

    "내 듣기로 정녀貞女의 법도에는 약속을 어기지 않으며, 용기 있는 자는 죽음을 두려워하지 않아

초소정강(楚昭貞姜)

하나의 절개를 지킬 뿐이라 하였습니다. 내가 그대를 따라 나서면 살고 이대로 머물러 있다가는 죽고 만다는 것을 알고 있습니다. 그러나 약속을 저버리고 도리를 뛰어넘으면서까지 살기를 구하기보다는 이대로 머물러 죽느니만 못합니다."

이에 사자가 되돌아가서 부절을 가지고 돌아왔으나 물은 크게 불어 누대는 무너지고 부인은 떠내려가 죽고 말았다.

왕은 이렇게 말하였다.

"아! 의를 지켜 절개로써 죽음을 맞아 구차하게 살지 않으려 하였구나. 어려운 처지에서도 신의를 지켜 그 정절을 이루었도다."

그리하여 그녀의 호를 정강貞姜이라 불렀다.

군자가 말하였다.

"정강은 부인으로서의 절개를 지니고 있었다."

《시詩》에 "훌륭한 저 군자여! 그 언행 조금도 어긋남이 없도다'라 하였으니 이를 두고 한 말이다."

송頌:

"초 소왕이 순시할 때 부인 강씨를 누대에 머물게 하였네.
강물이 불어나 위험한데도 부절이 없다 하여 나오지 않으니,
부인의 수절은 물에 떠내려가 죽는 것도 머뭇거리지 않았네.
군자는 이를 시어머니 백희伯姬와 나란히 배향하였도다."

貞姜者, 齊侯之女, 楚昭王之夫人也. 王出遊, 留夫人漸臺之上而去. 王聞江水大至, 使使者迎夫人, 忘持其符. 使者至, 請夫人出.

夫人曰：「王與宮人約, 令召宮人必以符, 今使者不持符, 妾不敢從使者行.」

使者曰：「今水方大至, 還而取符, 則恐後矣.」

夫人曰:「妾聞之, 貞女之義不犯約, 勇者不畏死. 守一節而已. 妾知從使者必生, 留必死, 然棄約越義而求生, 不若留而死耳.」

於是使者反, 取符還, 則水大至, 臺崩, 夫人流而死.

王曰:「嗟夫! 守義死節, 不爲苟生. 處約持信, 以成其貞.」

乃號之曰貞姜.

君子謂:「貞姜有婦節.」

詩云:『淑人君子, 其儀不忒.』此之謂也.

頌曰:『楚昭出遊, 留姜漸臺.
　　　　江水大至, 無符不來.
　　　　夫人守節, 流死不疑.
　　　　君子序焉, 社配伯姬.』

【楚昭王】楚 平王의 아들이며 共王의 손자. 이름은 熊軫. 혹은 壬. 27년간 (B.C.515~489) 재위함.

【漸臺】초나라 누대 이름.

【流而死】물살에 휩쓸려 죽음.《太平御覽》60에는 '沈水而死'라 함.

【淑人君子】《詩經》曹風 鳲鳩의 구절.

참고 및 관련 자료

1.《詩經》曹風 鳲鳩 →013 참조.

2.《太平御覽》598

列女傳曰: 楚昭貞姜者, 齊侯之女, 楚昭王之夫人也. 王出遊, 留夫人漸臺而上之去. 王聞江水大, 遣使者迎夫人, 忘持符. 使者至, 請夫人. 曰:「王召宮人皆以符, 今使者

不持符, 妾不敢從使者而行.」反取符, 未還則水大至, 臺弛壞, 夫人流而死. 王曰:
「嗟乎! 守義死, 不爲苟. 處約持信, 以成其貞.」乃號曰貞姜.

3. 《太平御覽》60

列女傳曰: 楚昭王貞女者, 昭王夫人齊女也. 昭王出遊, 留夫人漸臺. 江水大至, 遣使
者迎夫人, 忘持符. 夫人曰:「王與宮人約, 召必以符, 今使者不持符, 妾不敢行.」
於是使者反取符未還, 臺已壞, 沈水而死.

4. 《太平御覽》441

劉向列女傳曰: 楚昭貞姜者, 齊侯之女, 楚昭王之夫人也. 昭王出遊, 留夫人漸臺之
上而去. 王聞江水大至, 使使者迎夫人, 忘持符. 使者至, 請夫人出. 夫人曰:「大王與
宮人約, 命召宮人必以符, 今使者不持符, 妾不敢從使者而行. 妾聞之矣. 貞女之義
不犯約, 勇者不畏死. 守節而已矣. 妾知從使者必生, 留必死, 然妾不敢棄約越義而
求生.」水大至而死. 乃號曰貞姜.

5. 《藝文類聚》卷8

列女傳曰: 楚昭王貞姜, 齊女也. 昭王出遊, 留夫人漸臺. 江水大至, 使使者迎夫人,
忘持符, 夫人不肯出. 使者還取符, 未及, 臺已壞, 流水而死.

6. 《藝文類聚》卷18

列女傳曰: 楚昭貞姜, 齊侯之女, 楚昭王之夫人也. 昭王出遊, 留夫人漸臺之上而去,
王聞江水大至, 使使者迎夫人, 忘持符. 使者至, 請夫人出, 夫人曰:「大王與宮人約.
命曰召宮, 必以符. 今使者不持符, 妾不敢從使者而行. 妾聞之: 貞女之義不犯約,
勇者不畏死, 守節而已. 妾知從使者必生, 留必死也. 然妾不敢棄約, 越義而求生.」
大水至而死, 乃號曰貞姜.

7. 《幼學瓊林》권3 器用篇

「尾生抱橋而死, 固執不通; 楚妃守符而亡, 貞信可錄.」

055(4-11) 楚白貞姬
초나라 백공 승의 아내 정희

 정희貞姬는 초楚나라 백공白公 승勝의 처이다. 백공이 죽자 그녀는
길쌈을 하여 생계를 유지하면서도 개가하지 않았다. 오왕吳王이 그의
미모와 행실이 훌륭함을 듣고 대부로 하여금 황금 백 일鎰과 백옥
한 쌍을 가지고 가서 초빙해 오도록 하였다. 오왕은 치병輜軿 30승乘으로
영접하여 장차 부인夫人으로 삼으려 하였다.
 대부가 왕의 예물을 바치자, 백공의 처는 사양하며 말하였다.
 "백공이 살아계실 때 첩은 은혜
를 입어 후궁으로 들어갔습니다.
백공을 시중들며 의복과 신발을
관리하고 잠자리 살피는 일을 하다
가 그의 정식 부인이 되었습니다.
백공은 불행히도 죽고 말았지만
첩은 그 묘지를 지키면서 하늘이
주신 수명을 다하고자 합니다. 지
금 왕께서 황금과 옥을 선물로 내
리며 부인 자리를 주시겠다 하나,
이는 어리석은 제가 들어본 일이
없습니다. 또 의리를 버리고 욕심
을 따르는 자는 더럽혀진 자이며,
이익을 보고 죽음을 잊어버리는

초백정희(楚白貞姬)

자는 탐욕스러운 자입니다. 무릇 탐욕스럽고 더러운 사람이 왕을 위해 무엇을 하겠습니까? 첩이 듣건대 충신은 남에게 힘을 빌리지 아니하며, 정녀貞女는 남에게 색으로 가탁하지 않는다라고 하더이다. 이것이 어찌 살아 있을 때만 이래야 하는 것이겠습니까? 죽은 사람

에게도 역시 그러하여야 합니다. 첩은 이미 불인不仁하여 죽은 남편을 따라가지 못하였습니다. 지금 또 그를 떠나 개가한다면 역시 너무 심한 경우가 되지 않겠습니까?"

드디어 초빙을 사양하며 따르지 않았다. 오왕은 그녀의 수절과 의로움을 훌륭히 여겨 호를 초나라 정희貞姬라고 불러 주었다.

군자가 말하였다.

"정희는 청렴하고 진실로 신의를 지켰다."

무릇 그 짐은 무겁고 길은 멀도다. 인을 자신의 짐으로 여겼으니 또한 무겁지 아니한가? 죽은 뒤에야 그만둘 일이지 역시 먼 길이 아니겠는가?

《시詩》에 "저 아름다운 맹강孟姜이여! 훌륭한 말을 잊지 않는구나"라 하였으니 이를 두고 이른 말이로다.

송頌:

"백공의 처 과부로써 길쌈을 하며 지켜내었네.
오왕이 훌륭히 여겨 황금과 옥으로 초빙하였지만,
아내로서의 행동이 확고하여 비록 죽음으로도 바꿀 수 없었으니,
군자가 그를 훌륭하다 하고 그 행적 아름답게 여겼네."

貞姬者, 楚白公勝之妻也. 白公死, 其妻紡績不嫁. 吳王聞其美且有行, 使大夫持金百鎰·白璧一雙以聘焉, 以輜軿三十乘迎之, 將以爲夫人.

大夫致幣, 白妻辭之曰:「白公生之時, 妾幸得充後宮, 執箕帚,

掌衣履, 拂枕席, 託爲妃匹. 白公不幸而死, 妾願守其墳墓, 以終
天年. 今王賜金璧之聘, 夫人之位, 非愚妾之所聞也. 且夫, 棄義
從欲者, 汙也; 見利忘死者, 貪也. 夫貪汙之人, 王何以爲哉?
妾聞之, 忠臣不借人以力, 貞女不假人以色, 豈獨事生如此哉?
於死者亦然. 妾旣不仁, 不能從死; 今又去而嫁, 不亦太甚乎?」

遂辭聘以不行, 吳王賢其守節有義, 號曰楚貞姬.

君子謂:「貞姬廉潔而誠信.」

夫任重而道遠, 仁以爲己任, 不亦重乎? 死而後已, 不亦遠乎?

詩云:『彼美孟姜, 德音不忘.』此之謂也.

頌曰:『白公之妻, 守寡紡績.

　　　吳王美之, 聘以金璧.

　　　妻操固行, 雖死不易.

　　　君子大之, 美其嘉績.』

【白公勝】王孫勝. 이름은 勝, 호는 白公. 楚平王 太子 建의 아들. 楚나라 대부였음.
춘추시대 楚나라 平王 때 태자 建이 伍子胥와 함께 鄭나라로 도망하였다. 그러나
鄭나라는 楚나라의 보복이 두려워 建을 죽여 버렸다. 伍子胥는 建의 아들 勝을
데리고 吳나라로 도망, 결국 오자서는 吳나라 군사를 이끌고 楚나라를 공격하여
수도 郢까지 들어왔다. 이렇게 되자 楚나라 令尹 子西는 勝을 불러들여 巢大夫로
삼고 號를 白公이라 칭해 주었다. 백공은 子西에게 청하여 鄭나라를 쳐서 아버지
의 원수를 갚자고 하였지만, 자서는 대답만 해놓고 실행치 않다가 도리어 晉나라
를 쳐서 鄭나라를 구해 주었다. 백공은 이에 子西를 죽여 버렸다. 이렇게 되자
당시 惠王은 도망가고 백공이 즉위하여 왕이 되었다. 이에 葉公이 백공을 죽이고
惠王을 복위시켰다. 이 惠王은 平王의 손자이다.
【輜軿】부인들이 타는 수레로 앞뒤를 가렸음.

【執箕帚】箕帚는 쓰레받기와 빗자루. 남의 아내가 됨을 말함. '箕箒'로도 표기함.

【楚貞姬】'貞姬楚'로 되어 있으나 바로잡음.

【彼美孟姜】《詩經》鄭風 有女同車의 구절.

【任重而道遠】《論語》泰伯篇 曾子의 말.

1. 《詩經》鄭風 有女同車

有女同車, 顏如舜華. 將翱將翔, 佩玉瓊琚. 彼姝孟姜, 洵美且都. 有女同行, 顏如舜英. 將翱將翔, 佩玉將將. 彼姝孟姜, 德音不忘.

2. 《論語》泰伯篇

曾子曰:「士不可以不弘毅, 任重而道遠. 仁以爲己任, 不亦重乎? 死而後已, 不亦遠乎?」

3. 《藝文類聚》卷18

楚白貞姬者, 楚白勝之妻也. 白公早死, 其妻紡績不嫁. 吳王聞其美, 使大夫操金百鎰, 白璧一雙, 以聘焉. 因以輜軿三十乘迎之. 將以爲夫人, 夫人辭曰:「白公無恙時, 妾幸得充後宮. 執箕帚. 今白公不幸而死, 妾願守其墳墓, 以終天年. 今王賜金璧之聘, 夫人之位, 非愚妾之所聞也.」吳王賢其守節而有義, 號曰楚貞姬.

4. 《太平御覽》441

楚白貞姬者, 楚白公勝之妻也. 白公死, 其妻紡績不嫁. 吳王聞其美, 使人操金百鎰·白璧一雙以聘焉, 因以輜軿三十乘迎之, 將以爲夫人. 妻辭曰:「白公無恙之時, 妾幸得充後宮, 執箕帚衣裳履, 拂枕席爲妃. 今白公不幸而死, 妾願守其墳墓, 奉其祠祀以終天年. 今王賜金璧之聘, 夫人之位, 非遇妾之所. 妾聞之, 忠臣不借人以力, 貞女不假人以色, 豈獨事生如此哉? 於死者亦然. 妾旣不位, 不能從死; 今又去而嫁, 不亦大甚乎?」遂辭聘以不行, 吳王賢其守節而有義, 號曰楚白貞姬.

위나라 종실의 정순한 두 여인

    위종이순衛宗二順이란 위衛나라 종실 영왕靈王의 부인과 영왕의 시첩侍妾 등 두 여인이다. 진秦나라가 위군衛君 각角을 멸하고 영왕을 세가世家에 봉하여 위나라의 제사를 받들게 하였다. 영왕이 죽었지만 부인은 자식 없이 과부로 수절하였다. 그러나 시첩에게는 자식이 있었다. 영왕의 시첩이 부인을 섬긴 지 8년이 지나도록 조금도 해이해지지 않고 더욱 부인을 공경하여 섬겼다. 부인이 그 시첩에게 이렇게 말하였다.

    "그대가 나를 봉양하는 것은 아주 대단하오. 그대의 자식은 제사를 받들고 그대는 나를 섬기니 나로서는 더 힘쓸 일이 없구려. 그러나 내가 듣기로 주군의 생모는 첩이라 하여 남을 섬기지는 않는다 하더이다. 지금 나에게는 자식이 없으니 예에 있어서는 쫓겨날 사람이라오. 그런데도 머물러 있으면서 절개를 다할 수 있으니 나로서는 다행스러운 일이오. 그러나 지금 그대를 수고롭게 하며 옛 인연의 절개를 고치지 아니하고

위종이순(衛宗二順)

있으니 나에게는 마음속으로 심히 미안한 일이오. 내가 친정에 가서 살면서 가끔씩 만났으면 하오. 그래야 내가 매우 편안할 것 같소."

그러자 시첩은 울면서 이렇게 대답하였다.

"부인께서는 영씨靈氏 집안으로 하여금 세 가지 상서롭지 못한 일을 덮어쓰도록 하실 작정이십니까? 공께서 불행히 일찍 돌아가시니 이는 첫 번째 불행입니다. 부인에게는 아이가 없는데 저에게만 자식이 있는 것이 두 번째 불행입니다. 부인께서 밖에서 사시고 저로 하여금 이 집을 차지하도록 하는 것이 세 번째 불행입니다. 제가 듣건대 충신이 임금을 섬김에는 게으르거나 싫증이 나는 때가 있어서는 아니되며, 효자가 부모를 봉양함에 모실 날이 얼마 남지 않았음을 근심한다라 하였습니다. 어찌 제가 조금 귀해졌다고 해서 지켜야 할 절의를 바꾸겠습니까? 부인을 모시는 것은 저의 직무일 뿐입니다. 부인께서 어찌 힘쓰실 일이겠습니까?"

그러자 또 부인이 말하였다.

"자식 없는 사람이 주군의 어머니를 욕되게 하고 있소. 비록 그대는 그렇게 하고자 한다 해도 다른 사람들은 나를 두고 예를 모르는 사람이라 할 것이오. 나는 어찌되었건 밖에 나가 살고자 하오."

시첩이 물러나 그의 아들에게 말하였다.

"내 듣기로 군자는 순리에 따라 처하여 상하의 바른 도리를 받들고, 선인先人의 고례古禮를 잘 닦아야 하나니 이것이 도에 순응하는 것이다라 하였다. 지금 부인께서 나를 어렵게 여기시어 밖으로 나가 따로 사시고, 나를 여기 이 집안에 그대로 살도록 하고자 하시니 이는 도리를 거스르는 것이다. 도리를 어기면서 사는 것이 어찌 순리를 지키기 위해 죽는 것만 하겠느냐?"

그리고 스스로 목숨을 끊으려 하였다. 아들이 울면서 어머니를 말렸으나 듣지 않았다. 부인이 이를 듣고 두려워 결국 시첩의 말에 따라 머물기를 허락하였으며, 목숨을 마치도록 시첩은 그를 공양하기에 조금도 차이가 없었다.

군자가 말하였다.

"두 여인이 서로 양보하니 역시 진실한 군자로다."

실행은 좁은 집 안에서 이루어졌지만 그 명성은 후세에까지 우뚝 설 수 있는 것이라 말할 수 있다.

《시詩》에 "내 마음은 돌이 아니니 굴릴 수도 없지"라 하였으니 이를 두고 한 말이다.

송頌:

"위衛나라 종실의 이순二順은 행실이 모두 견고하였네.

첩의 자식이 비록 대를 이었지만 부인에 대한 공양 변함 없었네.

부인이 부끄러워 사양하고 나가 살기 청하였지만,

끝내 들어 주지 아니하였으니 그 예절 심히 법도가 있었네."

衛宗二順者, 衛宗室靈王之夫人及其傅妾也. 秦滅衛君角, 封靈王世家使奉其祀. 靈王死, 夫人無子而守寡. 傅妾有子, 傅妾 事夫人, 八年不衰, 供養愈謹.

夫人謂傅妾曰:「孺子養我甚謹, 子奉祭祀而妾事我, 我不聊也. 且吾聞主君之母, 不妾事人. 今我無子, 於禮斥絀之人也. 而得 留以盡其節, 是我幸也. 今又煩孺子不改故節, 我甚內慚, 吾願 出居外, 以時相見, 我甚便之.」

傅妾泣而對曰:「夫人欲使靈氏受三不祥耶? 公不幸早終, 是一 不祥也. 夫人無子而婢妾有子, 是二不祥也. 夫人欲出居外, 使婢子居內, 是三不祥也. 妾聞忠臣事君, 無怠倦時; 孝子養親, 患無日也. 妾豈敢以小貴之故, 變妾之節哉? 供養, 固妾之職也. 夫人又何勤乎?」

夫人曰:「無子之人, 而辱主君之母, 雖子欲爾, 衆人謂我不知禮也. 吾終願居外而已.」

傅妾退而謂其子曰:「吾聞君子處順, 奉上下之儀, 脩先古之禮, 此順道也. 今夫人難我, 將欲居外, 使我居內, 此逆也. 處逆而生, 豈若守順而死哉?」

遂欲自殺, 其子泣而止之, 不聽, 夫人聞之, 懼. 遂許傅妾留, 終年供養不衰.

君子曰:「二女相讓, 亦誠君子. 可謂行成於內, 而名立於後世矣.」

詩云:『我心匪石, 不可轉也.』此之謂也.

頌曰:『衛宗二順, 執行咸固.
　　　妾子雖代, 供養如故.
　　　主婦慚讓, 請求出舍.
　　　終不肯聽, 禮甚有度.』

【二順】 순종하는 두 부녀라는 뜻.

【靈王】 사람 이름. 그러나 구체적으로는 알 수 없음. 王照圓의《補注》에 "六國時衛無稱王者. 此靈王不知何人也"라 함.

【傅妾】 가까이 시중드는 여자. 侍妾.

【衛君角】 위나라 군주 이름.《太平御覽》에 의하여 '角'자를 넣음.《史記》〈衛世家〉에 의하면 君角 9년 秦나라가 천하를 병탄하였으며, 21년 二世가 군각을 庶人으로 폐위하여 衛나라 사직이 끊기고 말았음.

【孺子】 부녀의 관직 중에 귀한 자. 여기서는 부첩을 가리킴.

【斥絀】 斥黜과 같음.

【居外】 친정에 가서 지냄.

【靈氏】王照圓은《補注》에서 郝懿行의 말을 인용하여 "恐靈王卽靈氏之誤耳"
라 함.

【難】王照圓은《補注》에 "難, 猶煩苦也. 言夫人以我供養爲難也"라 함.

【我心匪石】《詩經》邶風 柏舟의 구절.

참고 및 관련 자료

1.《詩經》邶風 柏舟 → 047 참조.

2. 기타 참고 자료

《太平御覽》 422

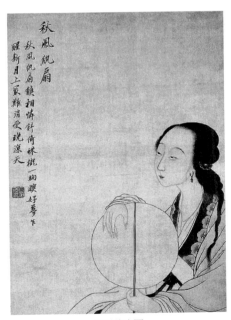

秋風紈扇圖

057(4-13) 魯寡陶嬰
노나라 도씨 집안의 딸 도영

도영陶嬰은 노魯나라 도陶씨 집안의 딸이다. 젊어서 과부가 되어 아비 없는 자식을 기르고 있었다. 그녀에게는 의지할 만한 장성한 형제도 없어 길쌈으로 생계를 유지하고 있었다. 노나라의 어떤 사람이 그녀가 훌륭하다는 소문을 듣고 청혼하려 하였다. 도영은 이를 듣고 그 청혼을 피할 수 없으리라 염려하면서 노래를 지어 자신은 개가하지 않을 것임을 분명히 밝혔다.

그 노래는 이러하였다.

"황곡黃鵠이 일찍 짝을 잃은 것을 슬퍼하도다.
칠 년이 지나도록 다른 짝을 찾지 않네.
고개 숙이고 홀로 잠들며
다른 새들 무리에 섞이지도 않는다네.
밤중에 슬피 울며 옛 수컷을 그리워하네.
천명으로 일찍 과부가 되었으니
홀로 자는 것이 어찌 상심할 일이리오?
과부는 이를 생각하며 흐르는 눈물 두어 줄기.
아, 슬프고 비통하도다. 죽은 짝을 잊을 수 없음이여.
나는 새도 그러한데 하물며 정숙한 여자임에랴.
비록 좋은 짝이 있다 하나 끝내 거듭 시집갈 수는 없는 일."

그 노나라 사람이 이 시를 듣고 이렇게 말하였다.

"이 여자는 설득할 수 없겠구나."

그리하여 감히 더 이상 구혼을 하지 않았고 도영은 종신토록 개가 하지 않았다.

군자가 말하였다.

"도영은 정순하고 한결같아 도덕이 순일하였다."

《시詩》에 "내 마음이 우울하니 노래를 부르노라"라 한 것은 바로 이를 두고 한 말이다.

노과도영(魯寡陶嬰)

송頌:

"도영은 젊어 과부가 되어 길쌈으로 자식을 길렀네.

어떤 이가 그녀를 취하려 하였으나 그는 스스로 자신의 도리만 닦을 뿐.

노래를 지어 뜻을 밝히니 구혼하던 그자도 그만 포기하였네.

군자가 칭찬하고 드높여 여자의 모범이라 여겼다네."

陶嬰者, 魯陶門之女也. 少寡, 養幼孤, 無强昆弟, 紡績爲産. 魯人或聞其義, 將求焉. 嬰聞之, 恐不得免, 作歌明己之不更二也.

其歌曰: 『悲黃鵠之早寡兮, 七年不雙, 宛頸獨宿兮, 不與衆同; 夜半悲鳴兮, 想其故雄. 天命早寡兮, 獨宿何傷? 寡婦念此兮, 泣下數行. 嗚呼悲兮, 死者不可忘. 飛鳥尚然兮, 況於貞良. 雖有賢雄兮, 終不重行.』

魯人聞之, 曰:「斯女不可得已.」

遂不敢復求. 嬰寡終身不改.

君子謂:「陶嬰貞壹而思.」

詩云:『心之憂兮, 我歌且謠.』此之謂也.

頌曰:『陶嬰少寡, 紡績養子.

　　　或欲取焉, 乃自脩理.

　　　作歌自明, 求者乃止.

　　　君子稱揚, 以爲女紀.』

【求】求婚. 청혼.

【强】'壯'과 같음.

【黃鵠】고니. 天鵝.

【思】諡號法에 "道德純一曰思"라 함.

【心之憂兮】《詩經》魏風 園有桃의 구절.

（ 참고 및 관련 자료 ）

1.《詩經》魏風 園有桃

園有桃, 其實之殽. 心之憂矣, 我歌且謠. 不我知者, 謂我士也驕. 彼人是哉, 子曰
何其. 心之憂矣, 其誰知之. 其誰知之, 蓋亦勿思. 園有棘, 其實之食. 心之憂矣,
聊以行國. 不我知者, 謂我士也罔極. 彼人是哉, 子曰何其. 心之憂矣, 其誰知之.
其誰知之, 蓋亦勿思.

2.《太平御覽》441

魯陶寡嬰者, 魯陶門之女. 少寡, 養幼孤, 無强昆弟, 紡績爲産. 魯人或聞其義, 將求焉.
嬰聞之, 恐不得免, 作歌明己之不更二也. 其詩曰:『悲黃鵠之蚤寡兮, 十年不雙,

宛頸戢翼兮, 不與衆同; 時則悲鳴兮, 獨行惸惸. 天命令然兮, 愧獨求傷. 感鳥慍已兮, 淚下成行. 嗚呼悲兮, 死者不可忘. 飛鳥尚然兮, 況於貞良. 雖有賢雄兮, 終不重行.』魯人聞之, 曰:「斯女不可得也.」遂不敢復求之. 嫛寡終身.

3.《太平御覽》572

列女傳曰: 魯陶嫛妻者, 夫死守志不二. 作歌詩曰:『悲夫黃鵠之早寡, 七年不雙, 宛勁獨宿, 不與衆同; 夜半悲鳴, 想其故雄. 天命早寡, 獨宿何傷? 寡婦念此, 泣下數行. 嗚呼悲哉! 死者不可忘. 飛鳴尚然, 況於貞良. 雖有賢雄, 終不可重行.』

4.《藝文類聚》卷90

列女傳曰: 魯陶門女者, 少寡養姑, 紡績爲產, 魯人欲求之. 女乃歌曰:「黃鵠早寡, 七年不雙. 宛頸獨宿, 不與衆同. 飛鳥尚然, 況於貞良.」魯人聞之, 遂不復求.

〈大觀園圖〉《紅樓夢》의 내용을 삽화로 그린 것

058(4-14) 梁寡高行
양나라 과부 고행

고행高行은 양梁나라의 과부이다. 그녀는 미모가 뛰어났으며 게다가
행동도 훌륭하였다. 남편이 죽어 일찍 과부가 되었지만 개가하지
않았다. 양나라의 귀인들로서 많은 이들이 다투어 그녀에게 장가들고
싶어하였지만, 뜻을 이루지 못하였다. 양왕梁王이 이를 듣고 재상으로
하여금 그녀를 초빙해 오도록 하였다.

이에 고행이 말하였다.

"저의 남편은 불행이 일찍 죽었습니다. 오히려 개나 말보다 명이
짧았습니다. 저는 의당 내 몸이 그의
관곽棺槨이 되어 자리를 깔아 주고
있으며, 그가 남긴 어린 아이를 키우
고 있는 처지라 일찍이 무슨 일이든
제 뜻대로 할 수가 없었습니다. 귀인
들 가운데 많은 이들이 저를 원하였
지만 다행히 피할 수가 있었습니다.
지금 왕께서도 그런 일을 되풀이하
시는군요. 제가 듣기로 부인의 의義
란 한 번 시집을 가고 나서는 개가할
수 없고, 정貞과 신信의 절조를 온전
히 해야 한다고 들었습니다. 지금
죽은 사람을 잊고 산 사람을 쫓아간

양과고행(梁寡高行)

다면 이는 불신不信이며, 귀한 것을 보고 과거의 천한 것을 잊는다면 이는 부정不貞입니다. 의를 버리고 이익을 따른다면 사람답다고 할 수 없습니다."

그리고 거울 앞에 서서 칼을 잡고 자신의 코를 도려내었다.

그리고 이렇게 말하였다.

"저는 이미 형을 받은 자가 되었습니다! 죽지 못하는 까닭은 어리고 약한 고아를 다시 어미까지 없는 고아로는 차마 만들 수 없기 때문입니다. 왕께서 저를 원하는 것은 제 미모 때문입니다. 지금 코를 벤 형을 받은 이러한 모습이라면 거의 풀어 줄 만할 것이라 여깁니다."

이에 재상이 이 말을 왕에게 보고하자, 그녀의 의로움을 크게 여기고 그녀의 행동을 높이 사 그 자신의 모든 세금과 부역을 종신토록 면제시켜 주면서 존칭하여 호를 고행高行이라 불렀다

군자가 말하였다.

"고행은 오로지 절조와 예에 정밀하였다."

《시詩》에 "내 말을 믿지 못하겠다고 하신다면 태양이 대낮처럼 환하게 밝혀 주겠지요"라고 한 것은 이를 두고 한 말이다.

송頌:
"과부 고행은 양나라에 살면서 정절을 지킴에 오로지 정순하였네.
귀함을 탐하지 않았으며 한결같이 신의에 힘썼다네.
양왕의 초빙을 거절하면서 코를 베어 스스로 형벌을 받았네.
군자가 그녀를 높이 여겨 후세 사람에게 현양하였네."

高行者, 梁之寡婦也. 其爲人榮於色而美於行. 夫死, 早寡不嫁. 梁貴人多爭欲取之者, 不能得. 梁王聞之, 使相聘焉.

高行曰:「妾夫不幸早死, 先狗馬塡溝壑, 妾宜以身薦其棺槨,守養其幼孤, 曾不得專意. 貴人多求妾者, 幸而得免. 今王又重之.
妾聞婦人之義: 一往而不改, 以全貞信之節, 今忘死而趨生, 是不
信也; 見貴而忘賤, 是不貞也; 棄義而從利, 無以爲人.」

　乃援鏡持刀以割其鼻.

　曰:「妾已刑矣! 所以不死者, 不忍幼弱之重孤也. 王之求妾者
以其色也, 今刑餘之人, 殆可釋矣.」

　於是相以報王, 大其義, 高其行, 乃復其身, 尊其號曰高行.

　君子謂:「高行節禮專精.」

　詩云:『謂予不信, 有如皎日.』此之謂也.

　頌曰:『高行處梁, 貞專精純.
　　　　不貪行貴, 務在一信.
　　　　不受梁聘, 劓鼻刑身.
　　　　君子高之, 顯示後人.』

【梁】 고대 소국 이름. 嬴姓이며 지금의 陝西 韓城縣에 있었음. 전국시대 秦나라
에게 망함.
【先狗馬塡溝壑】 短命早死함을 말함. 《文選》(38) 〈爲范始興作求立太宰碑表〉에
"人受命於天而命長, 犬馬受命於天而命短, 妾之夫反先犬馬死矣"라 함.
【援】 끌어 잡아당김.
【復其身】 종신토록 賦稅와 徭役을 면제함을 말함.
【謂予不信】 《詩經》 王風 大車의 구절.
【劓】 코를 베는 형벌.

1. 《詩經》 王風 大車 →051 참조.

2. 《文選》 38 爲范始興作求立太宰碑表 注

列女傳曰: 梁寡高行曰:「妾之夫不幸早死, 先犬馬塡溝壑.」虞貞節曰:「人受命於天
而命長, 犬馬受命於天而命短, 妾之夫反先犬馬死矣.」

3. 《文選》(37) 求自試表 注

列女傳, 梁寡婦曰: 妾之夫, 先犬馬塡溝壑. 塡土未乾, 而身名並滅.

4. 《太平御覽》(441)

梁寡高行者, 梁之寡婦. 榮於色而美於行. 早寡不嫁. 梁貴人多爭欲取之, 不能得.
梁王聞之, 使相聘焉. 高行曰:「妾之夫不幸先狗馬塡溝壑, 妾宜以身薦其棺槨, 守養
其幼孤, 不得專意. 妾聞婦人之義: 壹往而不改, 以全貞信之節, 今忘死而趨生, 是不
信也; 見貴而忘賤, 是不貞也; 棄義而從利, 無以爲人.」乃援鏡操刀以割其鼻. 曰:
「妾已刑矣! 所以不死者, 不忍幼嗣之重孤也. 刑餘之人, 殆可釋矣.」王高其節, 乃復
其身, 號曰梁高行.

5. 《藝文類聚》(卷18)

梁寡高行者, 梁之寡婦. 早寡不嫁, 梁貴人爭欲取之, 不能得. 梁王聞之, 使相聘之.
高行曰:「妾之夫, 不幸先犬馬塡溝壑. 妾宜以身薦棺槨, 守養幼孤, 不得專意. 妾聞
婦人之義, 一往不改, 以全貞信之節. 棄義而從利, 無以爲人.」乃援鏡操刀, 以割其
鼻. 曰:「妾已刑餘之人, 殆可釋矣.」王高其節, 號曰高行.

6. 《藝文類聚》(卷70)

列女傳曰: 梁寡高行者, 榮於色, 敏於行. 梁王聞而聘之, 乃援鏡割鼻. 梁王高其行,
號曰梁高行.

059(4-15) 陳寡孝婦
진나라 과부로서 효성을 다한 여인

　　효부孝婦는 진陳나라의 젊은 과부이다. 나이 열여섯에 출가하여 아직 자식을 두지 않았을 때, 남편이 국경 수비에 충당되어 군대에 가게 되었다.

　　그는 집을 떠나갈 때 효부에게 이렇게 부탁하였다.

　　"내가 살아서 돌아올지 죽게 될지는 알 수 없소. 다행히 노모가 계시지만 다른 형제가 없으니, 내가 살아 돌아오지 못할 것에 대비하여 그대는 어머니를 잘 봉양해 줄 수 있겠소?"

진과효부(陳寡孝婦)

　　효부가 말하였다.

　　"그렇게 하겠습니다."

　　결국 남편은 죽고 돌아오지 못하였다. 그 아내는 시어머니 봉양을 공경히 하여 싫을 줄 몰랐으며 자애로움은 더욱 굳어만 갔다. 길쌈으로 가계를 꾸리며 전혀 개가할 뜻을 가지고 있지 않았다.

　　삼년상을 마치자 그녀의 친정 부모가 어린 나이에 자식도 없이 홀로 된 딸을 애처롭게 여겨 다시 다른 곳으로 시집을 보내려 하였다.

그러자 효부는 이렇게 말하였다.

"제가 듣기로 믿음이란 사람의 근본 도리이며, 의로움이란 행동의 절도라 하더이다. 제가 다행히도 강보를 벗어날 수 있도록 커서 부모님의 엄한 명을 받들고 남편을 섬기게 되었습니다. 남편이 장차 집을 떠나면서 저에게 노모를 부탁하였을 때, 이미 그렇게 하리라 허락하였습니다. 무릇 남의 부탁을 받고 어찌 이를 저버릴 수 있겠습니까? 부탁을 저버리는 것은 믿음이 없는 것이며, 죽은 이를 등지는 것은 의가 없는 것이니 그렇게 할 수 없습니다."

그녀의 어머니는 이렇게 말하였다.

"나는 네가 어린 나이에 일찍 과부가 된 것을 안타깝게 여겨 그러는 것이란다."

그러자 효부는 이렇게 말하였다.

"제가 듣기로 차라리 의라는 것에 실려가 죽을지언정 이를 저버리고 땅에 실려 살아갈 수는 없다라 하더이다. 또 시어머니의 봉양을 약속해 놓고 이를 마치지 못하거나, 남에게 허락해 놓고 이에 믿음을 지키지 못한다면 장차 어떻게 이 세상에 바르게 설 수가 있겠습니까? 무릇 사람의 며느리가 되었다면 진실로 그 시어머니를 봉양하는 자여야 합니다. 남편이 불행히 먼저 죽어 아들 된 예를 끝까지 다할 수 없게 되었는데, 지금 다시 나마저 떠나버려 노모를 봉양할 수 없게 된다면, 이는 남편이 불초한 자라는 것을 널리 알리는 것이 되며 나의 불효를 드러내는 것이 됩니다. 효성도 실행하지 못하고, 믿음도 지키지 못하며, 게다가 의조차 없다면 어찌 살아갈 수 있겠습니까?"

그리고 스스로 목숨을 끊으려 하자 그 부모가 두려워 감히 다시 개가하라고 권하지 못하였다. 그리하여 드디어 시어머니를 28년이나 모시게 되었다. 그 시어머니가 84세의 수를 누리고 이에 생을 마치자, 효부는 전택을 팔아 장례를 치르고 끝까지 제사를 받들었다. 회양淮陽 태수가 이를 보고하자, 한나라 효문황제孝文皇帝는 그의 의를 높이 사고 그의 믿음을 귀히 여겼으며, 그의 행동을 아름답게 여겨 사자를 보내

황금 40근을 하사하였다. 그리고 종신토록 세금과 부역을 면제해 주며 '효부孝婦'라 호를 내렸다.

군자가 말하였다.

"효부는 부도婦道를 갖추고 있었다."

《시詩》에 "저 곧고 바르신 분이여, 마음가짐이 성실하고 깊도다"라 하였으니 이를 두고 한 말이다.

송頌:

"효부가 진나라에 살면서 남편이 죽고 자식은 없었네.

어머니는 개가를 권하였지만 끝내 어머니 말을 듣지 않았네.

온 마음을 다 모아 시어머니를 봉양하며 한번 치른 혼례 개가하지 않겠다고,

성스러운 황제가 이를 훌륭히 여겨 효부孝婦라 호를 내려주었다네."

孝婦者, 陳之少寡婦也. 年十六而嫁, 未有子, 其夫當行戍.

夫且行時, 屬孝婦曰:「我生死未可知, 幸有老母, 無他兄弟, 備吾不還, 汝肯養吾母乎?」

婦應曰:「諾.」

夫果死不還. 婦養姑不衰, 慈愛愈固, 紡績以爲家業, 終無嫁意. 居喪三年, 其父母哀其年少無子而早寡也, 將取而嫁之.

孝婦曰:「妾聞之: 信者, 人之幹也; 義者, 行之節也. 妾幸得離襁褓, 受嚴命而事夫. 夫且行時, 屬妾以其老母, 旣許諾之. 夫受人之託, 豈可棄哉? 棄託不信, 背死不義, 不可也.」

母曰:「吾憐汝少年早寡也.」

孝婦曰:「妾聞寧載於義而死, 不載於地而生. 且夫養人老母而不能卒, 許人以諾而不能信, 將何以立於世? 夫爲人婦, 固養

其舅姑者也; 夫不幸先死, 不得盡爲人子之禮. 今又使妾去之,
莫養老母, 是明夫之不肖, 而著妾之不孝, 不孝不信且無義,
何以生哉?」

因欲自殺, 其父母懼而不敢嫁也, 遂使養其姑二十八年, 姑年
八十四, 壽乃盡, 賣其田宅以葬之, 終奉祭祀. 淮陽太守以聞,
漢孝文皇帝高其義, 貴其信, 美其行, 使使者賜之黃金四十斤,
復之終身, 號曰「孝婦」.

君子謂:「孝婦備於婦道.」

詩云:『匪直也人, 秉心塞淵.』此之謂也.

頌曰:『孝婦處陳, 夫死無子.
　　　姒將嫁之, 終不聽母.
　　　專心養姑, 一醮不改.
　　　聖王嘉之, 號曰孝婦.』

【陳】 현 이름. 춘추시대 陳나라 영역. 秦나라가 천하를 통일한 다음 현으로
　강등시켰으며 漢나라 때는 淮陽國에 소속되었음. 지금의 河南 淮陽.
【居喪三年】 참최(斬衰)를 가리킴. 가장 중한 상복.
【嚴命】 아버지의 명령.
【地】 梁端의 《校注》에 "地字疑誤"라 함.
【姑年八十四】 원문은 "姑死葬之"로 되어 있으나 《太平御覽》에 의해 고침.
【太守】 秦漢시대 군의 행정장관. 梁端의 《校注》에 "(漢)文帝十年, 梁孝文自淮陽
　遷梁. 文帝淮陽置太守, 當在此後"라 함.
【以聞】 아랫사람이 윗사람에게 사실을 알려 보고함을 뜻함.
【梁孝文皇帝】 西漢의 文帝 劉恒. 23년간(B.C.179~157) 재위함.

【匪直也人】《詩經》鄘風 定之方中의 구절. ‘匪’는 ‘彼’의 뜻.

【復】충신, 효자, 열녀나 그 자녀에게 稅金과 賦役, 勞役, 徭役을 면제하는 우대 정책의 하나.

【聖王】聖主와 같음. 文帝 劉恒을 가리킴.

참고 및 관련 자료

1. 《詩經》鄘風 定之方中

定之方中, 作于楚宮. 揆之以日, 作于楚室. 樹之榛栗, 椅桐梓漆, 爰伐琴瑟. 升彼虛矣, 以望楚矣. 望楚與堂, 景山與京, 降觀于桑. 卜云其吉, 終然允臧. 靈雨旣零, 命彼倌人, 星言夙駕, 說于桑田. 匪直也人, 秉心塞淵, 騋牝三千.

2. 《太平御覽》415

列女傳曰: 陳寡孝婦者, 陳之寡婦人也. 年十六而嫁, 未有子, 其夫當行戍. 屬孝婦曰: 「我有老母, 吾不還, 汝肯善視吾母乎?」 婦曰: 「諾」 夫果死. 婦養姑不衰, 父母將嫁之. 孝婦曰: 「受人之託, 豈可棄哉?」 因欲自殺, 父母懼不敢嫁之. 養姑二十八年, 姑年八十四, 壽乃盡, 賣其田宅以葬之.

3. 《小學》善行篇 實明倫

漢陳孝婦, 年十六而嫁, 未有子, 其夫當行戍, 且行時, 屬孝婦曰: 「我生死未可知, 幸有老母, 無他兄弟備養, 吾不還, 汝肯養吾母乎?」 婦應曰: 「諾.」 夫果死不還, 婦養姑不衰, 慈愛愈固, 紡績織紝, 以爲家業, 終無嫁意, 居喪三年, 其父母哀其少無子而蚤寡也, 將取嫁之. 孝婦曰: 「夫去時, 屬妾以供養老母, 妾旣許諾之, 夫養人老母而不能卒, 許人以諾, 而不能信, 將何以立於世?」 欲自殺, 其父母懼而不敢嫁也, 遂使養其姑二十八年, 姑八十餘, 以天年終, 盡賣其田宅財物以葬之終奉祭祀. 淮陽太守以聞, 使使者賜黃金四十斤, 復之終身無所與, 號曰孝婦.

임동석(茆浦 林東錫)

慶北 榮州 上茆에서 출생. 忠北 丹陽 德尙골에서 성장. 丹陽初中 졸업. 京東高 서울
教大 國際大 建國大 대학원 졸업. 雨田 辛鎬烈 선생에게 漢學 배움. 臺灣 國立臺灣師
範大學 國文研究所(大學院) 博士班 졸업. 中華民國 國家文學博士(1983). 建國大學校
教授. 文科大學長 역임. 成均館大 延世大 高麗大 外國語大 서울대 등 大學院 강의.
韓國中國言語學會 中國語文學研究會 韓國中語中文學會 會長 역임. 저서에《朝鮮譯
學考》(中文)《中國學術槪論》《中韓對比語文論》. 편역서에《수레를 밀기 위해 내린
사람들》《栗谷先生詩文選》. 역서에《漢語音韻學講義》《廣開土王碑研究》《東北民族
源流》《龍鳳文化源流》《論語心得》〈漢語雙聲疊韻研究〉등 학술 논문 50여 편.

임동석중국사상100

열녀전 列女傳

劉向 撰 / 林東錫 譯註
1판 1쇄 발행/2009년 12월 12일
2쇄 발행/2013년 11월 11일
발행인 고정일
발행처 동서문화사
창업 1956. 12. 12. 등록 16-3799
서울강남구신사동563-10 ☎546-0331~6 (FAX)545-0331
www.dongsuhbook.com
잘못 만들어진 책은 바꾸어 드립니다.

*

*

사업자등록번호 211-87-75330
ISBN 978-89-497-0603-0 04080
ISBN 978-89-497-0542-2 (세트)